民國文化與文學研究文叢

初 編

李 怡 主編

第9冊

「打倒孔家店」與「五四」——以新文化—新文學運動爲中心（上）

楊華麗 著

國家圖書館出版品預行編目資料

「打倒孔家店」與「五四」——以新文化—新文學運動為中心（上）／楊華麗 著 -- 初版 -- 新北市：花木蘭文化出版社，2012〔民101〕

目 4+216 面；19×26 公分

（民國文化與文學研究文叢 初編；第 9 冊）

ISBN：978-986-254-886-8（精裝）

1. 五四新文學運動

541.26208　　101012599

ISBN-978-986-254-886-8

9 789862 548868

民國文化與文學研究文叢

初 編 第 九 冊　　ISBN：978-986-254-886-8

「打倒孔家店」與「五四」

——以新文化—新文學運動爲中心（上）

作　者　楊華麗

主　編　李 怡

企　劃　北京師範大學民國歷史文化與文學研究中心（籌）
四川大學民國文學暨海外漢學研究中心（籌）
現代中國文化與文學研究中心

總編輯　杜潔祥

印　刷　普羅文化出版廣告事業

出　版　花木蘭文化出版社

發行人　高小娟

聯絡地址　新北市永和區中正路五九五號七樓
電話：02-2923-1455／傳真：02-2923-1452

網　址　http://www.huamulan.tw 信箱 sut81518@gmail.com

初　版　2012 年 9 月

定　價　初編 18 冊（精裝）新台幣 30,000 元

《民國文化與文學研究文叢》總序

李　怡

這是一套試圖從新的角度——民國歷史文化的視角重新梳理分析中國現代文學的叢書，計劃在數年內連續推出百餘種相關主題的論述，逐漸形成關於現代中國文學的新的學術思路。為什麼會提出這樣的設想？與最近一些年大陸中國悄然出現的「民國熱」有什麼關係？最終，我們又有怎樣的學術預期呢？

近年來大陸中國的「民國熱」折射出了諸多耐人尋味的社會心理：對於一種長期被遮蔽的歷史的好奇？市民情懷復蘇時代的小資心態？對當前社會文化秩序的厭倦與不滿？或許，就是這幾種心理的不同程度的組合？作為生活在「民國熱」時代的我們，自然很難將自己與這些社會心理切割開來，不過，在學術自身的邏輯裡追溯，我們卻不得不指出，作為文學史敘述的「民國」概念，無疑有著更為深遠的歷史，擁有更為豐富的內涵。

一

迄今為止，在眾多中國現代文學史的敘述概念中，得到廣泛使用的有三種：「新文學」、「近代／現代／當代文學」、「二十世紀中國文學」。值得注意的是，這三種概念都不完全是對中國文學自身的時空存在的描繪，概括的並非近現代以來中國具體的國家與社會環境，也就是說，我們文學真實、具體的生存基礎並沒有得到準確的描述。因此，它們的學術意義從來就伴隨著連續不絕的爭議，這些紛紜的意見有時甚至可能干擾到學科本身的穩定發展。

「新文學」是第一個得到廣泛認可的文學史概念。從 1929 年春朱自清在清華大學講授「中國新文學」、編訂《中國新文學研究綱要》到 1932 年周作人在輔仁大學講演新文學源流、出版《中國新文學的源流》，從 1933 年王哲甫出版《中國新文學運動史》到 1935 年全面總結第一個十年成就的《中國新文學大系》的隆重推出，從 1950 年 5 月中央教育部頒佈的教學大綱定名爲「中國新文學史」到 1951 年 9 月王瑤出版《中國新文學史稿》（上冊），都採用了「新文學」這一命名。此外，香港的司馬長風和臺灣的周錦先後撰寫、出版了同名的《中國新文學史》。乃至在新時期以後，雖然新的學科命名——近代文學、現代文學、當代文學——已經確定，但是以「新文學」爲名創辦學會、寫作論著的現象卻依然不斷地出現。

以「新」概括文學的歷史，在很大程度上來源於這一時段文學運動中的自我命名。晚清以降中國文學與中國文化的動向，往往伴隨著一系列「新」思潮、「新」概念與「新」名稱的運動，如梁啓超提出「新民說」、「新史學」、「新學」，文學則逐步出現了「新學詩」、「新體詩」、「新派詩」、「新民體」、「新文體」、「新小說」、「新劇」等。可以說，鴉片戰爭以後的中國進入了一個「求新逐異」的時代，「新」的魅力、「新」的氛圍和「新」的思維都前所未有地得到擴張，及至五四時期，「新文學運動」與「新文化運動」轟然登場，「新文學」作爲文學現象進入讀者和批評界的視野，並成爲文學史敘述的基本概念，顯然已是大勢所趨。《青年雜誌》創刊號有文章明確提出：「夫有是非而無新舊，本天下之至言也。然天下之是非，方演進而無定律，則不得不假新舊之名以標其幟。夫既有是非新舊則不能無爭，是非不明，新舊未決，其爭亦未已。」〔註 1〕今天，學界質疑「新文學」的「新」將其他文學現象排除在外了，以至現代的文學史殘缺不全。其實，任何一種文學史的敘述都是收容與排除並舉的，或者說，有特別的收容，就必然有特別的排除，這才是文學研究的基本「立場」。沒有對現代白話的文學傳統的特別關注和挖掘，又如何能體現中國文學近百年來的發展與變化呢？「新」的侷限不在於排除了「舊」，而在於它能否最準確地反映這一類文學的根本特點。

對於「新文學」敘述而言，眞正嚴重的問題是，這一看似當然的命名其實無法改變概念本身的感性本質：所謂「新」，總是相對於「舊」而言，而在不斷演變的歷史長河中，新與舊的比照卻從來沒有一個確定不移的標準。從古文經學、荊公新學到清末西學，「新學」在中國學術史上的內涵不斷變化，「新文學」亦然。晚清以降的文學，時間不長卻「新」路不定，至「五四」已今非昔比，「新」能夠在多大的範圍內、在多長的時間中確定「文學」的性質，實在是一個不容

〔註 1〕汪叔潛：《新舊問題》，《青年雜誌》1915 年第 1 卷第 1 號。

忽視的學術難題。我們可以從外來文化與文學的角度認定五四白話文學的「新」，像許多新文學史描述的那樣；也可以在中國文學歷史中尋覓「新」的元素，以「舊」爲「新」，像周作人的《中國新文學的源流》那樣。但這樣一來，反而昭示了「新」的不確定性，爲他人的質疑和詬病留下了把柄。誠如錢基博所言：「十數年來，始之以非聖反古以爲新，繼之歐化國語以爲新，今則又學古以爲新矣。人情喜新，亦復好古，十年非久，如是循環；知與不知，俱爲此『時代洪流』疾卷以去，空餘戲狎懺悔之詞也。」〔註2〕

更何況，中國文學的「新」歷史肯定會在很長時間中推進下去，未來還將發生怎樣的變動？其革故鼎新的浪潮未必不會超越晚清－五四一代。屆時，我們當何以爲「新」，「新文學」又該怎麼延續？這樣的學術詰問恐怕不能算是空穴來風吧。

「新」的感性本質期待我們以更嚴格、更確定的「時代意義」來加以定義。「現代」概念的出現以及後來更爲明確的近代／現代／當代的劃分似乎就是一種定義「意義」的方向。

「現代」與「近代」都不是漢語固有的語彙，傳統中國文獻如佛經曾經用「現在」來表示當前的時間（《俱舍論》有云：「若已生而未已滅名現在」）。以「近代」、「現代」翻譯英文的 modern 源自日本，「近代」、「現代」係日文對 modern 的經典譯文。「現代」在一開始使用較少，但至遲在 20 世紀初的中國文字中也開始零星使用，如梁啓超 1902 年的《新民說》。〔註3〕只是在當時，modern 既譯作「現代」與「近代」，也譯作「摩登」、「時髦」、「近世」等。直到 30 年代以後，「現代」一詞才得以普遍使用，此前即便作爲時間性的指稱，使用起來也充滿了隨意性。「近代」進入文學史敘述以 1929 年陳子展的《中國近代文學之變遷》爲早，「現代」進入文學史敘述則以 1933 年錢基博的《現代中國文學史》爲先，但他們依然是在一般的時間概念上加以模糊認定。尤其是錢基博，他的「現代」命名就是爲了掩蓋更具有社會歷史內涵的「民國」：「吾書之所爲題『現代』，詳於民國以來而略推跡往古者，此物此誌也。然不

〔註 2〕錢基博：《現代中國文學史》，長沙：嶽麓書社，1986 年，第 506 頁。

〔註 3〕《新民說》有云：「凡此皆現代各國之主動力也，而一皆自條頓人發之成之，是條頓人不啻全世界動力之主人翁也。」參見《梁啓超全集》第 2 冊，北京：北京出版社，1999 年，第 658、659 頁。關於日文中「近代」、「現代」一詞的來源及使用情況可以參見柳父章：《翻譯語成立事情》，日本岩波書店 1982 年 4 月出版。

題『民國』而曰『現代』，何也？曰：維我民國，肇造日淺，而一時所推文學家者，皆早嶄露頭角於讓清之末年，甚者遺老自居，不願奉民國之正朔；寧可以民國概之？」〔註 4〕也就是說，像「民國」這樣直接指向國家與社會內涵的文學史「意義」，恰恰是作者要刻意迴避的。

在「現代」、「近代」的概念中追尋特定的歷史文化意義始於思想界。1915 年，《青年雜誌》創刊號一氣刊登了陳獨秀兩篇介紹西方近現代思想文化的文章：《法蘭西人與近世文明》和《現代文明史》，「近代（近世）」與「現代」同時成爲對西方思想文化的概括。《青年雜誌》〔註 5〕後來又陸續推出了高一涵的《近世國家觀念與古相異之概略》（第 1 卷第 2 號）和《近世三大政治思想之變遷》（第 4 卷第 1 號）、劉叔雅的《近世思想中之科學精神》（第 1 卷第 3 號）、陳獨秀的《孔子之道與現代社會》（第 2 卷第 4 號）和《近代西洋教育》（第 3 卷第 5 號）、李大釗的《唯物史觀在現代歷史學上的價值》（第 8 卷第 4 號）。《新潮》則刊發了何思源的《近世哲學的新方法》（第 2 卷第 1 號）、羅家倫的《近代西洋思想自由的進化》（第 2 卷第 2 號）、譚鳴謙的《現代民治主義的精神》（第 2 卷第 3 號）等。1949 年以後，大陸中國文學研究界找到了清晰辨析近代／現代／當代的辦法，更是確定了這幾個概念背後的歷史文化內涵，其根據就是由史達林親自審查、聯共（布）中央審定、聯共（布）中央特設委員會編的《聯共（布）黨史簡明教程》和由蘇聯史學家集體編著的多卷本的《世界通史》。《聯共（布）黨史簡明教程》於 1938 年在蘇聯出版，它先後用 67 種文字出版 301 次，是蘇聯圖書出版史上印數最多的出版物之一。就在蘇聯正式出版此書的二三個月後，該書的第七章和結束語就被譯成中文在《解放》上發表，隨後不久，在中國就出現了 4 種不同的中文譯本：由博古任總校閱、中國出版社 1939 年 2 月出版的「重慶譯本」，由吳清友翻譯、上海啓明社 1939 年 5 月出版的「上海譯本」，由蘇聯外文出版局主持翻譯和出版、任弼時等人擔任實際翻譯工作的「莫斯科譯本」，以及解放社於 1939 年 5 月出版的「延安譯本」。「上海譯本」多流行於上海和新四軍活動區域，陝甘寧邊區和華北各抗日根據地擁有「莫斯科譯本」與「延安譯本」，大後方各省同時流行「重慶譯本」與「莫斯科譯本」（見歐陽軍喜《論抗戰時期〈聯

〔註 4〕錢基博：《現代中國文學史》，第 9 頁。

〔註 5〕1916 年 9 月第 2 卷第 1 號起，《青年雜誌》改名爲《新青年》，文中爲了表述連貫，不作明確指出。

共（布）黨史簡明教程〉在中國的傳播及其對中國共產黨宣傳工作的影響》，載《黨史研究與教學》2008 年第 2 期）。早在延安時代，《簡明教程》就被列入「幹部必讀」書，建國之後，《簡明教程》中的三章加上「結束語」曾被指定爲廣大幹部學習的基本教材，在中國自己編寫的「國際共運史」教材面世之前，它也是高校馬列主義基礎課程的通用教材，直接參與構築了新中國教育的基本歷史觀念。作爲「學科」的中國現當代文學就是在這樣一種歷史觀念的形成中生成的。中譯本《世界通史》第一卷最早由生活・讀書・新知三聯書店於 1959 年初版，至 1978 年出版到第八卷，第九、第十卷由吉林人民出版社分別於 1975、1978 年出版，第十一卷繼續由三聯書店於 1984 年出版，第十二、十三卷由東方出版社 1987、1990 年出版，可以說也伴隨了 1990 年代之前中國的歷史認識過程。

就這樣，馬列主義的五種社會形態進化論成爲劃分近代與現代的理論基礎，由近代到現代的演進，在蘇聯被描述爲 1640 年英國資產階級革命－十月社會主義革命的重大發展，在中國，則開始於淪爲「半殖民地半封建」的 1840 年鴉片戰爭，完成於標誌著社會主義思想傳播的「五四」。大陸中國的史學家更是在「現代」之中另闢「當代」，以彰顯社會主義與共產主義社會的到來，由此確定了中國文學近代／現代／當代的明確格局——這樣的劃分，不僅在時間分段上不再模糊，而且更具有明確的思想內涵與歷史文化質地：資產階級文學（舊民主主義革命文學）、新民主主義革命文學與社會主義文學就是近代－現代－當代文學的歷史轉換。

當然，來自蘇聯意識形態的歷史劃分與西方學術界的基本概念界定存在明顯的分歧。在西方學術界，一般是以地理大發現與資本主義經濟及社會文化的興起作爲「現代」的開端，Modern Times 一般泛指 15～16 世紀地理大發現以來的歷史，這一歷史過程一直延續到今天，並沒有近代／現代之別，即使是所謂的「當代」（Late Modern Time 或 Contemporary Time），也依然從屬於 Modern Times 的長時段。〔註 6〕「現代」的含義也不僅與「革命」相關，而且指涉一個相當久遠而深厚的歷史文化的變遷過程，並包含著歷史、哲學、

〔註 6〕代表作有阿克頓主編的 14 卷本的《康橋近代史》（*The Cambridge Modern History , Cambridge university press .1902-1912*），後來康橋大學出版社又出版了克拉克主編的 14 卷本的《新編康橋近代史》（*The New Cambridge Modern History. Cambridge university press .1957-1959*），這套著作的中文譯本於 1987 年起，由中國社會科學出版社陸續出版，名爲《新編康橋世界近代史》。

宗教等多方面的資訊。德國美學家姚斯在《美學標準及對古代與現代之爭的歷史反思》中考證，「現代」一詞在 10 世紀末期首次被使用，意指古羅馬帝國向基督教世界過渡時期，與古代相區別；而今天一般將之理解爲自文藝復興開始尤其是 17、18 世紀以後的社會、思想和文化的全面改變，它以工業化爲基礎，以全球化爲形式，深刻地影響了世界各民族的生存與觀念。

到了新時期，在大陸中國的國門重新向西方世界開放以後，「走向世界」的強烈渴望讓我們不再滿足於革命歷史的「現代」，但問題是，其他的「現代」知識對我們而言又相當陌生，難怪汪暉曾就何謂「現代」向唐弢先生鄭重求教，而作爲學科泰斗的導師也只是回答說，這是一個「很複雜」的問題。〔註 7〕1990 年代，中國學術界開始惡補「現代」課，從西方思想界直接輸入了系統而豐富的「現代性知識」，這個「與世界接軌」的具有思想深度的知識結構由此散發出了前所未有的魅力。正是在「現代性知識」體系中，對現代、現代性、現代化、現代主義的辨析達到了如此的深入和細緻，對文學的觀照似乎也獲得了令人激動不已的效果和不可估量的廣闊前程，中國現代文學史至此有望成爲名副其實的「現代性」或「現代學」意義上的文學史敘述。

應當承認，1990 年代對「現代」知識的重新認定，的確爲我們的文學史研究找到了一個更具有整合能力的闡釋平臺。例如，藉助福柯式的知識考古，我們固有的種種「現代」概念和思想得到了清理，現代、現代性、現代化這些或零散或隨意或飄忽的認識，都第一次被納入一個完整清晰的系統，並且尋找到了在人類精神發展流程裡的準確位置。最近 10 年，「現代性」既是中國理論界所有譯文的中心語彙，也幾乎就是所有現當代文學史研究的話語支撐點。

但是，從另一角度來看，我們的「現代」史學之路卻難以掩飾其中的尷尬。無論是蘇聯的革命史「現代」概念還是今日西方學界的「現代」新知，它們的闡釋功效均更多地得力於異域的理論視野與理論邏輯，列寧與史達林如此，吉登斯、哈貝馬斯與福柯亦然。問題是，中國作家的主體經驗究竟在哪裡？中國作家背後的中國社會與歷史的獨特意義又何在？在革命史「現代」觀中，蘇聯的文學經驗、所謂的「現實主義」道路成爲金科玉律，只有最大程度地符合了這些「他者」的經驗才可能獲得文學史的肯定，這被後來稱爲

〔註 7〕汪暉：《我們如何成爲「現代的」？》，《中國現代文學研究叢刊》1996 年第 1 期。

「左」的思想的教訓其實就是失去了中國主體經驗的惡果。同樣，在最近 10 餘年的文學史研究中，鮮活的現代中國的文學體驗也一再被納入到全球資本主義時代的共同命題中，兩種現代性、民族國家理論、公共空間理論、第三世界文化理論、後殖民批判理論……大清帝國的黃昏與異域的共和國的早晨相遇了，兩個不同國度的感受能否替換？文學的需要是否就能殊途同歸？他者的理論是否眞讓我們一勞永逸？中國文學的現代之路會不會自成一格？有趣的甚至還有如下的事實：在 90 年代初期，恰恰也是其中的一些理論（現代性質疑理論）導致我們對現代文學存在價值的懷疑和否定，而到了 90 年代中後期，當外來的理論本身也發生分歧與衝突的時候（如哈貝馬斯對現代性的肯定），我們竟又神奇地獲得了鼓勵，重新「追隨」西方理論挖掘中國文學的「現代性價值」——中國文學的意義竟然就是這樣的脆弱和動搖，只能依靠西方的「現代」理論加以確定？

除了這些異域的「現代」理論，我們的文學史家就沒有屬於自己的東西嗎？如我們的心靈，我們的感受，能夠容納我們生命需要的漢語能力。

現代，在何種意義上還能繼續成爲我們的文學史概念？沒有了這一通行的「世界」術語，我們還能夠表達自己嗎？

問題的嚴重性似乎不在於我們能否在歷史的描述中繼續使用「現代」（包括與之關聯的「近代」、「當代」等概念），而是類似的辭彙的確已被層層疊疊的「他者」的資訊所塗抹甚至污染，在固有的中國現代文學史敘述框架內，我們怎樣才能做到全身而退，通達我們思想的自由領地？

中國有「文學史」始於清末的林傳甲、黃摩西，隨著文學史寫作的持續展開，尤其是到了 1949 年以後，「現代」被單獨列出，不再從屬於「中國文學史」，這彷彿包含了一種暗示：「現代」是異樣的、外來的，不必納入「中國文學」固有的敘述程式。

「二十世紀中國文學」是中國文學研究界學術自覺，努力排除蘇聯「革命」史觀影響，尋求文學自身規律的產物。正如論者當年意識到的那樣：「以前的文學史分期是從社會政治史直接類比過來的。拿『近代文學史』來說，從一八四〇年鴉片戰爭到一八九八年戊戌變法，半個多世紀裡頭，幾乎沒有什麼文學，或者說文學沒有什麼根本的變化。……政治和文學的發展很不平衡。還是要從東西方文化的撞擊，從文學的現代化，從中國人『出而參與世界的文藝之業』，從文學本身的發展規律，從這樣的一些角度來看文學史，才比較準確。」「『二十世紀中國文學』這一概念首先意味著文學史從社會政治史的簡單比附中獨立出來，意味著把文學自身發生發展的階段完整性作爲研究的主要對象。」〔註 8〕這樣的歷史架構顯然具有重大的學術價值，「二十世紀中國文學」直到今天依然是影響最大的文學史理念，然而，它也存在著難以克服的一些問題。姑且不論「二十世紀」這一業已結束的時間概念能否繼續涵蓋一個新世紀的歷史情形，而「新世紀」是否又具有與「舊世紀」迥然不同的特徵，即便是這種歷史概括所依賴的基本觀念——文學的世界性、整體性與「現代化」，其實也和文學的「現代」史觀一樣，在今天恰恰就是爭論的焦點。

「二十世紀」作爲一個時間概念也曾被國外史家徵用，但是正如當年中國學者已經意識到的那樣，外人常常是在「純物理時間」的意義上加以使用，相反，「二十世紀中國文學」更願意準確地呈現文學自身的性質。〔註 9〕這樣一來，「二十世紀」的概念也同我們曾經有過的「現代」一樣，實際上已由時間性指稱轉換爲意義性指稱。那麼，構成它們內在意義的是什麼呢？是文學的世界性、整體性與「現代化」——這些取諸世界歷史總體進程的「元素」，它們在何種程度上推動了我們文學的發展，又在多大的程度上掩蓋了我們固有的人生與藝術理想，都是大可討論的。例如，面對同樣一個「世界」的背景，是遭遇了「世界性」還是我們自己開闢了「世界性」，這裡就有完全不同的文學感受；再如，將「二十世紀」看作一個「整體」，我們可能注意到「五四」與「新時期」在「現代化」方向上的一致：「我是從搞新時期文學入手的，慢慢地發現好多文學現象跟『五四』時期非常相像，幾乎是某種『重複』。比如，『問題小說』的討論，連術語都完全一致。我考慮比較多的是美感意識的問題。『傷痕』文學裡頭有一種很濃郁的感傷情緒，非常像『五四』時期的浪漫主義思潮，我把它叫作歷史青春期的美感情緒。」「魯迅對現代小說形式的問題很早就提出一些精彩的見解。我就感覺到當代文學提出的很多問題並不是什麼新鮮問題。」〔註 10〕但是，這樣的「整體性」的相似只是問題的一方面，認真區分起來，「五四」與「新時期」其實更有著一系列重要的分歧。文

〔註 8〕黃子平、陳平原、錢理群：《二十世紀中國文學三人談》，北京：人民文學出版社，1988 年，第 36 頁、25 頁。

〔註 9〕黃子平、陳平原、錢理群：《二十世紀中國文學三人談》，第 39 頁。

〔註 10〕黃子平、陳平原、錢理群：《二十世紀中國文學三人談》，第 29～30、31 頁。

學的意義恰恰就是建立在細節的甄別上，上述細節的差異不是可有可無的，它們標識的正是文學本身的「形態」的差別，既然「形態」已大不相同，那麼粘合的「整體」的也就失去了堅實的基礎。

更有甚者，雖然已被賦予一系列「現代性」的意義指向，「二十世紀」卻又無法終結人們對它的「時間」指稱。新的問題由此產生：人們完全可能藉助這樣的「時間」框架，重新賦予不同的意義，由此在總體上形成了「二十世紀」指義的複雜和含混。在 80 年代，「二十世紀中國文學」的提出者是以晚清的「新派」文學作爲「現代性」的起點，努力尋找五四文學精神的晚清前提與基礎，但是近年來，我們卻不無尷尬地發現美國漢學界已另起爐竈，竭力發掘被五四文學所「壓抑」的其他文學源流。結果並不是簡單擴大了文學的源頭，讓多元的聲音百家爭鳴，而是我們從此不得不面對一個彼此很難整合的現代文學格局，在晚清的世俗情欲與「五四」的文化啓蒙之間，矛盾的力量究竟是怎樣被「整合」的？如果說，「五四」的文化啓蒙壓抑了晚清的世俗情欲，而後者在中國其實已有很長的歷史流變過程，那麼，這樣壓抑／被壓抑雙方的歷史整合就變得頗爲怪異，而「五四」、二十世紀作爲文學「新質」的特殊意義也就不復存在，我們曾引以自豪的新文學的寶貴傳統可能就此動搖和模糊不清。難道，一個以文學闡釋的「整體性」爲己任的學術追求至此完成了自我的解構？

我們必須認眞面對「二十世紀中國文學」這一概念，包括其並未消失的價值和已經浮現的侷限。

二

我們對近現代以來中國文學史的幾大基本概念加以檢討，其目的並不是要在現有的文學描述中將之「除名」，而是想藉此反思我們目前文學研究與文學史敘述的內在問題。「新文學」力圖抓住中國文學在本世紀的「新質」，但定位卻存在很大的模糊空間；「現代文學」努力建立關於歷史意義的完整觀念，但問題是，這些「現代」觀念在很大程度上來自異域文化，究竟怎樣確定我們自己在本世紀的生存意義，依然有太多的空白之處；「二十世紀」致力於「文學」輪廓的勾勒，但純粹的時間概念的糾纏又使得它所框定的文學屬性龐雜而混沌，意義的清晰度甚至不如「新文學」與「現代文學」。這就是說，在我們未來的文學史敘述中，有必要對「新文學」、「近代／現代／當代」、「二十世紀中國文學」等概念加以限制性的使用，盡可能突出它們揭示中國文學現象獨特性的那一面，盡力壓縮它們各自表意中的模糊空間。與此同時，更重要的是重新尋找和探測有關文學歷史的新的敘述方式，包括新的概念的選擇、新的意義範圍的確定，以及新的研究範式的嘗試等。

「新文學」作爲對近百年來白話文學約定俗成的稱謂，繼續使用無妨，且無須承擔爲其他文學樣式（如舊體文學）騰挪空間的道德責任，但未來的文學發展又將如何刷「新」，新的文學現象將怎樣由「新」而出，我們必須保留必要的思想準備與概念準備；「現代」則需要重新加以清理和認定，與其將西方資本主義文化的種種邏輯作爲衡量「現代性」的基礎，還不如在一個更寬泛的角度認定「現代」：中華帝國結束自我中心的幻覺，被迫與其他世界對話的特殊過程，直接影響了中國人與中國作家的人生觀與自我意識，催生了一種區別於中國古代文學的「現代」樣式。這種「現代」受惠與受制於異域的「現代」命題尤其是西方資本主義的命題，但又與異域的心態頗多區別，我們完全不必將西方的「現代」或「現代性」本質化，並作爲估價中國文學的尺度。異域的「現代」景觀僅僅是我們重新認識中國現象的比照之物，也就是說，對於「現代」的闡述，重點不應是異域（西方）的理念，而是這一過程之中中國「物質環境」與「精神生態」的諸多豐富形態與複雜結構。作爲一個寬泛性的「過程」概念的指稱，我們使用側重於特殊時間含義的「現代文學」，而將文學精神內涵的分析交給更複雜、更多樣的歷史文化分析，以其他方式確立「意義」似乎更爲可行；「二十世紀」是中國文學新的「現代」樣式孕育、誕生和發展壯大的關鍵時期，因爲精神現象發生的微妙與複雜，這種時間性的斷代對文學本身的特殊樣式而言也不無模糊性，而且其間文學傳統的流變也務必單純和統一，因此，它最適合於充當技術性的時間指稱而非某種文學「本質」的概括。

這樣一來，我們似乎有可能獲得這樣的機會：將已粘著於這些概念之上的「意義的斑駁」儘量剔除，與其藉助它們繼續認定中國文學的「性質」，不如在盡力排除「他者」概念干擾的基礎上另闢蹊徑，通過對近現代以來中國文學發生與發展歷史情景的細緻梳理來加以全新的定義。

一個民族和國家的文學歷史的敘述，所依賴的巨大背景肯定是這一國家歷史的種種具體的歷史情景，包括國家政治的情狀、社會體制的細則、生存方式的細節、精神活動的詳情等等，總之，這種種的細節，它來自於歷史事實的「還原」而不是抽象的理論概括。國家是我們生存的政治構架，在中國式的生存中，政治構架往往起著至關緊要的作用，影響及每個人最重要的生存環境和人生環節，也是文學存在的最堅實的背景；在國家政治的大框架中又形成了社會歷史發展的種種具體的情態：這是每個個體的具體生存環境，是文學關懷和觀照的基本場景，也是作爲精神現象的文學創造的基礎和動力。

從文學生存的社會歷史文化角度加以研究，並注意到其中「國家政治」與「社會背景」的重要作用，絕非始於今日。在「以階級鬥爭爲綱」的年代，就格外強調社會歷史批評的價值，新時期以後，則有「文化角度」研究的興起，90 年代至今，更是「文化批評」或「文化研究」的盛行。不過，強調「國家歷史情態」與這些研究都有很大的不同，它是屬於我們今天應當特別加強的學術方式。

傳統的社會歷史批評以國家政治爲唯一的闡釋中心，從根本上抹殺了文學自身的獨立性。在新時期，從「文化角度」研究文學就是要打破政治角度的壟斷性，正如「二十世紀中國文學」倡導者所提出的「走出文學」的設想：「『走出文學』就是注重文學的外部特徵，強調文學研究與哲學、社會學、政治學、民族學、心理學、歷史學、民俗學、文化人類學、倫理學等學科的聯繫，統而言之，從文化角度，而不只是從政治角度來考察文學。」〔註 11〕這樣的研究，開啓了從不同的學科知識視角觀察文學發展的可能。「文化角度」在這裡主要意味著「通過文化看文學」。也就是說，運用組成社會文化的不同學科來分析、觀察文學的美學個性。與基於這些「文化角度」的「審美」判斷不同，90 年代至今的「文化研究」甚至打破了人們關於藝術與審美的「自主性」神話，將文學納入社會文化關係的總體版圖，重點解釋其中的文化「意味」，包括社會結構中種種階級、權力、性別與民族的關係。「文化研究」更重視文學具體而微的實際經驗，更強調對日常生活與世俗文化的分析和解剖，更關注文學在歷史文化經驗中的具體細節。這顯然更利於揭示文學的歷史文化意義，但是，「文化研究」的基本理論和模式卻有著明顯的西方背景。一般認爲，「文化研究」產生於 50 年代的英國，其先驅人物是威廉姆斯（R.Williams）與霍加特（R.Hoggart）。霍加特在 1964 年創辦的英國伯明罕當代文化研究中心是第一個正式成立的「文化研究」機構，從 80 年代開始，「文化研究」在加拿大、澳大利亞及美國等地迅速發展，至今，它幾乎已成爲一個具有全球影響的知識領域。90 年代，「文化

〔註 11〕黃子平、陳平原、錢理群：《二十世紀中國文學三人談》，第 61 頁。

研究」傳入中國後對文學批評的影響日巨，但是，中國「文化研究」的一系列主題和思路（如後殖民主義批判、文化／權力關係批判、種族與性別問題、大眾文化問題、身份政治學等等）幾乎都來自西方，而且往往是直接襲用外來的術語和邏輯，對自身文化處境獨特性的準確分析卻相當不足。〔註 12〕

突出具體的歷史情景的文學研究充分肯定國家政治的特殊意義，但又絕對尊重文學自身的獨立價值；與 80 年代「文化角度」研究相似，它也將充分調動哲學、社會學、政治學、民族學、心理學、歷史學、民俗學、文化人類學、倫理學等學科知識，但卻更強調具體國家歷史過程中的「文學」對人生遭遇「還原」；與「文化研究」相似，這裡的研究也將重點挖掘歷史文化的諸多細節，但需要致力於來自「中國體驗」的思想主題與思維路徑。

傳統的中國文學詮釋雖然沒有「社會歷史批評」這樣的概念，但卻在感受、體驗具體作家創作環境方面頗多心得，形成了所謂「知人論世」的詮釋傳統，正如章學城在《文史通義・文德》中說：「不知古人之世，不可妄論古人之辭也。知其世矣，不知古人之身處，亦不可以遽論其文也。」這都是我們今天跳出概念窠臼、返回歷史感受的重要資源。不過，中國現代文學的歷史敘述需要完成的任務可能更爲複雜，在今天，我們不僅需要爲了「知人」而「知世」，而且作爲「世」的社會歷史也不僅僅是「背景」，它本身就構成了文學發展的「結構」性力量，正是在這個意義上，我們更傾向於使用「情景」而不是「背景」；挖掘歷史的我們也不僅要以「世」釋「人」，而且要直接呈現特定條件下文學精神發展的各種內在「機理」，這些「機理」形成了中國文學的「民國機制」，文學的民國機制最終導致我們的現代文學既不是清代文學的簡單延續，也不是新中國文學的前代榜樣。

新的文學史敘述範式將努力完整地揭示近現代以來中國文學生存發展的基本環境，這種揭示要盡可能「原生態」地呈現這個國家、社會、文化和政治的各種因素，以及這些因素如何相互結合、相互作用，並形成影響我們精神生產與語言運行的「格局」，剖析它是如何決定和影響了我們的基本需求、情趣和願望。這樣的揭示，應盡力避免對既有的外來觀念形態的直接襲用——雖然我們也承認這些觀念的確對我們的生存有所衝擊和浸染，但最根本的觀念依然來自於我們所置身的社會文化格局，來自於我們在這種格局中體驗人生和感受世界的態度與方式。眾說紛紜、意義斑駁的「現代性」無法揭開

〔註 12〕參見陶東風：《社會轉型與當代知識份子》，上海：上海三聯書店，1999 年。

這些生存的「底色」。我們的新研究應返回到最樸素的關於近現代以來中國國家與社會的種種結構性元素的分析清理當中，在更多的實證性的展示中「還原」中國人與中國作家的喜怒哀樂。過去的一切解剖和闡釋並非一無是處，但它們必須重新回到最樸素的生存狀態的分析中——如中外文化的衝突、現代資本主義文化的入侵、現代民族國家的建立、現代性的批判、全球化時代的文化趨勢等。我們需要知道，這些抽象的文化觀念不是理所當然就覆蓋在中國人的思想之上的，只有在與中國人實際生存和發展緊密結合的時候，它們的意義才得以彰顯。換句話說，最終是中國人自己的最基本的生存發展需要決定了其他異域觀念的進入程度和進入方向。如果脫離中國自己的國家與社會狀況的深入分析，單純地滿足於異域觀念的演繹，那麼，即便能觸及部分現象甚至某些局部的核心，也肯定會失去研究對象的完整性，最終讓我們的研究和關於歷史的敘述不斷在抽象概念的替代和遊戲中滑行。近百年來中國文學研究的最深刻教訓即在於此。今天，是應該努力改變的時候了。

作爲生存細節的歷史情景，屬於我們的物質環境與精神追求在各個方面的自然呈現。不像「ｘｘ文化與中國現代文學」式的特定角度進行由外而內的探測（這已經成爲一種經典式的論述形式），歷史情景本身就形成了文學作爲人生現象的構成元素。如在「政治意識形態與中國文學」的研究模式中，我們論述的是這些政治觀念對中國文學的扭曲和壓抑，中國作家如何通過掙脫其影響獲得自由思想的表達，而在作爲人生現象的文學敘述中，一切國家政治都在打造著作家樸素的思想意識，他們依賴於這些政治文化提供的生存場域，又在無意識中把國家政治內化爲自己的思想構成，同時，特定條件下的反叛與抗爭也生成了思想發展的特定方向——這樣的考察，首先不是觀念的應用和演繹，而是歷史細節、生活細節的挖掘和呈現，我們無須藉「文化理論」講道理，而是對這些現象加以觀察和記錄。

國家歷史情態的意義也是豐富的，除了國家的政治形態之外，還包括社會法律形態、經濟方式、教育體制、宗教形態以及日常生活習俗以及文學的生產、傳播過程等，它們分別組成了與特定國家政治相適應的「社會結構」與「人生結構」。我們的研究，就是在「還原性」的歷史敘述中展開這些「結構」的細部，並分析它們是如何相互結合又具體影響著文學發展的。

作爲一種新的文學史敘述方式，我們應特別注意那種「還原性」的命名及其背後的深遠意義，比如「民國文學史」的概念。

1999 年，陳福康藉助史學界的概念，建議中國文學的「現代」之名不妨「退休」，代之以民國文學之謂。近年來，張福貴、湯溢澤、趙步陽、楊丹丹等人都先後提出這一新的命名問題，〔註 13〕我之所以將這樣的命名方式稱之為「還原」式，是因為它所指示的國家社會的概念不是外來思想的借用——包括時間的借用與意義的借用——而是中國自己的特定生存階段的眞實的稱謂，藉助這樣具體的歷史情景，我們的文學史敘述有可能展開過去所忽略的歷史細節，從而推動文學史研究的深入。

三

肯定「民國文學」式的還原性論述，並不僅僅著眼於文學史的概念之爭，更重要的是開啓一種新的敘述可能。國家歷史情態的諸多細節有可能在這樣的敘述中獲得前所未有的重視，從而為百年中國文學轉換演變的複雜過程、歷史意義和文化功能提出新的解釋。

學術界曾經有一種設想：藉助「民國文學」這樣的「時間性」命名可以容納各種各樣的文學樣式，從而為現代中國文學的宏富圖景開拓空間。這裡需要進一步思考的問題包括兩個方面：其一，「民國文學」是否就是一種單純的時間性概念？其二，文學史敘述的目標是否就是不斷擴大自己的敘述對象？顯然，以國家歷史情態為基準的歷史命名本身就包含了十分具體的社會歷史內容，它已經大大超越了單純的「時間」稱謂。單純的時間稱謂，莫過於西元紀年，我們完全可以命名「中國文學（1911～1949）」，這種命名與「民國文學」顯然有著重大的差異。同樣，是否眞的存在這麼一種歷史敘述模式：沒有思想傾向，沒有主觀性，可以包羅萬象？正如韋勒克、沃倫所說：「不能同意認為文學時代只是一個為描述任何一段時間過程而使用的語言符號的那種極端唯名論觀點。極端的唯名論假定，時代的概念是把一個任意的附加物加在了一堆材料上，而

〔註 13〕參看張福貴《從意義概念返回到時間概念——關於中國現代文學的命名問題》（香港《文學世紀》2003 年第 4 期）；湯溢澤、郭彥妮《論開展「民國文學史」研究的必要性與可行性》（《當代教育理論與實踐》2010 年第 2 卷第 3 期）；湯溢澤、廖廣莉《論開展「民國文學史」研究的迫切性》（《衡陽師範學院學報》2010 年第 2 期）；趙步陽、曹千里等《「現代文學」，還是「民國文學」？》（《金陵科技學院學報》2008 年第 1 期）；張維亞、趙步陽等《民國文學遺產旅遊開發研究》（《商業經濟》2008 年第 9 期）；楊丹丹《「現代文學史」命名的追問與反思》（《長春師範學院學報》2008 年第 5 期）。

這材料實際上只是一個連續的無一定方向的流而已；這樣，擺在我們面前的就一方面是具體事件的一片渾沌，另一方面是純粹的主觀的標簽。」「文學上某一時期的歷史就在於探索從一個規範體系到另一個規範體系的變化。」〔註 14〕

在此意義上，作爲文學史概念的辨析只是問題的表面，更重要的是我們新的文學史敘述需要依託國家歷史情態，重新探討和發現近現代以來中國文學的「一個規範體系到另一個規範體系的變化」。面對日益高漲的「民國文學史」命名的呼籲，我更願意強調中國文學在民國時期的機制性力量。忽略國家歷史情態，我們對現代中國文學發展內在機理的描述往往停留在外來文化與傳統文化二元關係的層面上，而對中國現代歷史本身的構造性力量恰恰缺少足夠的挖掘；引入「民國文學機制」的視角，則有利於深入開掘這些影響——包括推動和限制——文學發展的歷史要素。

在歷史的每一個階段，文學之所以能夠出現新的精神創造與語言創造，歸根結底在於這一時期的國家歷史情態中孕育了某種「機制」，這種「機制」是特定社會文化「結構」的產物，正是它的存在推動了精神的發展和蛻變，最終撐破前一個文化傳統的「殼」脫穎而出。考察中國文學近百年來的新變，就是要抓住這些文化中形成「機制」的東西，而「機制」既不是外來思想的簡單輸入，更不是「世界歷史」的共識，它是社會文化自身在演變過程中諸多因素相互作用的最終結果。

強化文學史的國家與社會論述，自覺挖掘「文學機制」，可能對我們的研究產生三個方面的直接推動作用。

首先，從中國文學研究的中外衝撞模式中跨越出來，形成在中國社會文化自身情形中研討文學問題的新思路。百年來，中外文化衝突融合的事實造就了我們對文學的一種主要的理解方式，即努力將一切文學現象都置放在外來文化輸入與傳統文化轉換的邏輯中。這固然有其合理性，但是，在實際的文學闡釋與研究當中，我們又很容易忽略「衝突融合」現象本身的諸多細節，將中外文化關係的研究簡化爲異域因素的「輸入」與「移植」辨析，最終便在很大程度上漠視了文學創作這一精神現象的複雜性，忽略了精神產品生成所依託的複雜而實際的國家與社會狀況，民國文學機制的開掘正可以爲我們展開關於國家與社會狀況的豐富內容。我們曾倡導過「體驗」之於中國現代

〔註 14〕韋勒克、沃倫：《文學理論》，劉象愚等譯，北京：三聯書店 1984 年，第 302、307 頁。

文學研究的意義，而作家的生命體驗就根植於實際的國家與社會情景，文學的體驗在「民國文學機制」中獲得了最好的解釋。

其次，對「文學機制」的論述有助於釐清文學研究的一系列基本概念，如「現代」、「現代化」、「民族」、「進化」、「革命」、「啓蒙」、「大眾」、「現實主義」、「浪漫主義」、「現代主義」等概念，都將獲得更符合中國歷史現實的說明。在過去，我們主要把它們當作西方的術語，力圖在更接近西方意義的層面上來加以運用，近年來，爲了弘揚傳統文化，又開始對此質疑，甚至提出了回歸古典文論、重建中國文論話語的新思路。問題在於，中國古典文論能否有效地表達現代文學的新體驗呢？前述種種批評話語固然有其外來的背景，但是，一旦這些批評話語進入中國，便逐步成了中國作家自我認同、自我表達的有機組成部分，在看似外來的語彙之中，其實深深地滲透了中國作家自己的體驗和思想。也就是說，它們其實已經融入了中國自己的話語體系，成爲中國作家自我生命表達的一種方式。當然，這樣的認同方式和表達方式又都是在中國現代社會文化的場域中發生的，都可以在特定國家歷史情態中獲得準確定位。經過這樣的考辨和定位，中國現代學術批評的系列語彙將重新煥發生機：既能與外部世界對話，又充分體現著「中國特色」，眞正成爲現代中國話語建設的合理成分。

再次，對作爲民國文學機制具體組成部分的各種結構性因素的剖析，可以爲近百年來中國文學的研究提供新的課題。這些因素包括經濟方式、法律形態、教育體制、宗教形態、日常生活習俗以及文學的生產、傳播過程等等。作爲文學的經濟方式，我們應注意到民國時期的民營格局之於中國近現代的出版傳播業的深刻影響，一方面，出版傳播業的民營性質雖然決定了文學的「市場利益驅動」，但另一方面，讀者市場的驅動本身又具有多元化的可能性，較之於一元化思想控制的國家壟斷，這顯然更能爲文學的自由發展提供較大的空間；作爲文學的法律保障，民國時期曾經存在著一個規模龐大的法律職業集團，這樣一個法律思想界別的存在加強著民國社會的「法治」意識，我們目睹了知識份子以法律爲武器，對抗專制獨裁、捍衛言論自由的大量案例，知識者的法律意識和人權觀念在很大程度上保證了爭取創作空間的主動性，這是我們理解民國文學主體精神的基礎；民國教育機構三方並舉（國立、私立與教會）的形式延遲了教育體制的大統一進程，有助於知識份子的思想自由，即便是國立的教育機構如北京大學，也能出現如蔡元培這樣具有較大自主權力並且主張「兼容並包」、「學術自由」的教育管理者；也是在五四時期，知識份子形成了一個巨大的生存群落，他們各自有著並不相同的思想傾向，有過程度不同的文化論爭，但又在總體上形成了推動文化發展的有效力量。歐遊歸來、宣揚「西方文明破產」的梁啓超常常被人們視作「思想保守」，但他卻對新文化運動抱有很大的熱情和關注，甚至認爲它從總體上符合了自己心目中的「進化」理想；甲寅派一直被簡單地目爲新文化運動的「反對派」，其實當年《甲寅》月刊的努力恰恰奠定了《新青年》出現的重要基礎，後來章士釗任職北洋政府，《甲寅》以周刊形式在京復刊，與新文化倡導者激烈論爭，但論戰並沒有妨礙對手雙方的基本交誼和彼此容忍；學衡派也竭力從西方文化中尋找自己的理論支援，而且並不拒絕「新文化」這一概念本身；與《新青年》「新文化派」展開東西方文化大論戰的還有「東方文化派」的一方如杜亞泉等人，同樣具有現代文化的知識背景，同樣是現代科學文化知識的傳播者——正是這樣的「認同」，爲這些生存群體可以形成以「五四」命名的文化圈創造了條件。而一個存在某種文化同約性的大型文化圈的出現，則是現代中國文化發展十分寶貴的「思想平臺」——它在根本上保證了新的中國文化從思想基礎到制度建設的相對穩定和順暢，所有這些相對有利的因素都在「五四」前後的知識份子生存中聚集起來，成爲傳達自由思想、形成多元化輿論陣地的重要根基。我們可以這樣認爲五四新文化運動第一次呈現了「民國文學機制」的雛形，而這樣的「機制」反過來又藉助五四新文化運動的思想激蕩得以進一步完善成型，開始爲中國文學的自由創造奠定最重要的基礎。

「民國文學機制」在中國現代文化後來的歷史中持續性地釋放了強大的正面效應。我們可以看到，無論生存的物質條件有時變得怎樣的惡劣和糟糕，中國文學都一再保持著相當穩定的創造力，甚至，在某種程度上，由國家與社會各種因素組合而成的「機制」還構成了對國民黨專制獨裁的有效制約。中國在20年代後期興起了左翼文化，而且恰恰是在國民黨血腥的「清黨」之後，左翼文化得到了空前的發展，並且以自己的努力、以影響廣大社會的頑強生命力抵抗了專制獨裁勢力的壓制。抗戰時期，中國文學出現了不同政治意識形態的分區，所謂的「國統區」與「解放區」。有意思的是，中國文學在總體上包容了如此對立的文學思想樣式，而且一定程度上還可以形成這兩者的交流與對話，其支撐點依然是我們所說的「民國文學機制」。民國文學的基礎是晚清－五四中國知識份子的文化啓蒙理想，在文化結構整體的有機關係中，這樣的理想同時也流布到了左翼文化圈與中國共產黨人的文化論述當中，雖然他們另有自己的政治主張與政治信仰。過去文學史敘述，往往突出了意識形態的不可調和性，也否認社會文化因素的有機的微妙關係，如「啓蒙」與「救亡」的對立面似乎理所當然地壓倒了它們的通約性。只有依託中國文學的具體歷史情景，在「民國文學機制」的歷史細節中重新梳理，我們才能發現，在抗戰時期的文壇上，至少在抗戰前期的文學表達中，「啓蒙」並沒有因爲「救亡」而消沉，反而藉「救亡」而興起，這就是抗戰以後出現的「新啓蒙運動」。

引入「民國文學機制」的觀察，我們還可以進一步發現，中國文學在「民國時期」呈現了獨特的格局：國家執政當局從來沒有真正獲得文化的領導權，無論袁世凱、北洋政府還是蔣介石獨裁，其思想控制的企圖總是遭遇了社會各階層的有力阻擊，親政府當局的文化與文學思潮往往受到自由主義與左翼文化的多重反抗，尤其是左翼文化的頑強生存在很大程度上形成了民國文學爭取自由思想的強大推動力量，民國文學的主流不是國民黨文學而是左翼文學與自由主義文學。有趣的是，在民國專制政權的某些政策執行者那裡，他們試圖控制文學、壓縮創作自由空間的努力不僅始終遭到其他社會階層的有力反抗，而且就連這些政策執行者自己也是矛盾重重、膽膽突突的。例如，在國民黨掌控意識形態的宣傳部長張道藩所闡述的「文藝政策」裡，我們既能讀到保障社會「穩定」、加強思想控制的論述，也能讀到那些對於當前文藝發展的小心翼翼的探討、措辭謹慎的分析，甚至時有自我辯護的被動與無奈。而當這一「政策」的宣示遭到某些文藝界人士（如梁實秋）的質疑之後，張道藩竟然又再度「退卻」：「乾脆講，我們提出的文藝政策並沒有要政府施行文藝統治的意思，而是赤誠地向我國文藝界建議一點怎樣可以達到創造適合國情的作品的管見。使志同道合的文藝界同仁有一個共同努力的方向。」「文藝政策的原則由文藝界共同決定後之有計劃的進行。」〔註 15〕由「文藝界共同決定」當然就不便於執政黨的思想控制了，應該說，張道藩的退縮就是「民國文學機制」對獨裁專制的成功壓縮。

強調「民國文學機制」之於文學研究的意義，是不是更多侷限於強調文學史的外部因素，從而導致對於文學內部因素（語言、形式和審美等）的忽略呢？在我看來，之所以需要用「機制」替代一般的制度研究，就在於「機制」是一種綜合性的文學表現形態，它既包括了國家社會制度等「外部因素」，

〔註 15〕張道藩：《關於「文藝政策」的答辯》，《文化先鋒》1942 年第 1 卷第 8 期。

又指涉了特定制度之下人的內部精神狀態，包括語言狀態。例如，正是因爲辛亥革命在國家制度層面爲中國民眾「承諾」了現代民主共和的理想，「民主共和國觀念從此深入人心」，〔註 16〕以後的中國作家才具有了反抗專制獨裁、自由創造的勇氣和決心，白話文最終成爲現代文學的基本語言形式，也源自於中國作家由「制度革命」延伸而來的「文學革命」的信心。所以，「民國文學機制」的研究同樣包括對民國時期知識份子所具有的某種推動文學創造的個性、氣質與精神追求的考察，這就是我們今天所謂的「民國範兒」。我認爲，「民國範兒」既是個人精神之「模式」，也指某種語言文字的「神韻」，這裡可以進一步開掘的文學「內部研究」相當豐富。

不理解「民國範兒」的特殊性，我們就無法正確理解許多歷史現象。如今天的「現代性批判」常常將矛頭直指「五四」，言及五四一代如何「斷裂」了傳統文化，如何「偏激」地推行「全盤西化」，其實，民國時期尚未經過來自國家政權的大規模的思想鬥爭，絕大多數的論爭都是在官方「缺席」狀態下的知識界內部的分歧，「偏激」最多不過是一種言辭表達的語氣，思想的討論並不可能真正形成整個文化的「斷裂」，就是在新文化倡導者的一方，其儒雅敦厚的傳統文人性格昭然若揭。在這裡，傳統士人「身任天下」的理想抱負與新文明的「啓蒙」理想不是斷裂而是實現了流暢的連接，從「啓蒙」到「革命」，一代文學青年和知識份子眞誠地實踐著自己的社會理想，其理想主義的光輝與信仰的單純與執著顯然具有很大的輻射效應，即便在那些因斑斑劣跡載入史冊的官僚、軍閥那裡，也依然可以看到以「理想」自我標榜的情形，如地方軍閥推行的「鄉村建設運動」和「興學重教」，包括前述張道藩這樣的文化專制的執行人，也還洋溢著士大夫的矜持與修養。總之，歷史過渡時期的現代知識者其實較爲穩定地融會了傳統士人的學養、操守與新時代的理想及行動能力，正是這樣的生存方式與精神特徵既造就了新的文明時代的進取心、創造力，又自然維持了某種道德的底線與水準。

一旦我們深入到歷史情景的「機制」層面，就不難發現，僅僅用抽象的「現代化」統攝近現代以來的中國文學史，的確掩蓋了歷史發展的諸多細節。從某種意義上看，「民國文學機制」的出現和後來的解體恰恰才在很大程度上分開了 20 世紀上下半葉的文學面貌，從根本上看，歷史的改變就在於曾有過的影響文化創造的「機制」的解體和消失；不僅是社會的「結構」性因素的

〔註 16〕見《建國以來毛澤東文稿》第 4 冊，中央文獻出版社，1990 年，第 546 頁。

消失和「體制」的更迭，同時也是知識份子精神氣質的重大蛻變。

自然，我們也看到，還原歷史情景的文學史敘述同樣也將面對一系列複雜的情形，這要求我們的研究需包含多種方向的設計，如包括民國社會機制之於文學發展的負面意義：官紳政權的特殊結構讓「人治」始終居於社會控制的中心，「黨國」的意識形態陰影籠罩文壇，扭曲和壓制著中國文學的自然發展，作家權益遠沒有獲得眞正的保障，「曲筆」、「壕塹戰」、「鑽網」的文化造就了中國文學的奇異景觀，革命／反革命持續性對抗強化了現代中國的二元對立思維，在一定程度上妨礙了現代文化思想的多維展開。除此之外，我們也應當承認，國家與社會框架下的文學史敘述需要對國家與社會歷史諸多細節進行深入解剖和挖掘，其中有大量的原始材料亟待發現，難度可想而知。同時，文學作爲國家歷史的意義和作爲個體創作的意義相互聯繫又有所區別，個體的精神氣質可以在特定的國家歷史形態中得到解釋，但所有來自環境的解釋並不能完全洞見個體創造的奧妙，因此，文學的解讀總是在超越個體又回到個體之間循環。當我們藉助超越個體的國家歷史情態敘述文學之時，也應對這一視角的有限性保持足夠的警惕。

以上的陳述之所以如此冗長，是因爲我們關於文學歷史的扭曲性敘述本來就如此冗長！今天，呈現在讀者諸君面前的這一套文叢試圖重新返回民國歷史的特殊空間，重新探討從具體國家歷史情景出發討論文學的可能，當然，離開民國實在太久了，我們剛剛開始的討論可能還不盡圓熟，對一些問題的思考有時還會同過去的思想模式糾纏在一起，但是我想，任何新的研究範式的確立均非一朝一夕之功，每一種思想的嘗試都必然經過一定時間的蹣跚，重要的是我們已經開始了！從「民國文化與文學研究文叢」第一輯出發，我們還會有連續不斷的第二輯、第三輯……時間將逐漸展開我們新的思想，揭示現代中國文學研究在未來的宏富景觀。

這一套規模宏大的學術文叢能夠順利出版，也得益於花木蘭文化出版社，得益於杜潔祥先生的文化情懷與學術遠見，我相信，對歷史滿懷深情的注視和審察是我們和杜潔祥先生的共同追求，讓我們的思想與「花木蘭文化」一起成長，讓我們的文字成爲中華文明的百年見證。

二○一二年三月五日，農曆驚蟄

「打倒孔家店」與「五四」
——以新文化—新文學運動為中心（上）

楊華麗　著

作者簡介

楊華麗：1976年生，四川武勝人，2004年獲文學碩士學位，2011年獲文學博士學位，為中國現代文學研究會、中國郭沫若研究會會員。近年來一直從事中國現當代文學與文化研究，迄今已在《文史哲》、《文藝理論與批評》、《當代文壇》等刊物上發表學術論文近30篇；正主持省部級專案「『打倒孔家店』『口號』的誕生與衍化研究」等2項、省廳級專案2項；已參研國家社科基金重大專案「我國文化軟實力發展戰略研究」等多項；已參撰學術論著《魯迅研究》、《中國新詩的精神歷程》等多部。

提　要

在1949年至今的中國學界、1960年代以來的海外漢學界，「『打倒孔家店』是『五四』時期的口號」，一直被目為「常識」。1980年代以來，尤其是「五四全盤反傳統」論及相關聯的「斷裂」論、「感情用事」論等出現以來，主要是國內近代史學、哲學和近現代文學研究界，在回應這些論斷時開始質疑這一口號本身。但總體來看，國內外對該口號的虛無性缺乏足夠警惕，對其在後「五四」時期誕生的情況缺乏充分考量，而對「五四」「打孔家店」運動的真相缺乏更細緻的梳理與辨析。該論文以新文化、新文學運動為中心，在對大量原始期刊及第一手資料的發掘和論析的基礎上，首次從話語探源與思想梳理這兩種角度探究了「打倒孔家店」這一「口號」與「五四」之間複雜幽微的關係。通過對「五四」時「打孔家店」運動的思想資源即從戊戌到《青年》雜誌誕生前的反孔非儒思想的梳理，對新文化先驅們「打孔家店」的主觀意圖、客觀情勢及實際反叛內容——「非孝」、「非節」等——的剖析，文章還原了「五四」並無「打倒孔家店」之「實」這一歷史本相。通過對從「打孔家店」到「打破孔家店」再到「打倒孔家店」的話語誕生歷程及其衍化圖景的初步探源，文章指出：「五四」時期並無「打倒孔家店」之「名」存在。基於「打倒孔家店」之說的歷史根基和邏輯前提的缺失，學界應重新考量「五四全盤反傳統」論等的合理性與合法性。

我們需要新的歷史闡釋平臺
——代序

李　怡

不知不覺中，我們的「五四」新文化運動距今竟然已有了九十多個年頭！這時間刻度猛然間的浮上心頭，還眞有點讓人驚詫。將近一百年的光陰，本來足以讓歷史形成一系列基本的沉澱，但事實卻是，「五四」所提出和留下的許多話題包括最基本的民主、科學、自由、啓蒙等等在今天依然莫衷一是，其分歧並不亞於「五四」的當時，甚至，連「五四」本身的意義和基本形象都還存在著莫大的爭議。直到今天，圍繞「五四」，我們幾乎還在進行著一場沒有硝煙的文化激戰，更嚴重的問題在於，這場戰爭究竟在多大的意義上立足於對歷史事實的把握，戰爭的雙方又是否具有了文化研討所必需的思想認同的平臺？

「戰爭」之所以產生，乃是因爲「五四」一直是各種思想潮流（乃至各種黨派、各種政治力量）談論現代中國文化、歷史的起點，對所謂「五四」的理解和認識，更是人們分析、評價和判斷中國現當代社會文化問題——包括成就和局限的主要「根據」。政治革命家早有「新民主主義開端」之說，保守的政治獨裁者（如蔣介石）也曾指責「自由主義」的「五四」是背棄了「中國固有的文化精神」，新時期中國知識份子給予許多的「啓蒙」的期待，而西方漢學（尤其美國漢學）更有「激進」、「偏激」的種種憂慮……今天，「五四」新文化運動九十周年的紀念一點都不能減少圍繞它的種種爭論。問題是：他們談論的是同一個「五四」嗎？「五四」究竟是什麼？它是怎樣「構成」的？「五四」可以分層認識嗎？「五四」在總體上實現了什麼功能？

我認爲，在今天，我們對「五四」的解讀，應該注意到作爲現代知識份子群體在那個特殊歷史時期的生存狀態，他們各自的姿態及相互的聯繫，在將「五四」作種種簡明的定性之外，一個豐富和複雜的現代文化探索者與創造者的知識份子群落的巨大存在同樣值得我們高度重視，我們不妨可以將之稱為——五四文化圈。

只有厘清了五四文化圈的基本形態，今天的歷史闡釋才能走出「戰爭」的陰霾，尋找到一個新的闡釋平臺。

在我看來，生存於五四「圈子」中的知識份子，自然有著各自具體的思想認識和文化主張，其差異性顯而易見，但是，就在「五四」時期，其實他們表現出了不能忽視的認同度。歐遊歸來，宣揚「西方文明破產」的梁啓超常常被人們視作「思想保守」，但他卻對新文化運動抱有很大的熱情和關注，甚至認為它們從總體上符合了他心目中的「進化」理想；甲寅派一直被簡單目為新文化運動的「反對派」，其實當年《甲寅》月刊的努力恰恰奠定了《新青年》出現的重要基礎，後來章士釗任職北洋政府、《甲寅》以週刊形式在京復刊，與新文化宣導者激烈論爭，但論戰卻沒有妨礙對手雙方的基本交誼和彼此容忍；學衡派也竭力從西方文化中尋找自己的理論支持，並且並不拒絕「新文化」這一概念本身；與《新青年》「新文化派」展開東西方文化的大論戰的還有「東方文化派」的一方如杜亞泉等人，他們同樣具有現代文化的知識背景，同樣是現代科學文化知識的傳播者；甚至，後來走上專制獨裁、批評「五四」的蔣介石也在他的五四日記中對這一運動深表讚揚——正是這樣的「認同」，為這些生存群體可以形成以「五四」命名的文化圈奠定了基礎。而一個巨大的存在某種文化同約性的文化圈的出現則是現代中國文化發展的十分寶貴的「思想平臺」——它在根本上保證了現代中國文化從思想基礎到制度建設的相對穩定和順暢。

當然，在這個文化圈的內部，也存在顯而易見的思想分歧。五四新文化派具有無比清醒而強烈的現實憂患體驗，他們的銳利的批判從根本上打破了沉悶的文化生態，推動了歷史的有效行進，——他們是現代文化的「火車頭」；即便是總體上相對激進的群體，包括《新青年》、《新潮》知識份子——他們各自的「激進」程度、方向和階段卻又並不相同，不僅有具體問題的認知差異，也有中心與邊緣之別，如魯迅就一直自居邊緣。就其中的「文學革命」而言，也既有《新青年》同人的首開風氣之舉，又有創造社所謂的「文學革命第二階段」，對於「第二階段」的郭沫若來說，其狂飆突進的氣概與他對孔子等先秦文化傳統的讚美又相伴而生；有總體上相對保守的群體，包括《學衡》、《東方雜誌》與林紓等，但他們各自「保守」的程度、方向和階段同樣並不相同；還有更多的個體，或許在某些方面傾向於前者，又在另外的方面傾向於後者，有時候，簡單的「激進」或「保守」概念很難對他們加以準確的定義，如梁啓超、梁漱溟。

不過，有一點值得注意，這就是其中相當數量的所謂「保守」派，他們都是作爲現代知識份子的一員在關注著民族文化的現代命運，都在現代世界的巨大背景上面對著「中國問題」，這都從根本的意義上將他們與前朝舊臣、鄉村遺老嚴格區別開來，這些現代中國的知識份子不管觀點還有多大的差異，都一同站在了五四歷史的起跑線上，組成了「文化圈」的色彩斑斕。

我認爲，正是這些知識份子的色彩斑斕又處於同一歷史過程中的事實形成了現代文化發展的基本的彈性和必要的張力，形成了現代中國文化在總體上的健康與寬大，所以無論我們能夠從胡適、陳獨秀等人那裏找到多少表達「二元對立」的絕對化思維的言論，我們都不得不正視這樣的一個重要事實：中國的現代文化並沒有因爲這些先驅者簡單的新/舊對立言辭而變得越來越簡單，而是越來越豐富，越來越多樣和有韌性。分歧、矛盾的思想傾向的存在反過來恰恰證明了現代中國文化自五四開始的一種新的富有活力的存在，不同趨向的各個方面的有機的張力性的組合其實保證了現代文化發展的內在彈性和迴旋空間，而在思想交鋒中坎坷成長的新文化也就尤其顯示了自身的韌性——它畢竟經受住了來自方方面面的質疑和挑戰，這難道不正是現代中國文化、不正是現代中國文化之中扮演拉動力的五四新文化最富魅力的所在？在這樣的豐富、複雜的文化環境中蓬勃向上的中國文化不就與中國古代文化形成了最顯著的「結構性」的差別嗎？

五四文化圈的存在和基本生態爲現代中國知識群體的存在和發展奠定了重要的基礎，形成了對 20 世紀上半葉影響深遠的某種「機制」性的東西，我曾經指出，這就是中國現代文化發展的「民國機制」。民國機制並不屬於那些專制獨裁者，而是根植于近代以來成長起來的現代知識份子群體，根植於這一群體對共和國文化環境與國家體制的種種開創和建設，根植於孫中山等民主革命先賢的現代理想，它的雛形便是在五四新文化運動中形成的，在這個意義上，令中國現代文化的發展都廣泛得益的這種「民國機制」本身就屬於五四文化「遺產」，只不過是我們目前還重視不夠的一份遺產。

對五四文化圈思想平臺的清理，對「民國機制」的發掘，最終都是爲了對那些複雜的歷史現象做出「返回歷史現象」的解釋，推進學術的發展。

學界近年來關於「五四」的批評，至少包括七大方面的內容：少數知識份子的偏激導致了全民族文化的悲劇；徹底反傳統、割裂民族文化傳統；惟我獨尊，充滿了話語「霸權」；引入線性歷史發展觀、激進主義的文化態度，導致了現代中國一系列文化觀念上的簡陋甚至迷失；客觀上應和了西方的文化殖民策略；開啓了現代專制主義特別是「文革」思維的源頭；白話取代文言，破壞了中華民族的語言流脈；套用今天的一個說法，可謂是五四「七宗罪」。在我看來，圍繞以上諸方面所發生的分歧與批判性意見，恰恰呈現出了從歷史知識到思維理路等多方面的纏繞和混沌，正是這樣的纏繞和混沌，最終讓我們以扭曲的方式將「五四」時代描述爲一場想像中的似是而非的激戰，扭曲的想像讓「五四」的意義變得有點曖昧不明了。

對於今天的人們而言，將近一百年前的歷史似乎早應該成爲了穩定的「故紙堆」中的材料，只等待我們的重讀和闡釋。然而，問題卻遠遠沒有這樣的簡單，分析近年來那些對「五四」的批評，我們可以發現一個多少讓人有些驚訝的事實，那就是一系列基本史實其實都還充滿了迷霧，我們的不少批評性的判斷竟然是建立在許多虛幻不實的「傳說」的基礎之上。我以爲，以「傳說」而不是事實爲基礎，正是五四新文化運動被任意塗抹的主要原因。

其中，「打倒孔家店」一貫被人們當作「五四」新文化運動徹底反傳統的重要表現。然而，這一說法從能指到所指實在都是謬誤百出的。不返回民國的現場，就根本無從發現其中的眞相。楊華麗博士論文的重要貢獻就在這裏，她閱讀了大量的歷史材料，從中梳理出種種爲人忽略的細節，逐步「復現」了所謂「打倒孔家店」的來龍去脈，這樣的結論讓人耳目一新，這樣的研究構建起了「民國文學」的歷史原貌，無論是觀點、材料還是研究方法都具有啓發意義。

楊華麗是我指導的博士研究生，所謂「指導」也不過就是與她討論過一些研究方法的問題，整個問題的寫作都是她努力耕耘的結果。今天，這一成果有機會出版，在海峽兩岸同時發行，我覺得很有意義，因爲，我們都擁有一個共同的現代思想之源——五四，我們都應該通過對民國歷史的清理建立更能夠通融的闡釋平臺。

祝願楊華麗博士在學術研究中取得更大的成績！

2012 年 5 月 21 日於北京

目次

上冊

緒　論

在 19 世紀中後期開始啓動的中國現代化進程中，孔子、儒家和儒學的命運在 20 世紀的百年裏也遭遇了「三千年未有之大變局」。這個變局，與 20 世紀中國思想界、學術界、政治界、教育界的精英們息息相關，因爲正是陳獨秀、李大釗、瞿秋白等馬克思主義者，蔡元培、陶希聖、戴季陶等三民主義者，嚴復、胡適、殷海光、林毓生等自由主義者，吳稚暉、劉師培等無政府主義者，梁漱溟、熊十力、唐君毅、徐復觀等現代新儒家，以及《新青年》派、「學衡」派、東方文化派、新啓蒙派等的代表人物針對孔子、儒家和儒學的言說，導致了 20 世紀複雜的思想史、倫理史、儒學研究史的誕生。

當我們隨意翻檢 20 世紀的思想史、倫理史、儒學研究史，或者閱讀關於《新青年》派、「學衡」派、東方文化派、新儒家等流派，關於新文化運動、新啓蒙運動乃至「文革」時期的批林批孔運動等等的研究成果，「打倒孔家店」這個與孔子、儒家和儒學的命運關係密切的片語都會不時闖入我們的視域。然而讓人迷惑的是，各種意識形態下的各種立場的人都在運用這個片語，他們作出的各樣闡釋形成了龐大而混雜的歷史迷霧。一旦我們試圖去詳細審思「五四」與孔子、儒家與儒學的關係，就不得不注意到「打倒孔家店」與「五四」新文化運動之間的膠著狀態，並使我們深深感知到透視「五四」新文化運動的艱難。

在這種情況下，對新時期以來學界研究「打倒孔家店」的成果做一次綜合考察，也許是我們深入研究「五四」新文化運動的一個重要準備工作。

（一）「打倒孔家店」：一個口號

新時期以一場關於眞理問題的大討論，解放了建國以後尤其是「文革」

期間國人被緊緊禁錮的思想，與之相隨的，是文史哲等各個領域在諸多方面的復蘇與再出發。對於中國哲學研究來說，「1980 年代上半期……已開始嘗試打破教條、禁區，……該時期最引人注目的是孔子的再評價問題。」〔註 1〕或者說，「1980 年代，對孔子的再評價是中國哲學領域思想解放的突破口」。〔註 2〕作爲此期具有代表性的研究成果，《從五四啓蒙運動到馬克思主義的傳播》〔註 3〕的第 2 版於 1979 年面世，發揮了重要的研究導向作用。就在該書中，丁守和、殷敘彝先生以「打倒孔家店」命名反封建的新文化運動，獨立成節，並在該節中多次將「打倒孔家店」作爲固定名詞來使用。而眞切反映 1980 年代上半期這個過渡時期特色的《孔子及孔子思想再評價》，是山東大學 1978 年召開的文科理論研討會上歷史組十位學者的文章的集結，這些文章集中地反映了他們對「四人幫」批孔的批判，以及對孔子及孔子思想做出重新評價的努力。事實上，集中收錄的龐樸的《孔子思想的再評價》〔註 4〕、張豈之的《眞孔子與假孔子》以及朱玉湘的《試論「五四」時期思想界對孔子的評價》正是揭開新時期孔學研究帷幕的重要文章。然而很明顯，這一時期，「打倒孔家店」依然被作爲一個習以爲常的「口號」在使用——龐樸認爲：「五四新文化運動號召『打倒孔家店』，揭開了現代批孔的序幕，立下過不朽功勳。」〔註 5〕與此類似的說法出現在朱玉湘的文章裏：「『五四』運動提出了『打倒孔家店』的戰鬥口號，……立下過不朽的功勳」，〔註 6〕「魯迅是『五四』時期打倒孔家店的主將」，〔註 7〕此外，他的文章中說「五四」時期的尊孔派對孔子做出了不合實際的評價，但「即使針對反動勢力掀起的尊孔復古逆流，提出『打倒孔家店』的思想革命和文學革命的新文化運動倡導者和參

〔註 1〕鄭家棟《斷裂中的傳統：信念與理性之間》，中國社會科學出版社，2001 年，第 305 頁。

〔註 2〕鄭家棟《斷裂中的傳統：信念與理性之間》，前引書，第 310 頁。

〔註 3〕丁守和、殷敘彝《從五四啓蒙運動到馬克思主義的傳播》，生活・讀書・新知三聯書店，1963 年 6 月第 1 版，1979 年 4 月第 2 版。

〔註 4〕龐樸該文最初發表於 1978 年 8 月 12 日《光明日報》，這是最早提出「重新評價孔子」問題的文章。

〔註 5〕龐樸《孔子思想的再評價》，山東大學歷史系編《孔子及孔子思想再評價》，吉林人民出版社，1980 年，第 99 頁。

〔註 6〕朱玉湘《試論「五四」時期思想界對孔子的評價》，山東大學歷史系編《孔子及孔子思想再評價》，前引書，第 152 頁。

〔註 7〕朱玉湘《試論「五四」時期思想界對孔子的評價》，山東大學歷史系編《孔子及孔子思想再評價》，前引書，第 159 頁。

加者，對孔子的態度及其思想的評價，也是有區別的。」〔註 8〕還說胡適是個「被捲進了『打倒孔家店』洪流的洋奴」。〔註 9〕可見，在當時的語境中，「打倒孔家店」是與新文化運動密切關聯的「口號」的確就是一個不言自明的「常識」。

五四運動六十週年紀念日前夕，五四運動的參加者許德珩說：「五四運動時有個口號，叫『打倒孔家店』，就是反封建。針對這個口號的叫『保存國粹』。」〔註 10〕80 年代以後尤其是 90 年代以來，「打倒孔家店」出現的頻率更高。如陳旭麓在其論著《近代中國社會的新陳代謝》中說「從戊戌的『托古改制』到『五四』的『打倒孔家店』是一種歷史性的進步」；〔註 11〕余英時認爲「康有爲提倡孔教，與當時『打倒孔家店』針鋒相對」；〔註 12〕房列曙等則認爲「新文化運動的倡導者們……以《新青年》爲主要陣地，以進化論觀點和個性解放思想爲主要武器，批判維護封建專制制度的舊禮教、舊道德，提出了『打倒孔家店』的口號」；〔註 13〕柳士同在 2009 年還認爲當年提出了「打倒孔家店」的口號，並爲其合法性辯護。〔註 14〕以《中華讀書報》爲例，據筆者初步查閱與統計，從 2004 年到 2009 年 7 月，有五十一篇文章涉及到「打倒孔家店」（有少許文章是「砸碎孔家店」），而且多與「口號」相連。而在中國知網上以「篇名」爲「孔家店」作爲檢索條件，會得到這樣的結果：新時期以來學術界共有二十七篇相關論文發表，從第一篇文章——陳本銘《孔子教育思想試評——兼論五四時期「打倒孔家店」的口號》〔註 15〕到最新發表的一篇文章——王東、納雪沙《「打倒孔家店」是五四運動的口號嗎？——五四精

〔註 8〕朱玉湘《試論「五四」時期思想界對孔子的評價》，山東大學歷史系編《孔子及孔子思想再評價》，前引書，第 153 頁。

〔註 9〕朱玉湘《試論「五四」時期思想界對孔子的評價》，山東大學歷史系編《孔子及孔子思想再評價》，前引書，第 152 頁。

〔註 10〕此話是許德珩所說，《五四運動與體育——五四前夕訪許德珩》，中國社會科學院近代史研究所編《五四運動回憶錄》（續），中國社會科學出版社，1979 年，第 582 頁。

〔註 11〕陳旭麓《近代中國社會的新陳代謝》，上海人民出版社，1992 年，第 381 頁。

〔註 12〕余英時《五四運動與中國傳統》，余英時《現代危機與思想人物》，生活・讀書・新知三聯書店，2005 年，第 60 頁。

〔註 13〕房列曙等編著《中國近現代史》，合肥工業大學出版社，2004 年，第 189 頁。

〔註 14〕柳士同《重溫「打倒孔家店」》，《書屋》2009 年第 3 期。

〔註 15〕陳本銘《孔子教育思想試評——兼論五四時期「打倒孔家店」的口號》，《福建師大學報（哲學社會科學版）》1979 年第 3 期。

神實質新論》，〔註 16〕「打倒孔家店」幾乎無一例外地出現在每一篇文章中，而且大都與新文化運動的「口號」之說相聯繫：

> 這次運動……響亮地提出「打倒孔家店」的口號。〔註 17〕
>
> 「打倒孔家店」則是「五四」時期反封建主義的革命戰鬥口號。〔註 18〕
>
> 急進民主主義者爲了請進「德」（民主）、「賽」（科學）二先生，反對以袁世凱爲代表的尊孔復辟反動勢力，在他們出版的《新青年》雜誌上，發表了大量文章。「五四運動」後，鼓動這一思潮影響最大的一個口號，就是「打倒孔家店」。〔註 19〕
>
> 「打倒孔家店」是五四運動提出的著名口號。〔註 20〕
>
> 在萬馬齊喑的舊中國，「打倒孔家店」這一口號的喊出，的確起到了振聾發聵、解放思想的作用，其功績不可抹煞。〔註 21〕
>
> 他們喊出「打倒孔家店」……其意向所在，正如前面所說，並非僅僅和孔老先生本人過不去，也不是全面推翻自己的文化根基，而是試圖找出中國積貧積弱的病竈，然後再加以療救。〔註 22〕
>
> ……

在這林林總總的表述中，「打倒孔家店」與新文化運動往往成爲一枚硬幣的兩面，前者之於後者，有著類似身份證的功效。這固然爲我們解讀新文化運動提供了一個方便的入口，然而細查這些論述可見，論述者對「打倒孔家

〔註 16〕王東、納雪沙《「打倒孔家店」是五四運動的口號嗎？——五四精神實質新論》，《新視野》2010 年第 4 期。

〔註 17〕陳本銘《孔子教育思想試評——兼論五四時期「打倒孔家店」的口號》，《福建師大學報（哲學社會科學版）》1979 年第 3 期，第 32 頁。

〔註 18〕嚴北溟《孔子要平反，「孔家店」要打倒》，《社會科學輯刊》1981 年第 1 期，第 3 頁。

〔註 19〕韓達《「打倒孔家店」與評孔思潮》，中華孔子研究所編《孔子研究論文集》，教育科學出版社，1987 年，第 408 頁。

〔註 20〕王海賓、盧建華《論打倒孔家店的現實意義》，《北京師範學院學報（社會科學版）》1989 年第 2 期，第 76 頁。

〔註 21〕郭沂《「打倒孔家店」與中國傳統文化的現代命運》，《齊魯學刊》1989 年第 3 期，第 52 頁。

〔註 22〕胡發貴《民主與人權——對「打倒孔家店」的再審視》，《唯實》1999 年第 4 期，第 27 頁。

店」這個「口號」本身，對它之於新文化運動的正負面價值所做出的價值判斷，卻並不如鐵板一塊，因此，對其構成的非常蕪雜的闡釋場景，我們首先需要仔細辨析。

大致說來，學者們的立場有以下幾種：第一，肯定「口號」的存在及其正面價值型。這種觀點認爲，新文化運動中確實提出了「打倒孔家店」這一口號，並從反封建的必然性等等方面爲這一口號的合法性辯護，代表性文章如柳士同的《重溫「打倒孔家店」》、徐頑強的《評「五四」時期的「打倒孔家店」》。〔註 23〕這類觀點，是對此前尤其是「文革」發生前主流觀點的承續，而論析更爲細緻。第二，肯定「口號」的存在但否認其正面價值型。這類觀點認爲新文化運動中確實提出了「打倒孔家店」這一口號，但認爲正是這一口號，代表了新文化運動的發起者們對中國悠久傳統文化的決絕態度，而這不僅導致了中國文化在現代的斷裂，而且象徵著中國激進主義的發生，導致了現代史上革命思維的形成，並且在事實上導致了「文革」的出現。這種觀點在韓達 1982 年發表的《「打倒孔家店」與評孔思潮》中已初見端倪，而在海外學者類似觀點大量湧入大陸之後，呈逐層推進趨勢，並在 80 年代中後期至 90 年代上半期，成爲學界的一種主流認識。與這類觀點相對，有人否定該「口號」存在於新文化運動中，認爲它祇是後來者在闡釋新文化運動的過程中強加於其上的一個說法。事實上，持這類觀點者往往對「打倒孔家店」這一「口號」的出現過程進行關注，並對其與新文化運動的關係進行細微的辨析，正如王東、納雪沙在《「打倒孔家店」是五四運動的口號嗎？——五四精神實質新論》〔註 24〕，尤其是宋仲福在《關於「打倒孔家店」的歷史考察》〔註 25〕中所做的那樣。對於新文化運動反孔批儒的正面價值，他們有的僅只部分地肯定，或者將新文化運動的價值重新闡釋，如王東、納雪沙認爲新文化運動的精神實質在綜合創新，劉濟生認爲打倒孔家店反應不了新文化運動的實質，〔註 26〕宋仲福則說不能讓「打倒孔家店」這個冒牌貨登上歷

〔註 23〕徐頑強《評「五四」時期的「打倒孔家店」》，《湖北大學學報（哲學社會科學版）》1992 年第 2 期。

〔註 24〕王東、納雪沙《「打倒孔家店」是五四運動的口號嗎？——五四精神實質新論》，《新視野》2010 年第 4 期。

〔註 25〕宋仲福《關於「打倒孔家店」的歷史考察》，《孔子研究》1992 年第 2 期。

〔註 26〕劉濟生《打倒孔家店與打倒秦家店孰輕孰重——新文化運動和五四運動重新解讀》，《炎黃春秋》2004 年第 4 期。

史舞臺去領獎。

這種種分歧的存在，固然有學人們對五四新文化運動的前理解在內，但不可迴避的是，「打倒孔家店」這一說法尤其是其中「倒」字本身所暗示給研究者們的負面資訊，爲負面評價的出現提供了溫床。呂振羽早在 1940 年就已指出，「在反封建文化鬥爭的高潮中，曾產生一部分自由主義分子的盲目反古的傾向，即反歷史主義的傾向。他們無視偉大祖國文化的優良傳統，幾乎認爲中國歷史上的一切都是要不得的，在『打倒孔家店』的口號下，一時就抹殺了發展到那樣高度的中國封建文化的一切，不去估計其互大的創造成果和它對人類文化的巨大貢獻。」〔註 27〕指出「打倒孔家店」具有歷史虛無主義傾向的不祇是呂振羽，在署名「本社」的《五四運動與民主主義》一文中就提到「有人批評五四時代的文化運動，認之爲非民族的」，該文認爲「這批評是不公允的。誠然五四時代人物對封建文化的批判不能使我們今日完全滿意，但這並不是因爲他們的批評太激進了，而是因爲他們在批判中缺少歷史主義；正因爲他們不能運用歷史主義來執行批判，因此他們的批判反而嫌不夠，有時反而留下了讓封建文化視爲避逃藪的罅隙。也因爲他們不能運用歷史主義來執行批判，他們常只能一般地卑視舊有的文化遺產，但是決不因此，五四時代的思想文化是完全脫離了民族基礎的；恰恰相反，說起中國民族文化的發展來，那麼作爲民族文化的繼承人的是他們而絕不是他們的反對派——國粹論者。……五四新文化運動實在當得起是一個民主的民族的新文化運動，雖然沒有能徹底地完成。」〔註 28〕時隔四十餘年，當代的韓達也感知到「打倒孔家店」「這個口號具有嚴重的缺點，即對民族文化採取虛無主義態度和極端、片面的思想方法。」〔註 29〕而爲新文化運動反孔非儒的合法性進行辯護的學者，「儘管……都在說明五四時期提出它的合理性、進步意義，同時也從多方面論證了當時並未打倒孔子和儒學，也未否定傳統文化。但是，由於『打倒』這個概念的確定性，而『孔家店』則是明顯的貶意詞」，從

〔註 27〕呂振羽《創造民族新文化與文化遺產的繼承問題》，《中國社會史諸問題》，生活·讀書·新知三聯書店，1961 年，第 120 頁。該文的一部分曾以《「亞細亞的生產方法」和所謂中國社會的「停滯性」問題》之名，發表於《理論與現實》2 卷 2 期，1940 年 10 月 15 日。

〔註 28〕本社《五四運動與民主主義》，《理論與現實》2 卷 1 期，1940 年 5 月 15 日。

〔註 29〕韓達《「打倒孔家店」與評孔思潮》，中華孔子研究所編《孔子研究論文集》，前引書，第 412～413 頁。

而感到了論證的艱難，因爲，「『打倒孔家店』從詞義上看，只能解釋爲打倒孔子，否定儒學。」〔註 30〕「雖然『打孔家店』和『打倒孔家店』有一字之差，其實『打孔家店』絕對沒有『打倒孔家店』詞義厲害。『打孔家店』充其量不過是批評、批判之意，而『打倒孔家店』則是推倒、否定的意思。」〔註 31〕「『打孔家店』和『打倒孔家店』雖只有一字之差，其涵義卻大相徑庭。『打』是抨擊、批判之意；『打倒』卻是推翻、摧毀之意。『打倒孔家店』並不符合當時抨擊孔子、儒學、孔教者之歷史實際。」〔註 32〕因此，「把『打倒孔家店』作爲五四新文化運動批評儒學的口號或革命精神的體現，必然使五四新文化運動蒙上一層歷史虛無主義的色彩。」〔註 33〕張翼星在《怎樣理解「五四」的「打倒孔家店」？》〔註 34〕一文中的說法也許是一個值得注意的現象：「這個著名口號給人的印象，似乎『五四』新文化運動時期的那批代表人物都是全盤否定孔子，全盤否定儒家思想和傳統文化的。」……或許正是有感於「倒」字本身預示的決絕性帶給人們闡釋的困惑，宋仲福先生提議「在今後的五四新文化運動史的研究中，拋棄那困擾了人們幾十年的『打倒孔家店』」。〔註 35〕

（二）「打倒孔家店」：一個「口號」？

誠如呂振羽和《理論與現實》社在 1940 年代的言論提示我們的那樣，至遲在 1940 年代，因新文化運動先驅對孔子、儒家、儒學的批判而導致評價新文化運動時的「困擾」，就已經出現。但無可否認的是，對「打倒孔家店」的正面意義的肯定與論述，是當時的主流話語和常規邏輯。〔註 36〕然而到

〔註 30〕宋仲福《關於「打倒孔家店」的歷史考察》，《孔子研究》1992 年第 2 期，第 85 頁。

〔註 31〕劉濟生《打倒孔家店與打倒秦家店孰輕孰重——新文化運動和五四運動重新解讀》，《炎黃春秋》2004 年第 4 期，第 184 頁。

〔註 32〕李殿元《「打（倒）孔家店」的歷史誤會》，《中華文化論壇》2006 年第 3 期，第 151 頁。

〔註 33〕宋仲福《關於「打倒孔家店」的歷史考察》，《孔子研究》1992 年第 2 期，第 86 頁。

〔註 34〕張翼星《怎樣理解「五四」的「打倒孔家店」？》，《中華讀書報》2004 年 3 月 17 日。

〔註 35〕宋仲福《關於「打倒孔家店」的歷史考察》，《孔子研究》1992 年第 2 期，第 94 頁。

〔註 36〕在肯定其正面意義時，常有論者論及新文化運動批孔反儒思潮中的形式主義傾向，這與毛澤東《反對黨八股》等文中對五四新文化運動的論述密切相

了 1980 年代，對「打倒孔家店」這一「口號」的質疑開始出現，相應出現了一系列對新文化運動的負面價值進行「反思」的學術成果。這種新傾向的出現，固然是 1940 年代就有的相關質疑的符合邏輯的發展，但更與新時期以來中國現代文學向海外漢學、新儒學的敞開，以及他們帶有衝擊性的一系列觀點——「斷裂」論、「感情用事」論、「全盤反傳統」論，等等——的湧入密切相關。綜合起來看，對這一「口號」的質疑，存在以下兩個向度：

第一，質疑其存在的眞實性，探究其提出者和誕生過程。

「打倒孔家店」這一「口號」存在嗎？對這個問題的關注，開始於 1979 年舉行的紀念五四運動六十週年小型座談會：「1979 年，在一次紀念五四運動六十週年小型座談會上，彭明先生指出：他和一些同志查閱《新青年》等報刊和陳獨秀、李大釗、胡適、吳虞、易白沙等代表人物的論著，都未發現有『打倒孔家店』的記載。」〔註 37〕此後，韓達在《「打倒孔家店」與評孔思潮》〔註 38〕中說「查閱『五四運動』以前新文化運動時期的《新青年》雜誌，卻沒有誰提出過『打倒孔家店』這個口號」；杜聖修在《關於「打倒孔家店」若干史實的辨正》〔註 39〕中也有類似說法；嚴家炎在 1989 年就指出：「當時也並不眞有『打倒孔子』或『打倒孔家店』一類口號，有的衹是對孔子相當客觀、相當歷史主義的評價」〔註 40〕；到了 2007 年，他在詳讀了全部《新青年》後得出的結論是：「『五四』當時並沒有『打倒孔家店』這個口號（『五四』的口號其實衹是一個『民主』，一個『科學』，第三個是『文學革命』，即使在評孔批孔最為激烈的 1916 年到 1917 年間，也沒有出現過『打倒孔家店』的口號）。」〔註 41〕甚至有人主張，不能給「打倒孔家店」以歷史地位，因為它「只

關。而且，在肯定之末加上批判、反思的尾巴的論述方式，延續到了新時期，在 1970 年代末到 1980 年代前半期的論文、著作中多有體現。

〔註 37〕宋仲福《關於「打倒孔家店」的歷史考察》，《孔子研究》1992 年第 2 期，第 80 頁。

〔註 38〕韓達《「打倒孔家店」與評孔思潮》，中華孔子研究所編《孔子研究論文集》，前引書。

〔註 39〕《文藝報》1989 年 9 月 16 日。

〔註 40〕嚴家炎《關於五四新文化運動的反思》，中國社科院科研局、《中國社會科學》雜誌社編《五四運動與中國文化建設——五四運動七十週年學術討論會論文選》（上），社會科學文獻出版社，1989 年，第 133 頁。

〔註 41〕嚴家炎《「五四」「全盤反傳統」問題之考辨》，《文藝研究》2007 年第 3 期，第 6 頁。

不過是後來各種錯誤因素湊合在一起而形成的一種『冒牌貨』。在五四新文化運動歷史中，本來就沒有它的地位，現在能肯定它什麼呢？我們能讓『冒牌貨』登上領獎臺嗎？」〔註 42〕

但「打倒孔家店」這一五四新文化運動期間並不存在的「口號」，到底是怎麼出現並流行起來的呢？周策縱指出「孔家店」這一名詞是胡適首先在爲《吳虞文錄》作序時使用，以指稱孔教及其徒子徒孫，〔註 43〕並且他說，「胡適在給《吳虞文錄》寫的序言中稱吳是『四川省隻手打倒孔家店的老英雄』。主要由於吳的努力，『打倒孔家店』成了中國知識份子中一個十分流行的口號。」〔註 44〕也就是說，他認爲胡適是「打倒孔家店」的提出者，而其流行，依賴於吳虞的打孔實績。值得注意的是，此處所言胡適《〈吳虞文錄〉序》中的那句話，較之原文正多了那個「倒」字，可謂誤引。此後的研究者，做出類似誤引的不計其數，而這往往導致他們最終將「打倒孔家店」的提出者鎖定爲胡適或者吳虞。據宋仲福先生查考，從 1940 年到 1989 年，認爲「打倒孔家店」一語出自《〈吳虞文錄〉序》的就有二十一例，並由此而誤認爲「打倒孔家店」是胡適提出的，有十七例；誤以爲是吳虞提出的有四例；誤認爲胡適、吳虞共同提出的有一例。〔註 45〕

在對「打倒孔家店」「口號」提出者的考察方面，還有另外兩種值得重視的思路。

第一種思路認爲，這一「口號」是由李大釗、魯迅、陳獨秀等新文化先驅者共同提出的，或者只籠統地說新文化運動提出了這一口號，而不具體落實到人。

第二種思路由韓達在《「打倒孔家店」與評孔思潮》中開啓。在該文中，韓達以「胡適提出的『打倒孔家店』的含義」作爲其中一節的標題，認爲「『打

〔註 42〕宋仲福《關於「打倒孔家店」的歷史考察》，《孔子研究》1992 年第 2 期，第 86 頁。

〔註 43〕〔美〕周策縱《五四運動史》，陳永明等譯，嶽麓書社，1999 年，第 422 頁。在其《五四運動：現代中國的思想革命》（周子平等譯，江蘇人民出版社，1999 年 6 月第 1 版，2005 年 7 月第 2 次印刷）中，這裏被翻譯成「孔教及其追隨者」，見該書第 304 頁。

〔註 44〕〔美〕周策縱《五四運動：現代中國的思想革命》，周子平等譯，江蘇人民出版社，1999 年 6 月第 1 版，2005 年 7 月第 2 次印刷，第 420 頁。

〔註 45〕宋仲福《關於「打倒孔家店」的歷史考察》，《孔子研究》1992 年第 2 期，第 84～85 頁。

倒孔家店』係由胡適首唱（原文如此，引者注）」，〔註 46〕而其首唱之語，即是他爲《吳虞文錄》寫的序言中所謂的「打孔家店」。對於「倒」字的生成過程，他這樣解釋：「……於是『打孔家店』的說法不脛而走，被廣泛流傳使用，衍成『打倒孔家店』這個口號。」〔註 47〕這可以說是關於這一「口號」的「衍生說」的發端。後來，宋仲福在分析這一不存在的口號流行的原因時也持「衍生說」：「最初可能由於習慣和粗疏，在引胡適文時，把『打孔家店』衍爲『打倒孔家店』而不自知。在客觀上，當時《晨報副刊》和《吳虞文錄》發行量都很少。即使學者們想核查，也不是每個人都辦得到的。以至以訛傳訛，流傳開來。」〔註 48〕2002 年，龔書鐸先生再次用了「衍導」一詞，來解釋這一「口號」出現的原因：「1921 年《吳虞文錄》出版時，胡適爲之作序，文中稱讚吳虞是『隻手『打孔家店』的老英雄』，由此而衍導出那個口號。」〔註 49〕嚴家炎先生在最新的思考中說：「……胡適原話並沒有個『倒』字。後人拿胡適這句戲言，加上一個『倒』字，成了『打倒孔家店』，當作『五四』的口號。」〔註 50〕……

但有些研究者就到此爲止，而王東、納雪沙《「打倒孔家店」是五四運動的口號嗎？——五四精神實質新論》、宋仲福《關於「打倒孔家店」的歷史考察》，以及楊華麗《關於「打倒孔家店」的歷史辯證——兼評否定現代文學傳統的幾種意見》則關注到了從「打孔家店」到「打倒孔家店」的衍生過程。

王東認爲這個「口號」並非五四新文化運動當時提出的口號，乃是後人強加給五四運動的附加物，而陳伯達等是該演變過程中的橋梁性人物，「『隻手打孔家店』這個提法，經過 20 世紀 30、40 年代陳伯達等人加工改造，變成了『打倒孔家店』的提法，並開始被曲解誇大爲五四新文化運動的綱領性

〔註 46〕韓達《「打倒孔家店」與評孔思潮》，中華孔子研究所編《孔子研究論文集》，前引書，第 408 頁。

〔註 47〕韓達《「打倒孔家店」與評孔思潮》，中華孔子研究所編《孔子研究論文集》，前引書，第 408 頁。

〔註 48〕宋仲福《關於「打倒孔家店」的歷史考察》，《孔子研究》1992 年第 2 期，第 83 頁。

〔註 49〕龔書鐸《關於五四運動「打倒孔家店」小議》，《群言》2002 年第 4 期，第 20 頁。

〔註 50〕嚴家炎《「五四」「全盤反傳統」問題之考辨》，《文藝研究》2007 年第 3 期，第 7 頁。

口號。」〔註 51〕

較之該文，《關於「打倒孔家店」的歷史考察》更爲細緻地梳理了這個過程，在「打倒孔家店」「口號」研究史上，具有重要意義。該文以舉例的方式梳理了與該「口號」密切相關的三類人：第一類是「最早使用打倒孔家店概念的」，如《孔家店裏的老夥計》一文的作者 XY，以及《關於全盤西化答吳景超先生》的作者陳序經，他們是「主張『全盤西化』的學者」；第二類是「使用『打倒孔家店』這種格式並使之固定化的人」，如發起孔子學說研究會、中華儒學研究會的學者，張君勱、馮友蘭他們這些新儒家以及何鍵，他們「是一些反對新文化運動的學者和軍閥」；第三類是「贊成和肯定五四新文化運動對儒學的批評的人」，如陳伯達、齊伯岩等，他們在抗日戰爭爆發前夕比較集中地使用「打倒孔家店」這一片語〔註 52〕。區分這三類人以便於比較自有其道理，但遺憾的是，從其所舉例證來看，含混性是客觀存在的，也有一些可商榷處。首先，各個分類並非非常準確。如將最早使用打倒孔家店概念的人指認爲 XY，從現有的史料來看，這是正確的，但我們知道，《孔家店裏的老夥計》的作者 XY 即是錢玄同〔註 53〕，錢玄同在什麼意義上是「主張『全盤西化』的學者」，他與陳序經能否在「主張『全盤西化』」這個意義上並列？這都是需要再做甄別的。又如，文章認爲「使用『打倒孔家店』這種格式並使之固定化的人，是一些反對新文化運動的學者和軍閥」，並以《中華儒學研究會組織理由書》以及何鍵致廣東當局的「佳電」爲例加以說明。據筆者閱讀所見，就有兩篇文章作者的身份與之不符。一是《中華儒學研究會組織理由書》出版的六天前（即 1934 年 11 月 4 日），寫作《新文化運動與尊孔復古》的林風。他在該文中說「新青年畢竟超過了新民叢報而對孔教傳統施行了集中火力的正面的攻擊——提出了打倒孔家店的口號」。〔註 54〕從其內容的傾向來看，林風既不是反對新文化運動的學者，也不是軍閥。二是寫作《尊孔救得了中國嗎？》的張申府。文中說：「前些年『打倒孔家店』等等一輪行動鬧的太利（原文如此，引者注）害了。物極必反。現在的尊孔也可說就是『打

〔註 51〕王東、納雪沙《「打倒孔家店」是五四運動的口號嗎？——五四精神實質新論》，《新視野》2010 年第 4 期，第 61 頁。

〔註 52〕宋仲福《關於「打倒孔家店」的歷史考察》，《孔子研究》1992 年第 2 期，第 80～85 頁。

〔註 53〕具體推斷過程，詳見本論文第六章第一節。

〔註 54〕林風《新文化運動與尊孔復古》，《清華周刊》42 卷 3～4 期合刊，第 34 頁。

倒孔家店』的一個反動。」〔註 55〕張申府此文也引用了「打倒孔家店」，但是張申府是中國共產黨三大創始人之一，寫作該文時，他在清華大學任教授，經常利用講壇宣傳愛國主義，該文也並非反對新文化運動。〔註 56〕可見，「使用『打倒孔家店』這種格式並使之固定化的人」到底爲何，還需要做進一步分析。此外，從該文的論析中我們可以大概獲知，在「打倒孔家店」這一「口號」的誕生過程中，《孔家店裏的老夥計》、《發起「孔子學說研究會」宣言》以及國民黨發起新生活運動前後國民黨官員及其文人、自由主義文人的論述，是最爲重要的三個「點」，要具體呈現出「打孔家店」到「打倒孔家店」的誕生過程，需要以這三「點」爲重，而旁及相關歷史文獻。

第二，質疑其是否爲代表當時主流思潮的口號。

關於新文化運動的口號，歷來多有將「打倒孔家店」、「民主與科學」、打倒「吃人的禮教」等並列或者側重其中某一個的傾向，當新時期的學人開始重評孔子及其思想，並開始反思五四新文化運動的貢獻與侷限時，有一些學人就提出了「打倒孔家店」這一口號能否代表當時主流思潮的問題。應該說，這個問題的提出本身就意味著我們對新文化運動的再打量，是開啓新研究維度的一次努力。考察這三十餘年裏學界的研究成果，韓達的《「打倒孔家店」與評孔思潮》、劉濟生的《打倒孔家店與打倒秦家店孰輕孰重——新文化運動和五四運動重新解讀》以及王東、納雪沙的《「打倒孔家店」是五四運動的口號嗎？——五四精神實質新論》是三篇需要重視的文章。

韓達認爲，人們把「打倒孔家店」當成當時評孔思潮的「大旗」或者「戰鬥口號」是「歷史的誤解」，「因爲這個口號並不是當時評孔思潮的代表性口號。」〔註 57〕其原因有二：首先，「打倒孔家店」不是新文化運動開始時就提出來的，而是五四運動兩年後才由胡適提出的；其次，打倒孔家店主張一概打倒，而主張一概打倒的僅有吳虞和錢玄同，當時具代表性的主流意見是易白沙、李大釗、魯迅以及陳獨秀等既不一味否定孔子也不全盤否定儒學的觀點。「胡適『打倒孔家店』的原義，除含有急進民主主義者們共同聲討的禮教

〔註 55〕申府（張申府）《尊孔救得了中國嗎？》，《清華周刊》42 卷 3～4 期合刊，第 7 頁。

〔註 56〕參見楊華麗《關於「打倒孔家店」的歷史辯證——兼評否定現代文學傳統的幾種意見》，《現代語文》（文學研究版）2009 年第 10 期。

〔註 57〕韓達《「打倒孔家店」與評孔思潮》，中華孔子研究所編《孔子研究論文集》，前引書，第 410 頁。

內容外，還突出的反映和表達了吳虞、錢玄同非孔滅儒的極端主張，卻沒有反映和表達易白沙、李大釗、魯迅以及陳獨秀等不打倒孔子、也不一概否定儒學的觀點和態度，因而是不能代表這一思潮的總精神的。」〔註 58〕在韓達看來，「當時代表這一思潮（指評孔思潮，引者注）的口號，實際上是反對『吃人的禮教』。這個口號是先由魯迅吶喊出來，經吳虞等積極回應，而風靡一時的」，〔註 59〕因爲「反對『吃人的禮教』這個口號，既反映和表達了急進民主主義者們在評孔中共同的看法和主張，也反映和表達了這一思潮中主流的精神，避免了一概打倒的錯誤。它抓住傳統儒學的致命弱點，給反封建思想的鬥爭指明了主攻目標，因而受到當時思想界進步力量和青年學生的熱烈歡迎，使復辟守舊勢力和那些尊孔讀經的教育家們十分害怕。」〔註 60〕在我看來，韓達論述「反對『吃人的禮教』」這個口號的主流性，與他對「打倒孔家店」之「倒」字的認識有關。換句話說，在一定意義上，這種論述策略，是韓達感覺到了「倒」字的歷史虛無主義色彩與新文化運動反孔非儒的正當性之間的裂痕之後尋找到的一種解決方案。然而事實上，「打倒孔家店」是一個被造出來的口號，當時實際的評孔思潮中，其實並不存在全盤打倒的問題。此外，反對禮教，正是當時打孔家店的首要內容之一，二者其實不存在分裂關係。因此，將「反對『吃人的禮教』」作爲當時的主流口號，以消解「打倒孔家店」「口號」，其合理性是有限的。

劉濟生的《打倒孔家店與打倒秦家店孰輕孰重——新文化運動和五四運動重新解讀》提出了一個新的概念——「打倒秦家店」。所謂「秦家店」，是他創造出來的指專制體制的一個辭彙。孔家店與秦家店的關係，是毛與皮的關係，「拔了孔家店的毛，秦家店的皮還能長出專制之毛。」〔註 61〕他認爲：「新文化運動和五四運動的一開始的主流是打倒秦家店，而不是孔家店。就是因爲袁世凱搞祭天尊孔，引出了打倒孔家店的一場小運動。沒有想到打倒孔家店的口號很響亮，反到（原文如此，引者注）淹沒了打倒秦家店的功績，這

〔註 58〕韓達《「打倒孔家店」與評孔思潮》，中華孔子研究所編《孔子研究論文集》，前引書，第 412 頁。

〔註 59〕韓達《「打倒孔家店」與評孔思潮》，中華孔子研究所編《孔子研究論文集》，前引書，第 413 頁。

〔註 60〕韓達《「打倒孔家店」與評孔思潮》，中華孔子研究所編《孔子研究論文集》，前引書，第 413 頁。

〔註 61〕劉濟生《打倒孔家店與打倒秦家店孰輕孰重——新文化運動和五四運動重新解讀》，《炎黃春秋》2004 年第 4 期，第 196 頁。

是歷史性的大誤會。打倒孔家店它反映不了這一運動的實質。新文化運動的一些重要領導者如蔡元培、陳獨秀、李大釗，甚至吳虞、易白沙等，他們批判的鋒芒直指封建專制主義。他們稍帶也猛烈地批判孔孟思想，但一直把它作爲陪襯來批判的。」〔註 62〕「新文化運動五四運動的主流是反專制的，打倒孔家店衹是一個策應，是一段插曲」。〔註 63〕筆者認爲，「打孔家店」與反專制的關係，並非如該文所說，前者實在是後者非常重要的一個部分，一個體現。「民國初年的政教反動的空氣，事實上表現出來的是民國四年（1915）的洪憲帝制，民國六年（1917）的復辟運動，是也。經過這兩件事情的轟擊，所有復古的空氣乃全然歸於消滅，結果發生了反覆古。這裡表面是兩條路，即一是文學革命，主張用白話；一是思想革命，主張反禮教，而總結於毀滅古舊的偶像這一點上，因爲覺得一切的惡都是從這裡發生的。」〔註 64〕「毀滅古舊的偶像」正是反專制，「打孔家店」則是思想革命的重要內容，「打孔家店」事實上就是在反思想上的專制，而非僅衹是一個策應或者插曲這麼簡單。

王東、納雪沙的《「打倒孔家店」是五四運動的口號嗎？——五四精神實質新論》是最新發表的一篇關於「打倒孔家店」「口號」的文章。該文認爲，新文化運動中的偏激者，主張「打倒」孔家店者是吳虞、錢玄同、毛子水，但是，他們衹是五四新文化運動中的次要人物，而非五四新文化運動的主要代表，故而他們的文化主張也不能稱之爲五四精神主潮。而「眞正能代表五四新文化運動主流的五位主要代表人物，是蔡元培、陳獨秀、胡適、李大釗、魯迅，他們之間的文化觀也有重大差異，但沒有一個人提出過全盤否定孔子與中國傳統文化的極端偏激主張。」並且指出，「五四新文化運動是一次『百家爭鳴、百花齊放』的思想解放運動，具有豐富多彩的思潮走向，從否定封建專制，吃人禮教，走向全盤否定孔子與中國傳統文化，衹是其中一個極端激進的小派別、小思潮，衹是其中的思想支流，根本不能代表五四精神、五四新文化運動主潮。」〔註 65〕這種解釋的潛臺詞，其實就是認爲「打倒孔家

〔註 62〕劉濟生《打倒孔家店與打倒秦家店孰輕孰重——新文化運動和五四運動重新解讀》，《炎黃春秋》2004 年第 4 期，第 184 頁。

〔註 63〕劉濟生《打倒孔家店與打倒秦家店孰輕孰重——新文化運動和五四運動重新解讀》，《炎黃春秋》2004 年第 4 期，第 199 頁。

〔註 64〕周作人《錢玄同的復古與反復古》，沈永寶編《錢玄同印象》，學林出版社，1997 年，第 11～12 頁。

〔註 65〕王東、納雪沙《「打倒孔家店」是五四運動的口號嗎？——五四精神實質新論》，《新視野》2010 年第 4 期，第 62 頁。

店」意味著全盤否定孔子與中國傳統文化，區分吳虞等所謂的次要人物與蔡元培等所謂的主要人物，事實上是一種爲新文化運動的價值合法性進行辯護而採取的策略，和韓達的文章一樣，這裡也體現出了因爲「倒」字的出現而帶來的闡釋緊張。

（三）「打倒孔家店」：研究的新動向

在「打倒孔家店」口號的研究中，有一些新的動向已經出現。下面分別說明。

第一，追究新文化運動的批孔眞相。

和追究「打倒孔家店」的誕生歷程一樣，這種研究思路，也是對海外漢學和新儒家諸多質疑新文化運動合法性的挑戰的回應。在這方面，《五四批孔眞相——「打倒孔家店」辨析》這一分兩次載完的長文，其研究思路和內容都是值得我們重點關注的。

文章一開始就說，「近幾年來，隨著新儒學的興起，文化熱的高漲，歷史反思的深入，以及復古風的擡頭，學術界掀起了一股否定五四新文化運動批孔鬥爭的思潮，有的直接否定『打倒孔家店』的口號……。這種觀點，筆者不能同意。」〔註 66〕爲了讓反對者明瞭當時的歷史環境和五四批孔的必然性，論者對五四批孔問題作了一次比較全面的歷史考察。接著，該文將五四時期的批孔分爲互相連接的三個發展階段進行詳盡考察——「新文化運動初期（1915～1917）：在維護共和、反對復辟鬥爭中的批孔」（分「關於孔學與民賊」、「關於孔教與國教」、「關於孔教與憲法」、「關於尊孔與復辟」、「關於孔學與現代生活」五個方面）；「新文化運動中期（1918～1919）：在東西方文化論戰、新舊思潮激戰中的批孔」（分「東西方文化論戰與孔教」、「新舊思潮之激戰與孔教」兩個方面）；「新文化運動後期（1919～1920）：在問題與主義論戰及反對道德復舊中的批孔」（重點轉向論述以李大釗爲主將的馬克思主義者在新基礎上對孔教的批判）。該文的論析建立在對五四時期原始批孔文獻的大量閱讀上，因而其分期合理，對每一階段內批孔的分層次討論也可圈可點。

文章認爲，五四時期「對孔子主義進行這樣長時間、這樣規模的批判，是啓蒙運動的需要，是反對封建主義鬥爭的需要，是反帝反封建愛國主義運

〔註 66〕呂明灼《五四批孔眞相——「打倒孔家店」辨析》（上），《齊魯學刊》1989 年第 5 期，第 61 頁。

動的需要，是進行民主主義運動的需要，也是傳播馬克思主義的需要；它是反傳統，但又不完全反傳統，它衹是反傳統中的不利於或阻擋當時民族發展前進的那一部分，即封建倫理思想部分；對孔子、孔學與孔教的批判也不是一棍子打死，而有具體分析：既批判孔子與孔學，又肯定其在歷史上的地位與價值；對孔學的批判也只集中在批其君道臣命綱常名教封建道德方面，而對其哲學、教育等思想則很少涉及；批孔的重點也不是批孔子本人及其學說，而重點批反動派利用孔子及其學說篡權復辟、反對民主、阻礙歷史前進的陰謀與罪行。所謂『打倒孔家店』，衹是要打倒以孔子爲代表的封建主義文化思想，絕非其他。」〔註 67〕並且認爲「『文革』中的『批孔』與五四批孔，根本就是兩回事：前者是以批孔爲幌子藉此反對社會主義，後者是以批孔爲突破口反對封建主義。一個反革命，一個革命……在我們批評民族虛無主義的時候，切不可自己犯新的民族虛無主義；在我們對歷史進行反思的時候，切不可否定一切，否定歷史；不然，還得要再進行『歷史反思』的反思。」〔註 68〕

該文發表至今已逾 20 年，學界在研究新文化運動批孔眞相方面自然有諸多進步，但無疑，該文那種試圖回到歷史現場進行仔細甄別的思路，給了後來相關研究者以有益啓示。

第二，考察文學界對反孔非儒思潮的反應。

思想與文學歷來存在膠著關係。對於中國現代文學的發生與發展來說，現代思想觀念的傳入、生根與流變，顯得更爲重要。「中國現代文學之所以能產生重大影響、成爲『顯學』，主要不是依賴新的文學符號表達體系，而是依賴新的藝術符號體系所承載、傳遞的與現代中國人休戚相關的現代性價值，即合乎現代中國人生存發展需要的思想觀念系統和體現生命自身的情感形態，其中最有價值最具震撼力的就是與中國傳統迥異的『思想』」。〔註 69〕「與中國傳統迥異」的現代思想，首推民主與科學。可以說，正是新文化運動，將由晚清開始萌生的民主與科學精神推向了此前所不及的高峰，而「打孔家

〔註 67〕呂明灼《五四批孔眞相——「打倒孔家店」辨析》（下），《齊魯學刊》1989 年第 6 期，第 98 頁。

〔註 68〕呂明灼《五四批孔眞相——「打倒孔家店」辨析》（下），《齊魯學刊》1989 年第 6 期，第 99 頁。

〔註 69〕何錫章《論「思想」在中國現代文學價值生成與存在中的意義》，《文學評論》2002 年第 5 期，第 130 頁。

店」運動，卻正好是這個推進過程中的重頭戲，聯袂演出的主角，正是思想界和文學界的精英們。

祝宇紅的《「打倒孔家店，救出孔夫子」——論孔子形象在中國現代小說中的重寫》〔註 70〕一文，考察、梳理的正是文學界對這一思潮的反應。文章選取曹聚仁、馮至、郭沫若、王獨清等等的創作進行分析，認爲在古史辨派「層累說」的影響下，現代小說家重寫孔子時也力圖剝去其「聖人道德」的外衣，「還原其本相」。在重寫孔子的小說中，「子見南子」、「鳳兮之歌」、「伯牛有疾」等情節被多次重寫，顯示出肯定孔子人格、否定「孔子之道」的傾向，這和當時思想界普遍流行的對孔子「二分法」的分析相呼應。重寫孔子的小說多流露出惋惜孔子「我道不行」的「悲涼之氣」，這與其說是「情感與理智的矛盾」，不如說表現了小說的道德含混性。這種道德含混性也折射出當時主流思想理念的含混與複雜。也就是說，「重寫孔子的小說，呼應了當時思想文化界對傳統文化、對儒家聖人孔子的觀念，同時，也以一種能夠承載含混性的文體更加突出了文化轉型期理解孔子、重釋孔子的多層面的複雜狀況。」〔註 71〕

事實上，「打孔家店」這一思想界的行動在文學界的表現，不僅僅體現在小說方面對孔子形象的重寫，話劇、詩歌、散文創作方面，也存在這個問題。「如果我們看一下《新青年》、《新潮》、《晨報副刊》、《覺悟》（上海「民國日報」副刊）等刊物，其反孔言論不僅直接表現在學術性的論文上，而且大量的反孔言論間接的以詩歌、小說、戲劇、雜感通信甚至民謠的形式表達，涉及的知識群體從大學教授、新聞記者、大學生到中學生甚至小學生。」〔註 72〕那麼，通過研究這些多樣文學形態中的反孔思想，可以更眞切地體會到反孔思想在當時知識界中流行的狀況，而考察這些知識群體對反孔的接受狀況，也更能理解反孔在當時的複雜情景。比如，林語堂在 20 年代據《論語》記載而鋪衍出的獨幕話劇《子見南子》中的孔子形象，就很值得探討，而山東省立第二師範學校的進步學生、新文化先驅以及孔子後裔因該劇而起的衝突，不僅透出新舊兩種文化再次交鋒的複雜場景，而且，由這出現代思想史、文

〔註 70〕祝宇紅《「打倒孔家店，救出孔夫子」——論孔子形象在中國現代小說中的重寫》，《中國現代文學研究叢刊》2008 年第 1 期。

〔註 71〕祝宇紅《「打倒孔家店，救出孔夫子」——論孔子形象在中國現代小說中的重寫》，《中國現代文學研究叢刊》2008 年第 1 期，第 96 頁。

〔註 72〕王錕《孔子與二十世紀中國思想》，齊魯書社，2006 年，第 62 頁。

學史上的「《子見南子》事件」，我們亦可考察新文學先驅對一代「新青年」的引領與塑造，從而分析「打孔家店」運動的複雜過程，加深我們對「打孔家店」運動的理解。

更重要的是，1920 年代中國文學界新氣象的出現，是因了「打孔家店」行動中的先驅者，以及受他們啓蒙而出現的一批「新青年」的歷史合力。正是他們的現代文學寫作，大膽質疑了三綱五常在現代生活中存在的合理性，建構了新型倫理，有力呼應、深化了思想界的反孔非儒運動。此外，他們的創作，也體現了他們在近現代轉型過程中特有的掙扎與痛苦。魯迅、郭沫若、胡適等新文化運動先驅，馮沅君、冰心、廬隱、蘇雪林等被新文化運動解放、培養出來的女作家的創作，就鮮明地體現了在傳統中反傳統的過渡性。考察這種過渡性，有利於我們理解新文化運動，理解「打孔家店」。而這正是我們深入研究「打倒孔家店」的一條可行的路徑。

基於此，要推進對「打倒孔家店」與「五四」之關係這一論題的研究，我們非常有必要回答這樣一系列問題：「五四」時期有過「打倒孔家店」這個口號嗎？其次，「五四」新文化運動中的反孔非儒思潮，有無思想背景？新文化先驅者反孔非儒的歷史場景到底如何，他們是否眞的全盤反傳統，是否眞是感情用事，主觀地割裂了傳統而且事實上也成功地實現了這種斷裂？此外，「五四」新文化運動中，先驅們的反孔非儒是否是鐵板一塊，以至我們可以用一個籠而統之的評價諸如「全盤反傳統」、「感情用事」這類的標簽給他們逐一貼上？而回答這些問題的途徑，一方面在於重返「五四」時期的思想、文化、社會語境，對陳獨秀、胡適、魯迅等反孔非儒的思想動因、言說理路等作出具體辨析，以考察「打孔家店」與「五四」新文化、新文學運動之間複雜幽微的關聯，並藉此查考他們是否全盤反傳統，即從五四「打孔家店」運動之「實」這一層面進行探究；另一方面在於詳細考究「打倒孔家店」中預示著決絕的「倒」字是在什麼時候、什麼語境下，以何種方式「生產」出來的？學界現在用以批駁「五四」新文化運動的那些觀點，到底是指出了「五四」新文化、新文學運動本身的重大缺陷，還是在以訛傳訛？如果是，又「傳」的是什麼時候開始的「訛」？即從五四「打倒孔家店「之「名」是否存在這一層面進行探究。而在這兩個向度的推進過程中，將「打孔家店」在思想革命和文學革命兩個領域內的蕪雜情景進行較爲充分的考量，不僅必要而且必須。

第一章　「打孔家店」：新文化運動的思想資源

隨著近現代文學研究的深入拓進，越來越多的人不再將五四新文化運動視爲「像一座從平川上突兀拔起的山峰」，而是中國社會向現代轉型過程中的「一脈連綿叢山中的一座更高的山巒。」〔註1〕或者說「新文化運動不過是中國社會向現代轉型中思想革命的一個高潮。」〔註2〕「新文化運動不過是近代中國思維變革過程的繼續和發展。」〔註3〕所有的類似表述，都提醒我們關注「五四」新文化運動與晚清以及民初〔註4〕這些年間的政治、經濟、法律、文化、文學等等變動的密切關聯。

如果說「沒有晚清，何來五四」的流行命題曾爲我們探索五四與晚清的承繼關係提供了一個合適的入口，那麼，對於新文化運動來說，晚清的作用同樣不可忽視。

對晚清的統治階層而言，1840 年開始的屈辱歷史，導致整個帝國被推入了三千年未有之大變局中，政治的「轉轍器」〔註5〕使得晚清的列車不斷加速

〔註 1〕〔美〕本傑明·史華慈《〈五四運動的反省〉·導言》，王躍、高力克編《五四：文化的闡釋與評價——西方學者論五四》，山西人民出版社，1989 年，第 5 頁。

〔註 2〕袁偉時編著《告別中世紀：五四文獻選粹與解讀》，廣東人民出版社，2004 年，第 35 頁。

〔註 3〕袁偉時編著《告別中世紀：五四文獻選粹與解讀》，前引書，第 39 頁。

〔註 4〕此處指民國初建至新文化運動的標誌性刊物《青年雜誌》創刊之間的四年多時間。

〔註 5〕王汎森《中國近代思想與學術的系譜》，河北教育出版社，2001 年，第 220 頁。

行駛，被逼進入自己原來並不知曉、也並不願意達至的陌生領域。這個歷程，我們可以從人們常說的鴉片戰爭後中國社會的變革經歷了物質層面、制度層面——文化層面或曰所謂言技——言政——言教三個階段中窺出其中的艱難，更可以從近代史日益深化、細化、客觀化的研究成果中見出端倪。毫無疑問，政治的「轉轍器」在 1898、1900、1903、1905、1911 年起到了關鍵性作用。這些年頭的中國政治，促成了統治者內部發動並一步步深入地施行新政革命〔註 6〕，非常可貴地開始了中國社會的變革，「清末新政（1901～1911）是中國社會變革的非常可貴的開端。最值得重視的是他提供了一個東方傳統中世紀社會向現代社會轉型的典型。無論其成就或失敗，都蘊藏著足以啓迪後人的東西。」〔註 7〕在《新政革命與日本：中國，1898～1912》中，任達從思想革命與體製革命兩個方面對新政革命進行了論析。在新政思想革命中，他重點從晚清學生留日潮、日人在晚清教育業中的諸多情況以及此期翻譯的情況、現代辭彙大量流入中國三個方面，以翔實的史料，對日本在晚清新政革命中的作用進行了不無啓發意義的梳理與呈現，而在體制方面，任達關注了晚清教育改革、軍事改革、警察及監獄系統以及法律、司法和憲政改革等體制上的變動與日本的密切關聯。其中，筆者最爲關注教育領域裏包括晚清科舉制度的廢除在內的變動以及法律系統內新刑律的誕生，因爲這二者原本屬於統治階層內部的變動，其影響卻又很快擴展至中下層尤其是中層社會，既體現了部分反傳統思想的萌生，同時也造就了進一步反傳統的思想基礎：

首先，教育系統內包括廢科舉在內的變動。新政改革上諭頒佈於 1901 年 1 月，1902 年 8 月 15 日公佈了《欽定京師大學堂章程》以及中國第一套高等學堂、中學堂、小學堂及蒙學堂的章程，但在 1903 年 3 月，張之洞和袁世凱

〔註 6〕「新政革命」在美國學者任達的《新政革命與日本：中國，1898～1912》（李仲賢譯，江蘇人民出版社，2006 年）一書中得到了較爲詳細的解讀。他認爲 1898～1910 這十二年間，中國在思想和體制方面發生了革命性的變化，而 1898～1907 年間的中日關係尤其富有成效和相對和諧，堪稱「黃金十年」，所以將 1898～1912 年尤其是 1901～1910 年間中國發生的「靜悄悄的革命」（第 15 頁）稱爲新政革命，其眞實含義近似於「新的政治體制」，包括教育、軍事、警務、監獄、法律、司法和立憲政府，而其成就，遠遠超過了發起者的意圖或想像，故而，「它終歸提供了理解新世紀中國的必不可少的基線。」（第 15～17 頁）

〔註 7〕袁偉時《帝國落日：晚清大變局》，江西人民出版社，2003 年，第 423 頁。

聯名上奏，請朝廷廢除科舉制度，在張之洞等的催促下，1905 年 9 月 2 日，突然頒佈了皇帝上諭，結束了中國歷時達 1200 年的科舉制度。科舉的廢除，使中國傳統的「四民社會」得以解體，大量的讀書人被強行割斷了與君主、朝廷的固有聯繫，「學而優則仕」的道路被阻絕，傳統的士大夫向現代意義上的知識份子的過渡階段開始了。這個過渡階段，也是知識份子不斷被邊緣化從而遭遇政治、社會困境的過程。「中國傳統的士大夫（或『士』）今天叫做知識份子。但這不僅是名稱的改變，而是實質的改變。這一改變其實便是知識份子從中心向邊緣移動。」〔註 8〕在這個「移動」的過程中，西學大規模的進入、晚清留日熱潮的出現以及譯述熱潮的變化，有力地促成了現代知識份子的重新定位。換句話說，這些讀書人被邊緣化爲知識份子的過程，與他們吸取異域資源的過程幾乎同步：他們的知識結構因異域資源的進入而改變，他們對中國政治危機、文化危機的感知與想像因異域體驗的參與而改變。異域資源，尤其是通過日本傳來的西方近代的思想資源，重組了這批知識份子的思想，使得他們能夠突破固有的認知框架，去思考中國當時的政治、文化、思想問題。由此，在 19 世紀末年到「五四」時期的二三十年裏，他們「在中國歷史舞臺上演出一幕接著一幕的重頭戲。他們的思想和言論爲中國求變求新提供了重要的依據。」〔註 9〕

此外，法律系統內新刑律的誕生。

如果說光緒二十八年（1902 年）四月清帝的上諭〔註 10〕，在晚清法律系統改革歷程中具有起點意義，那麼，1906 年慈禧太后頒佈《預備立憲之詔》則使得法律系統的改革再次得到推進，而 1907 年修訂法律館的成立，沈家本和伍廷芳被委任爲修訂法律大臣，使法律系統的改革終於走上了正軌。「於是，在沈家本、伍廷芳的主持下，一場以兼併西法爲特徵的清末修律活動大規模展開。其間，先後製定了《欽定憲法大綱》（1908 年 8 月）、《大清新刑律》（1911 年 1 月）、《大清民律草案》（1911 年 9 月）、《欽定大清商律》（1904 年

〔註 8〕余英時《中國知識份子的邊緣化》，余英時《中國知識份子論》，河南人民出版社，1997 年，第 163 頁。

〔註 9〕余英時《中國知識份子的邊緣化》，余英時《中國知識份子論》，前引書，第 165 頁。

〔註 10〕「現在通商交涉，事益繁多。著派沈家本、伍廷芳將一切現行律例，按照交涉情形，參酌各國法律，悉心考訂，妥爲擬議。務期中外通行，有裨治理。俟修定呈覽，候旨頒行。」（〔清〕朱壽朋編、張靜廬校點《光緒朝東華錄》第 5 冊，中華書局，1958 年，總第 4864 頁）

1 月）、《破產律》（1905 年 5 月）、《改定商律草案》（1911 年 1 月）、《保險規則草案》（1910 年 9 月）、《刑事民事訴訟法草案》（1906 年 4 月）、《刑事訴訟律草案》（1911 年 1 月）、《民書訴訟律草案》（1911 年 1 月）等等法典或草案。顯然，這一大規模法律改革的直接結果，導致了古老中國的法律體系的歷史性重大變化，也表明一個具有西法特點的中國法律體系正在形成。」〔註 11〕在這些法律中，《大清新刑律》的終於頒佈具有重要意義。

陳獨秀曾說過《大清律》中「無一條非孔子之道」〔註 12〕，但在沈家本、伍廷芳等開始修訂這部律例時，他們的世界眼光，使得 1907 年成型的《大清新刑律》成了中國現代意義上的第一部刑法，而該法律在 1911 年 1 月的公佈，標誌著新政革命取得了非常可喜的成果，已體現出當時人士向世界現代文化趨同的趨向。其中規定的「凡律無正條者不論何種行爲不得爲罪」，「凡本律不問何人於在中國內犯罪者適用之」〔註 13〕，就體現了現代法律文化中「法律面前人人平等」這一條最重要的基本準則，而這「與維護禮教並與經傳相表裏的中國傳統法律是完全對立的」，「對以三綱爲核心的禮教有所削弱。」〔註 14〕其實，正是由於該法律對中國傳統法律以及對其中的儒家思想的衝擊，該法律的草案於 1907 年提出後，才招來了一片反對之聲，經歷了三年漫長的討論階段，才終於在 1911 年 1 月由資政院審議通過了總則，最終得以頒行。

詳考當時眾多的反對意見，我們可以發現，反對者所持的利劍恰好是與現代文明相悖，而依從於中國傳統的三綱五常觀念的。比如袁偉時先生所舉的當時最具代表性的來自學部的覆奏：「舊律凡謀反大逆者不問首從，凌遲處死。新律草案……雖爲魁首或不處以死刑；凡侵入大廟、宮殿等處射箭放彈者，或科以一百元以上之罰金。此皆罪重法輕，與君爲臣綱之義大相刺謬者也。……舊律凡毆祖父母、父母者死，毆殺子孫者杖。新律草案則凡傷害尊親屬因而致死或篤疾者，或不科以死刑，是視父母與路人無異，與父爲子綱之義大相刺謬者也。……舊律妻毆夫者杖，夫毆妻者非折傷勿論……新律草

〔註 11〕公丕祥主編《法律文化的衝突與融合：中國近現代法制與西方法律文化的關聯考察》，中國廣播電視出版社，1993 年，第 74～75 頁。

〔註 12〕陳獨秀《憲法與孔教》，《新青年》2 卷 3 號，1916 年 11 月 1 日。

〔註 13〕《清朝續文獻通考》卷 245，第 9895 頁，浙江古籍出版社影印本，轉引自袁偉時《中國現代思想散論》，上海三聯書店，2008 年，第 242 頁。

〔註 14〕袁偉時《中國現代思想散論》，上海三聯書店，2008 年，第 246 頁。

案則並無妻妾毆夫之條，等之於凡人之例，是與夫爲妻綱之義大相刺謬者也。……舊律凡毆尊長者加凡人一等或數等……新律草案則並無卑幼毆殺尊長之條，等之於凡人之例，是足以破壞尊卑長幼之序而有餘也。」〔註 15〕以及大學堂總督劉廷琛的言論：「歐美宗耶教，故重平等。我國宗孔孟，故重綱常。法律館專意摹仿外人，置本國風俗於不問，既取平等，自不復顧綱常。……今請定國是者，不論新律可行不可行，先論禮教可廢不可廢。禮教可廢，則新律可行。禮教不可廢，則新律必不可盡行。」〔註 16〕在這些反對意見中，我們明顯可以看出舊法律與三綱五常等傳統儒家思想中的糟粕部分的依存關係。這也證明，1911 年 1 月《大清新刑律》的終於公佈，標誌著晚清政府下定決心「採取嶄新的主動行動」，但是，這種已經失控的改革，最終導致了它的末日的來臨。〔註 17〕

辛亥革命爆發，民國取代了清帝國。出乎人們預料，《大清新刑律》等一系列法律沒有隨清帝國的滅亡而被束之高閣。臨時政府一成立，司法部長伍廷芳立即向孫大總統報告：「本部現擬就前清製定之民律草案、第一次刑律草案、刑事民事訴訟法、法院編制法、商律、破產律、違警律中，除第一次刑律草案關於帝室之罪全章，及關於內亂罪之死刑礙難適用外，餘皆由民國政府聲明繼續有效」。孫文同意並咨請參議院核准這個建議。參議院批准了這個建議，於是，袁世凱就任臨時大總統後，即日即發佈命令：「現在民國法律未經議定頒佈，所有從前施行之法律及新刑律，除與民國國體牴觸各條，應失效力外，餘均暫行援用，以資遵守。」也就是說，具有現代西方平等觀念的晚清法律體系略加刪改後繼續爲新政權服務。有位美國法學家說過：「法律是最結構化的和最外顯的社會制度。」〔註 18〕那麼也就意味著，晚清新政革命其實是爲共和體制奠定了基礎的。

在解讀五四新文化運動反孔的思想資源時，不應該忽略的還有民初這段時間。劉納先生曾經說，研究者曾猶猶豫豫地將辛亥革命時期的文學（指

〔註 15〕《清朝續文獻通考》，第 9919 頁，轉引自袁偉時《中國現代思想散論》，前引書，第 246 頁。

〔註 16〕《清朝續文獻通考》，第 9937 頁，轉引自袁偉時《中國現代思想散論》，前引書，第 246 頁。

〔註 17〕〔美〕費正清編《康橋中國晚清史》下卷，中國社會科學院歷史研究所編譯室譯，中國社會科學出版社，1985 年，第 576 頁。

〔註 18〕〔美〕羅納德・德沃金《法律帝國》，轉引自袁偉時《中國現代思想散論》，前引書，第 243 頁。

1902～1903 開始直到 1911 年底）稱爲「一個過渡」，「而對於 1912～1919 年的中國文學，許多文學史著作不但不把它當作一個獨立的發展階段，甚至似乎不配稱爲『一個過渡』」〔註 19〕，然而，在她對這個「沒有名目的歷史時期」的文學嬗變歷程進行詳細考察後，她認爲，這是一個重要的歷史時期，是「文學歷史上不應被忽視的階段。」〔註 20〕與此相似，1912 年 1 月至 1915 年 9 月這段時間，在我們以前的新文化運動研究中，也是一個沒有名目的時期，並未得到應有的重視。而當我們仔細閱讀這段時間的歷史文獻，我們至少可以發現，對五四新文化運動中的反孔非儒思潮來說，有兩個方面值得關注：

第一，反孔高潮在民國元年的出現。

辛亥革命的成功，導致了延續幾千年的封建專制政體的坍塌。「無論儒家建制在傳統時代具有多大的合理性，自辛亥革命以來，這個建制開始全面地解體了。」與此相關，「儒家思想被迫從各層次的建制中撤退，包括國家組織、教育系統以至家族制度等。」〔註 21〕而這種種撤退中，關鍵性的事件是《中華民國臨時約法》的頒佈以及教育部廢除讀經祀孔的相關舉措。這份法律的頒佈背後的曲折歷程我們暫且不論，衹是我們必須意識到，這個約法否定了君主專制制度，它的製定使得儒學保障制度得以喪失。「首次在制度上宣佈儒學作爲國家指導思想的終結。」〔註 22〕其震撼性意義不容忽視。而教育部廢除尊孔讀經、取消祀孔的舉措，是繼 1905 年科舉制度的廢止之後，在教育系統內對儒家建制的又一重創。「1905 年科舉的廢止是儒家建制解體的一個最早的信號」〔註 23〕，而普通教育中對儒家經典的取消，大學取消經科併入文科和史科，則直接扼住了儒家思想傳播的咽喉。「1912 年民國創建，翰林、進士、舉人都成爲歷史名詞，士大夫的來源枯竭了，從此以後便只有知識份子了。」

〔註 19〕劉納《嬗變——辛亥革命時期至五四時期的中國文學》，中國社會科學出版社，1998 年，第 13 頁。

〔註 20〕劉納《嬗變——辛亥革命時期至五四時期的中國文學》，前引書，第 14～15 頁。

〔註 21〕余英時《現代儒學的困境》，余英時著，傅傑編《論士衡史》，上海文藝出版社，1999 年，第 151 頁。

〔註 22〕張昭軍《傳統的張力——儒學思想與近代文化變革》，吉林人民出版社，2004 年版，2005 年 4 月第 2 次印刷，第 315 頁。

〔註 23〕余英時《現代儒學的困境》，余英時著，傅傑編《論士衡史》，前引書，第 151 頁。

〔註 24〕考察此後的課程設置可見，蔡元培辭去教育總長之後，中小學校的修身和國文課程中還採用了不少經訓和孔子言行，「五四』以後一般中小學校教科書中所能容納的儒家文獻便更少了。」〔註 25〕失去了傳播陣地，失去了體制的支撐，儒家思想從這一時期開始成爲「遊魂」。余英時評價說，這一迹象表明，「儒家通過建制化而全面支配中國人的生活秩序的時代已一去不復返。」〔註 26〕事實的確如此。

第二，洪憲帝制鬧劇及新一代知識份子的反思。

羅志田先生曾在論述梁濟之死時有過這樣的論說：「魯迅也曾記得民元之時他『覺得中國將來很有希望』，但到民國二年之後事情『即漸漸壞下去』。傅斯年更形象地描述說，民國元二年間的狀態像曇花一般的怒發，而民國三四年間則像冰雹一般的摧殘。可知民國代清不過兩三年，就曾引起士人的普遍失望。當時對於帝制甚或『復辟』的嘗試，最爲史家所詬病，或也提示出一種向傳統尋求思想資源的傾向，而帝制和『復辟』的失敗恐怕也連帶著影響了『傳統』在此後的命運和作用。」〔註 27〕經由魯迅、傅斯年對民初社會的感知而得出當時社會情勢「曾引起士人的普遍失望」，是合理的，將帝制和復辟的嘗試與傳統的聯繫進行揭示，也不失爲一種睿智，但羅先生所謂的「恐怕」一語是用得太小心了。事實是，正是因爲帝制甚或「復辟」這兩場鬧劇均利用了傳統思想資源中的儒家思想，是借助孔學而建構專制政體，所以，更進一步讓有識之士看清了帝制、復辟與儒家思想之間的聯姻關係，這才使這些人在倒袁、反復辟的同時，深入思考此前已從西方借來的概念工具——民權、自由、個人等——在批判現世社會，建構現代社會中的合理性。考察此期的重要刊物《甲寅》月刊可見，個人、自由等概念工具，已成爲陳獨秀、李大釗等人的重要思想。1908 年《河南》中的重個人、自由的思想，在《甲寅》月刊中，漸由淡薄走向豐厚，而隨著陳獨秀自己辦雜誌這一理想的實現，這種重思想批判與建構的思路，得以延續。正是個人與自由，成爲新文化運

〔註 24〕余英時《中國知識份子的邊緣化》，余英時《中國知識份子論》，前引書，第 165 頁。

〔註 25〕余英時《現代儒學的困境》，余英時著，傅傑編《論士衡史》，前引書，第 151 頁。

〔註 26〕余英時《現代儒學的困境》，余英時著，傅傑編《論士衡史》，前引書，第 152 頁。

〔註 27〕羅志田《有計劃的死：梁濟對民初共和體制的失望》，羅志田《昨天的與世界的：從文化到人物》，北京大學出版社，2007 年，第 264 頁。

動中反孔的重要概念工具。

也就是說，新文化運動的反孔並非突兀而起，而是「醞釀於清末，成形於辛亥前後，澎湃於『五四』」〔註 28〕，是一個經歷了發生、發展、高潮的漫長過程。而在這個過程中，傳統思想及倫理綱常的「四個重要的建制性的憑藉：科舉、法律、禮儀及政權」「在 20 世紀初次第倒臺，使得原來緊緊依託於它們的傳統思想及綱常倫理頓失所依，從而也使一個廣大的群眾隨著它們的消逝而茫然失措。」〔註 29〕科舉和法律的變動及其影響前文已簡單提及，禮儀的廢除和政權的倒塌將在後面加以闡述。

第一節　戊戌到辛亥：反孔的「過渡時代」

相較於西方，中國是以禮代教，以禮爲教，而真正的宗教思想，在中國歷史上一直比較薄弱。所以，研究中國人在宗教思想方面的變遷史，其實就是研究一部禮教思想史。翻閱厚重的《中國禮教思想史》〔註 30〕，我們可以發現禮教自出現至 1949 年間的複雜變遷史：春秋戰國時期，禮教出現並形成爭鳴；在漢唐時代被獨尊而在宋元明清時代變本加厲；到了清末民初，中國儒家禮教思想開始被衝擊；其走向崩潰的時代，則是「五四」時期；此後到 1949 年前，尊孔尊禮教與反孔反禮教的爭鳴不斷出現。詳考每個時期的禮教思想，我們都可以發現反對禮教的思想者的存在，但毫無疑問，儒家的禮教思想受到大量質疑、批判，是從清末開始的，這也就是所謂「近代史上的新思想運動或者也是一種新文化運動」開始之時。「中國近代史上的新思想運動或者也是一種新文化運動，這可分爲三個階段來說，即戊戌變法、辛亥革命與五四運動」〔註 31〕的論斷〔註 32〕，提醒我們注意「五四」新文化運動與前此的戊戌變法、辛亥革命在思想上的密切關聯，而對於辛亥革命時期的「新文化運動」之於五四新文化運動的關係，蔡尚思先生曾做出如此提醒：「今人多知道『五四』時代有新文化運動，而少知道辛亥革命時期也有它的新文化

〔註 28〕周昌龍《新思潮與傳統——五四思想史論集》，百花洲文藝出版社，2004 年，第 188 頁。

〔註 29〕王汎森《中國近代思想與學術的系譜》，前引書，第 221 頁。

〔註 30〕蔡尚思《中國禮教思想史》，上海古籍出版社，2006 年。

〔註 31〕蔡尚思《辛亥革命時期的新思想運動——資產階級各派主要的反孔反封建思想》，蔡尚思等《論清末民初中國社會》，復旦大學出版社，1983 年，第 1 頁。

〔註 32〕類似的主張還出自龔書鐸、袁偉時等。

運動；多知道陳獨秀、吳虞、魯迅、蔡元培等是前者的主要人物，而少知道他們也是後者的重要人物；多知道 1918 年魯迅指出仁義道德的吃人（《狂人日記》）和 1919 年吳虞發表《吃人與禮教》，而少知道 1909 年鐵崖發表《名說》，指出『名教殺人於無形。』……前後二者是有密切的關係的。」他因此而將辛亥革命時期的新思想運動稱爲「前期新文化運動」〔註 33〕，認爲它「是超過了戊戌變法時期，而爲五四運動時期的前驅的。它是戊戌變法與五四運動之間的一個過渡時期，其作用在承上啓下，歷史是少不了這樣一個時期的。」〔註 34〕從其行文來看，蔡先生所謂的「清末民初」大致是庚子至《青年》雜誌創辦這個時段。其實，從反孔這個角度來考察，此一階段還可以辛亥革命爲分水嶺，細分爲前後兩個階段。在前一個階段，我們可以將其上限推至甲午這個廣義的戊戌維新時期的起點〔註 35〕，筆者將這段時間稱爲思想史上反孔非儒的「過渡時代」。這個過渡時代，因辛亥革命的成功，推翻了傳統思想體系最重要的體制性支撐——「政體」，隨之而來的是，「禮儀」這個支撐傳統思想體系的支柱也在幾個月內就在體制內動搖了，從而和其前期的「科舉、法律」這兩大建制性憑藉的倒塌一起，搖撼了傳統思想大廈的地基，爲五四新文化運動的反孔思潮奠定了最爲堅實的基礎。因爲辛亥革命的失敗，反孔變得非常艱難，而法律、禮儀、政體這三方面，都有復辟的趨勢，反孔和反復辟、反專制如此緊密地重新連接在一起，由此，推動了另一輪新的從思想文化層面反思中國傳統儒家思想弊端的潮流的出現，而這，正是五四新文化運動的開端。換句話說，「歷史不自今天始。新文化運動不過是近代中國思維變革過程的繼續和發展。推動這一波瀾壯闊的高潮湧現的決定性力量，是辛亥革命的勝利和失敗。」〔註 36〕

〔註 33〕蔡尚思《辛亥革命時期的新思想運動——資產階級各派主要的反孔反封建思想》，蔡尚思等《論清末民初中國社會》，前引書，第 2 頁。

〔註 34〕蔡尚思《辛亥革命時期的新思想運動——資產階級各派主要的反孔反封建思想》，蔡尚思等《論清末民初中國社會》，前引書，第 1～2 頁。

〔註 35〕張灝在《一個劃時代的運動——再認戊戌維新的歷史意義》中，認爲戊戌維新有廣狹二義，在狹義上，該概念指涉 1898 年的政治改革，即俗謂的「百日維新」，在廣義上，該概念指涉的是 1895～1898 年間的改革運動，並認爲該運動在政治史上引進了空前的政治危機，而且開啓了中國思想史上從傳統到現代的過渡時代。參見《張灝自選集》，上海教育出版社，2002 年，第 198 頁。考慮到戊戌維新也自有其起因，故而我接受張先生的定義，而將甲午看成戊戌維新的起點。

〔註 36〕袁偉時編著《告別中世紀：五四文獻選粹與解讀》，前引書，第 39 頁。

我們知道，中國近代文化文學史的上限雖常被定爲 1840 年，但中國這頭長期酣睡的雄獅從被強迫震醒到完全清醒地意識到自身的痛苦處境，經歷了外患日迫的漫長過程。梁啓超曾說鴉片戰爭後二十餘年「國中一切守舊，實無毫釐變法之說。」〔註 37〕到 1885 年，曾紀澤在《中國先睡後醒論》中說「自咸豐十年英法聯軍攻佔北京，燒毀圓明園後，中國業已醒來。」但毫無疑問，中國從傳統到現代的眞正轉型開始於中國敗於「蕞爾小國」日本的 1895 年，正是由此開始的政治秩序危機導致了思想危機的出現，從尋求器物層面的更新轉而尋求制度層面的變革，而與此相關的是，「家家言時務，人人談西學」〔註 38〕的時代氛圍，在新的社群媒介——現代知識份子努力下，通過報刊這一大量湧現的傳播媒介，新式學校、學會等制度媒介的有效傳播——得以形成，從而形成了「一個新的思想論域」〔註 39〕。

早在 1895 年，啓蒙思想家嚴復就將中國比喻爲「一大豕」，而外憂內患恰如「群虱總總，處其奎蹄曲隈」，認爲「必有一日焉，屠人操刀，具湯沐以相待」〔註 40〕，故而他積極尋求富強之法，先後發表了《論世變之亟》、《原強》、《闢韓》、《救亡決論》等論文，爲改良派宣傳維新變法提供了重要依據和理論支撐，影響很大。而翻閱此後至辛亥時期的期刊雜誌，對國勢的憂慮之語常常闖入我們眼簾：

> 所可痛者，則以吾數千年神明之胄，業將迫之於山之巔、水之涯，行將儘其類而後已，環宇雖大竟無容足之區，病將死矣，曾不知其病之所在死之所由。〔註 41〕
>
> （中國，引者加）如敗櫳中之古物，形質盡存，一度杖撥，已消散而無餘。蓋自十九世紀之末年，甲午一戰，庚子一戰，驟從一等之大國降而爲無足算數之弱國。〔註 42〕

〔註 37〕梁啓超《戊戌政變記》，張品興主編《梁啓超全集》第 1 冊，北京出版社，1999 年，第 191 頁。

〔註 38〕歐榘甲《論政變與中國不亡之關係》，中國史學會編《中國近代史資料叢刊·戊戌變法》（三），上海人民出版社，1957 年，第 156 頁。

〔註 39〕張灝《張灝自選集》，前引書，第 206 頁。

〔註 40〕嚴復《救亡決論》，王栻編《嚴復集》第 1 冊，中華書局，1986 年，第 42 頁。

〔註 41〕余一《民族主義論》，張枬、王忍之編《辛亥革命前十年間時論選集》第 1 卷下冊，生活·讀書·新知三聯書店，1960 年版，1978 年第 2 次印刷，第 485 頁。

〔註 42〕頋云《四客政論》，張枬、王忍之編《辛亥革命前十年間時論選集》第 1 卷下今日之中國，非世界競爭風潮最劇烈之漩渦哉？俄虎、英豹、德法貔、美狼、日豺眈眈逐逐露爪張牙，環伺於四千餘年病獅之傍。……嗚呼，望中國之前途，如風前燭、水中泡耳，幾何不隨十九世紀之影以俱逝也。〔註43〕

今日之中國，殆哉岌岌乎……如半空之木，復被霜雪，如久病之夫，益中以沴癘，舉國相視，咸儳然若不可終日。〔註44〕

嗚呼！吾中國際茲二十世紀世界，列強環逼，內難迭興，設無以振作之、治理之，恐不十年後，將變爲波蘭、印度、緬甸、安南之續耳。〔註45〕……

感知到這種國勢，漢卿慨歎自己不幸生於此「危急存亡之日」，生於這「欲生不生，欲死不死，眈眈不醒之東亞老大帝國」，說自己「刺心激腦，憂愁幽慮，日蜷伏於驚濤駭浪之中，待死於刀俎羈勒之下，救之無力，聽之不忍。」〔註46〕余一「拭一掬淚以爲吾同胞告」〔註47〕，侯生「憂之深，悲之切，哀之至，於是乎我涕之漣，我淚之流，而我心之感痛有不能自已者。」〔註48〕競盦說自己「握管以論列，誠不知涕淚之零落也。」〔註49〕雲窩也「咨嗟太息以道之。」〔註50〕……這種種言辭，都是新一代知識份子面對陵夷的國勢，對心底憂患的獨特表達。正是在這種時代語境中，他們開始深入反思中國正統的儒家文化，思考如何變革才能讓中國免於被列強吞噬的命運。

冊，前引書，第502～503頁。

〔註43〕李書城《學生之競爭》，《湖北學生界》第2期，1903年2月。

〔註44〕《政聞社宣言書》，張枬、王忍之編《辛亥革命前十年間時論選集》第2卷下冊，生活·讀書·新知三聯書店，1963年版，1978年第2次印刷，第1055頁。

〔註45〕《女報·發刊詞》，張枬、王忍之編《辛亥革命前十年間時論選集》第3卷，生活·讀書·新知三聯書店，1977年，第481頁。

〔註46〕漢卿《越報·宣言書》，張枬、王忍之編《辛亥革命前十年間時論選集》第3卷，前引書，第489頁。

〔註47〕余一《民族主義論》，張枬、王忍之編《辛亥革命前十年間時論選集》第1卷下冊，前引書，第485頁。

〔註48〕侯生《哀江南》，張枬、王忍之編《辛亥革命前十年間時論選集》第1卷下冊，前引書，第534頁。

〔註49〕競盦《政體進化論》，張枬、王忍之編《辛亥革命前十年間時論選集》第1卷下冊，前引書，第541頁。

〔註50〕雲窩《教育通論》，張枬、王忍之編《辛亥革命前十年間時論選集》第1卷下冊，前引書，第556頁。

對於這些思考的具體內容，蔡尚思先生曾將其具體化爲反孔反封建思想，認爲辛亥革命前十年間，反孔反禮教的言論主要分爲以民主革命反君主專制、以「女權革命」反男權夫權、以「家庭革命」反族權父權、以「強盜主義」反奴隸主義、以無神論反各種迷信、以學術自由反道統論、以進化論反相對論退化論、以新教育反舊教育、以新史學反舊史學、以新文學反舊文學等十個方面〔註 51〕，而周積明先生則對晚清反傳統思潮的如下口號——三綱革命、聖賢革命、孔丘革命、祖先革命、家庭革命、打破禮教——進行了較爲詳細的解讀〔註 52〕。他們的歸納不無道理，部分地指出了從戊戌到辛亥這個反孔的過渡時代中知識份子思考的某些重要層面。如果從反孔這個思想層面來觀照的話，我們還可以將論題提煉得更集中一些。因此，筆者從以下兩方面來進行論述：一、反孔反禮教，由此推及對聖賢、祖宗的革命；二、反三綱。對三綱的批判，又可具化爲對君權、父權、夫權的批判。此外，此時的思考中，有值得關注的兩個現象，一是以諸子學反孔學獨尊，二是對俠的推崇，以此抗衡儒的專制。而此時的知識份子，已經關注到晚清諸子學的興起與西學的密切關聯，並且對其如何對儒家文化、孔學進行衝擊，有了理性認識。

一、反孔反禮教及對聖賢、祖宗的革命

「禮教，即以禮爲教。古代也叫做名教，即以名分爲教。」〔註 53〕禮教在中國，有著類似宗教的作用，「從某種意義上講，『禮』或『禮教』是中國傳統文化的根柢，是中國傳統文化的總名或最重要的特徵。」〔註 54〕在兩千年來的中國思想史上，禮教的內容無所不包，無論對於中國古人還是中國古制，都具有建構性意義。

在禮教成型然後變本加厲的時代，禮教受到了包括阮籍、嵇康、顏之推、李贄、黃宗羲等在內的少數士人的懷疑，但只有到了清末民初，禮教思想才開始受到較嚴重的衝擊。這種衝擊在事實上的形成，有賴於晚清諸子學的復興、大乘佛學的重新崛起以及儒家經世致用思想的重新凸顯，並且與晚清中

〔註 51〕蔡尚思《辛亥革命時期的新思想運動——資產階級各派的反孔反封建思想》，蔡尚思等《論清末民初中國社會》，前引書，第 1～29 頁。

〔註 52〕周積明《晚清反傳統思潮論綱》，《學術月刊》2002 年第 8 期。

〔註 53〕蔡尚思《中國禮教思想史》，前引書，第 1 頁。

〔註 54〕周積明《晚清反傳統思潮論綱》，《學術月刊》2002 年第 8 期，第 93 頁。

國日益嚴重的政治危機密切相關。

事實上，嚴復早在引入進化論等西學的過程中，就日漸利用進化論、自由、平等、權利等思想工具，對傳統禮教進行了批評，指出歷代君主必然用禮教統治天下，「君主之制必以禮」、「眞君主者必崇禮」，認爲禮教的作用就是保證秦以來的君主能常保其所竊之國長存於世。1895 年 3 月 13 日至 14 日，嚴復駁斥韓愈《原道》的《闢韓》在天津《直報》發表，梁啓超隨後將其全文轉載於 4 月 12 日的《時務報》。譚嗣同讀後，致函汪康年時說：「《時務報》23 冊《闢韓》一首，好極好極！」〔註 55〕而時任兩江總督的張之洞，令其幕僚屠仁守作《辨闢韓書》，對該文進行攻擊。嚴復認爲，「夫自秦以來，爲中國之君者，皆其尤強梗者也，最能欺奪者也。竊嘗聞『道之大原出於天』矣。今韓子務尊其尤強梗，最能欺奪之一人，使安坐而出其唯所欲爲之令，而使天下無數之民，各出其苦筋力、勞神慮者，以供其欲，少不如是焉則誅，天之意固如是乎？道之原又如是乎？」〔註 56〕此處，嚴復指出中國幾千年來的封建君主都是奴役與壓迫人民的竊國大盜，並旗幟鮮明地提倡西方資本主義國家所實行的民主政治。

戊戌時期的譚嗣同在其代表作《仁學》中提出了「沖決網羅」的口號。他說：「網羅重重，與虛空而無極。初當沖決利祿之網羅，次沖決俗學若考據、若詞章之網羅，次沖決全球群學之網羅，次沖決君主之網羅，次沖決倫常之網羅，次沖決天之網羅，次沖決全球群教之網羅，終將沖決佛法之網羅」。〔註 57〕這種決絕的態度，在「二千年來之政，秦政也，皆大盜也；二千年來之學，荀學也，皆鄉愿也。惟大盜利用鄉愿，惟鄉愿工媚大盜」這段著名的論述中，也展露無疑。他直接指斥愛新覺羅氏「憑陵乎蠻野兇殺之性氣以竊中國，及既竊之，即以所從竊之法還制其主人，亦得從容靦顏，挾持素所不識之孔教，以壓制素所不知之中國矣」〔註 58〕。這段話正是對滿清王朝建立全國性統治後借大力提倡程朱理學以鞏固其專制統治的文化專制主義的

〔註 55〕譚嗣同《致汪康年書》，牛仰山、孫鴻霓編《嚴復研究資料》，海峽文藝出版社，1990 年，第 371 頁。

〔註 56〕嚴復《闢韓》，王栻編《嚴復集》第 1 冊，前引書，第 34 頁。

〔註 57〕譚嗣同《仁學・自敘》，蔡尚思、方行編《譚嗣同全集》（增訂本），中華書局，1981 年。

〔註 58〕譚嗣同《仁學一》，蔡尚思、方行編《譚嗣同全集》（增訂本），前引書，第 338 頁。

批判。

戊戌維新運動中的靈魂人物康有爲，屬於晚清「今文學之健者」〔註 59〕。其《新學僞經考》認爲諸經中一大部分係劉歆所僞託，產生了「第一，清學正統派之立腳點，根本搖動；第二，一切古書，皆須從新檢查估價」〔註 60〕的影響，從而刮起了當時「思想界之一大颶風」，其後崔適所著《史記探源》、《春秋復始》就是「引申有爲之說，益加精密」的著作；其《孔子改制考》認爲「眞經之全部分爲孔子托古之作」，導致了「數千年來共認爲神聖不可侵犯之經典，根本發生疑問，引起學者懷疑批評的態度」，而且，《孔子改制考》「雖極力推挹孔子，然既謂孔子之創學派與諸子之創學派，同一動機，同一目的，同一手段，則已夷孔子於諸子之列。所謂『別黑白定一尊』之觀念，全然解放，導人以比較的研究」〔註 61〕，對推動思想解放意義重大；《大同書》最關鍵處在於其「毀滅家族」〔註 62〕的觀點，這一「理想與今世所謂世界主義、社會主義者多合符契，而陳義之高且過之」〔註 63〕，引發了晚清思想界的「大地震」〔註 64〕。

如果說康有爲衹是托古改制，種下尊孔的瓜，卻無意間結出了反禮教的豆的話，那麼，受其影響，「對於『今文學派』爲猛烈的宣傳運動者」〔註 65〕的梁啓超，則是「拉開 20 世紀批孔帷幕」〔註 66〕的人。

在戊戌前後至流亡日本這一時期〔註 67〕，梁啓超發表了大量「尊墨反孔，

〔註 59〕梁啓超《清代學術概論》，上海古籍出版社，2005 年，第 64 頁。

〔註 60〕梁啓超《清代學術概論》，前引書，第 65 頁。

〔註 61〕梁啓超《清代學術概論》，前引書，第 67 頁。

〔註 62〕梁啓超《清代學術概論》，前引書，第 68 頁。

〔註 63〕梁啓超《清代學術概論》，前引書，第 69 頁。

〔註 64〕梁啓超《清代學術概論》，前引書，第 66 頁。

〔註 65〕梁啓超《清代學術概論》，前引書，第 69 頁。

〔註 66〕孔凡嶺《孔子研究・導言》，孔凡嶺編《孔子研究》，中華書局，2003 年，第 2 頁。

〔註 67〕對於梁啓超一生思想的分期，學術界有好幾種看法：徐佛蘇著《梁任公先生逸事》分爲四期，毛以亨著《梁啓超》分爲五期，張朋園《梁啓超與清季革命》分爲成長時期、推翻專制運動時期以及維護民國時期（張朋園《梁啓超與清季革命》，吉林出版集團有限責任公司，2007 年，第 4～5 頁），蔡尚思《中國禮教思想史》則認爲可分爲前中後三個時期：前期爲 1902 年前，是維新進步時期，後期爲 1919 年後的日益反動時期，中期則是二者間的過渡時期（蔡尚思《中國禮教思想史》，上海古籍出版社，2006 年，第 160 頁）。此處我所言的時期指的是張朋園所謂的「推翻專制運動時期」，包括他戊戌之前的求變

傾向民權，反對君權」〔註 68〕的言論，在此期的重要論文《新民說》、《自由書》、《論中國學術思想變遷之大勢》等中，他不僅反迫害婦女的禮教，而且反孔，指出孔學之所以被歷代「霸者竊取而利用之」，實在是因爲「孔學……嚴等差，貴秩序，而措而施之者，歸結於君權……扶陽抑陰之庸言，於帝王馭民，最爲適合，故霸者竊取而利用之以宰制天下」〔註 69〕，這就指出了孔學與帝制之間的密切聯繫，在當時屬於非常深刻的思想。

梁啓超自三十以後，思想立場已有所變化，對於「僞經」、「改制」這些以前長期關注的話題，他已不再關注，並在康有爲倡導設孔教會定國教祀天配孔而國中多有附和者時，寫出了《保教非所以尊孔論》這篇重要文獻。文章認爲，孔子是「哲學家、經世家、教育家，而非宗教家也。」故持保教論者「強孔子以學佛耶，以云是保，則所保者必非孔教矣」，此外，保教破壞了法律上信教自由之理，強行保教，會導致孔教和耶教「兩者日相水火，而教爭乃起，而政爭亦將隨之而起。是爲吾國民分裂之厲階也。」更重要的是，梁啓超指出，保教之說束縛國民思想，而我們生於今世，應該做出自己的獨立判斷，否則，就是「以古人爲蝦，而自爲水母」。他認爲「孔子之立教，對二千年前之人而言者也，對一統閉關之中國人而言之也，其通義之萬世不易者固多，其別義之與時推移者亦不少。……使孔子而生於今日，吾知其教義之必更有所損益也。」〔註 70〕這就「首次明確指出孔子和儒家思想的弊端及時代侷限性，是重要的理論貢獻」〔註 71〕。

此外，在袁世凱尊孔復辟活動進行得如火如荼時，梁啓超在其擔任撰述主任的《大中華》雜誌上，發表了《孔子教義實際裨益於今日國民者何在？欲昌明之其道何由？》這篇重要的反對尊孔讀經的文章，「《大中華》向袁掀起的尊孔復古逆流打響了第一槍，實際上揭開了新文化運動更大規模批孔的序幕。」〔註 72〕因此，儘管梁啓超的思想總體上是由尊墨反孔到尊孔反墨，日漸走向批孔運動的邊緣，但無可否認的是，他在新文化運動前的反孔言行

時期和戊戌後流亡的前期和後期。

〔註 68〕梁啓超《清代學術概論》，前引書，第 160 頁。

〔註 69〕劉夢溪主編《中國現代學術經典・梁啓超卷》（夏曉虹編校），河北教育出版社，1996 年，第 46 頁。

〔註 70〕梁啓超《保教非所以尊孔論》，參見張品興主編《梁啓超全集》第 2 冊，北京出版社，1999 年，第 765~770 頁。

〔註 71〕孔凡嶺《孔子研究・導言》，孔凡嶺編《孔子研究》，前引書，第 2 頁。

〔註 72〕孔凡嶺《孔子研究・導言》，孔凡嶺編《孔子研究》，前引書，第 5 頁。

爲新文化運動開展更猛烈的反孔非儒運動提供了重要的思想資源。

庚子之後，對禮教的批判更多。章太炎這一時期〔註 73〕也是反孔反禮教的健將，他的《訄書》「訂孔」篇（1902）、《駁康有爲論革命書》（1903）、《諸子學略說》（1906）以及《致國粹學報社書》（1909）等，多有對孔子的批判。在「訂孔」篇中，章太炎引日本學者遠藤隆吉的言論來表明自己的態度：「孔子之出於支那，實支那之禍本也，……故更八十世而無進取者，咎亡於孔氏。」〔註 74〕1906 年 7 月，章太炎出獄後來到日本東京，在東京留學生爲其舉行的歡迎會上，他說：「孔子最是膽小」；「孔教最大的汙點，是使人不脫富貴利祿的思想」〔註 75〕。另外，在《諸子學略說》中，他再次抨擊孔子和儒家：「儒家之病，在以富貴利祿爲心……用儒家之道德，故艱苦卓厲者絕無，而冒沒奔競者皆是。俗諺有云：『書中自有千鍾粟』。此儒家必至之弊」。〔註 76〕章太炎的訂孔與詆孔，使得「孔子遂大失其價値，一時群言多攻孔子矣」〔註 77〕。後出的傅斯年則說：「章先生……當年破除孔子的力量，非常之大。……中國人的思想到了這個時期，已經把孔子即眞理一條信條搖動了。」〔註 78〕正是在這個意義上，賀麟將章太炎稱爲「『五四』運動時期新思想的先驅。」〔註 79〕

事實上，在辛亥前十年間，由海外留學生或反清志士所辦的刊物上，反孔反禮教的呼聲日益高漲，《廣解老篇》、《權利篇》、《中國尊君之謬想》、《無聖篇》、《保教非所以尊孔論》等都是其中的名篇。

《廣解老篇》中，作者認爲，中國政教「陵夷若是」的原因，就是「政治之壓制、禮俗之虛僞」。他進一步闡釋說，「所謂聖人者，造爲仁義禮樂諸

〔註 73〕章太炎與儒家文化的關係甚爲複雜，大致說來，在戊戌至辛亥之間，他多有對儒家文化的批判，而且其思想影響到了他的弟子魯迅、周作人、錢玄同等的文化取向。此處所言的「這一時期」就指戊戌到辛亥之間。

〔註 74〕章太炎著、朱維錚編《訄書　初刻本　重訂本》，生活·讀書·新知三聯書店，1998 年，第 137 頁。

〔註 75〕章太炎《東京留學生歡迎會演說辭》，湯志鈞編《章太炎政論選集》（上），中華書局，1977 年，第 272 頁。

〔註 76〕章太炎《諸子學略說》，湯志鈞編《章太炎政論選集》（上），前引書，第 289～291 頁。

〔註 77〕許之衡《讀〈國粹學報〉感言》，《國粹學報》第 1 年第 6 號，1905 年 7 月 22 日。

〔註 78〕傅斯年《清代學問的門徑書幾種》，《新潮》1 卷 1 號，1919 年 1 月 1 日。

〔註 79〕賀麟《五十年來的中國哲學》，遼寧教育出版社，1989 年，第 5 頁。

名詞：仁之實爲事親，義之實爲從兄，胥此道也，則犯上作亂之事息矣；禮以縛民身，樂以和民氣，胥此道也，則人人自由之言息矣。……我壓之以仁義禮樂之道，彼胡敢不胡也。……我壓以仁義禮樂而適便於我盜賊猛獸之所爲，我胡不可爲也。」〔註 80〕這也就是虛僞的禮與專制的統治之間的關係之形象闡釋，作者甚至說這種虛僞的禮造成了「人與人相食之世如今日者」〔註 81〕！故而，必須反抗禮教，「用十八世紀諸學士之說以沖決歐洲壓制虛僞之網路，即不得不用老莊之說以沖決支那壓制虛僞之網羅」〔註 82〕。

《權利篇》一開始，就有沈痛之語：「吾痛吾中國之禮儀三百威儀三千也，胥一國之人以淪陷於卑屈，而卒無一人少知其非，且自誇謂有禮之邦，眞可謂大惑不解者矣。」而禮性質爲何？「禮者非人固有之物也，此野蠻時代聖人作之以權一時，後而大奸巨惡，欲奪天下之公權而私爲己有，而又恐人之不我從也，於是借聖人製禮之名而推波助瀾，妄立種種網羅，以範天下之人」。這就指出了禮與專制的天然關聯。正是這「禮」，與中國的文弱直接相關，「禮立於中國三千年矣，而中國之文弱也幾千歲。」「禮之耗人血消人氣，不至於死亡不止也。」「重禮則養成卑屈之風、服從之性，僕僕而惟上命是聽，任如何非禮，如何非法，而下不得不屈從之。君可不敬，臣不可不忠，父可不慈，子不可不孝，是重禮者之代表也。卑屈服從之奴性，嗚呼極矣！」所以，「吾思之，吾痛之，吾思改革之」，而改革的手段就是高舉「愛重人我權別」的權利思想。「夫人生活於天地之間，自有天然之權利，父母不得奪，鬼神不得竊而攘之。並立於大地之上，誰貴而誰賤；同爲天之所生，誰尊而誰卑。我願我四萬萬人，去禮法，復權利，踴躍鼓舞以登眞世界。」〔註 83〕這眞是那一時代張揚自我、反抗禮教的最強烈的呼聲了。

由反抗禮教，自然會推及反對聖賢、反對中國的孔聖人。早在《救亡決論》中，嚴復就說過：「今人意中之孔子，乃假設之平聖人，而非當時之眞孔

〔註 80〕《廣解老篇》，張枬、王忍之編《辛亥革命前十年間時論選集》第 1 卷上冊，前引書，第 429 頁。

〔註 81〕《廣解老篇》，張枬、王忍之編《辛亥革命前十年間時論選集》第 1 卷上冊，前引書，第 430 頁。

〔註 82〕《廣解老篇》，張枬、王忍之編《辛亥革命前十年間時論選集》第 1 卷上冊，前引書，第 431 頁。

〔註 83〕《權利篇》，《直說》第 2 期，1903 年 3 月，張枬、王忍之編《辛亥革命前十年間時論選集》第 1 卷上，前引書，第 479～481 頁。

子。世有好學深思之士，於吾言當相視而笑也。」〔註 84〕吳魂的《中國尊君之謬想》、凡人的《無聖篇》、梁啓超的《保教非所以尊孔論》、凡人的《開通學術議》、絕聖的《排孔征言》也各自從這些方面用力，以更新國民思想，鼓吹自由平等之說。

> 支那者，政教混合之國也，亦恐懼，亦迷信，故至今日始夢囈立憲。爲此厲階者，非孔丘乎！孔丘之爲宗教家否，吾不過問。惟自政府之所利用、人民之所迷信之一方面觀之，……嗚呼！孔丘砌專制政府之基，以荼毒吾同胞者，二千餘年矣。今又憑依其大祀之牌位，以與同胞酬酢。……夫大祀之牌位一日不入火刹，政治革命一日不克奏功，更何問男女革命，更何問無政府革命。……欲世界人進於幸福，必先破迷信；欲支那人之進於幸福，必先以孔丘之革命。〔註 85〕

> 孔丘之革命奈何？往者有取其片言隻行而加戲謔斥駁者矣，顧杯水耳。以孔毒之入人深，非用刮骨破疽之術不能慶更生。〔註 86〕

> 孔子遂爲養育各項奴隸之乳嫗，生息而不盡。而獨夫民賊之收買奴隸者，正思利用之，以保守其產業，……故孔派推尊一度，而奴隸沈沒一度〔註 87〕。

> 天下有二大患焉：曰君主之專制，曰教主之專制。君主之專制，鈐束人之言論；教主之專制，禁錮人之思想。君主之專制，極於秦始皇之焚書坑儒，漢武帝之罷黜百家；教主之專制，極於孔子之誅少正卯，孟子之距楊、墨〔註 88〕。

> 宗教上的意見：孔教、佛教、老教、耶教，到底是那一教好，我們

〔註 84〕嚴復《救亡決論》，王栻主編《嚴復集》第 1 冊，中華書局，1986 年，第 51 頁。

〔註 85〕絕聖《排孔征言》，張枏、王忍之編《辛亥革命前十年間時論選集》第 3 卷，前引書，第 208 頁。

〔註 86〕絕聖《排孔征言》，張枏、王忍之編《辛亥革命前十年間時論選集》第 3 卷，前引書，第 209 頁。

〔註 87〕《箴奴隸》，張枏、王忍之編《辛亥革命前十年間時論選集》第 1 卷下，前引書，第 707 頁。

〔註 88〕吳虞《辨孟子闢楊、墨之非》，張枏、王忍之編《辛亥革命前十年間時論選集》第 3 卷，前引書，第 737 頁。

要從新考察一番。〔註 89〕

今孔教與耶教不同，中國之君主與教皇不同，其所以通道統之說者，名爲通道實則阻思想之自由耳，名爲尊孔實則借孔教爲奧援耳。〔註 90〕

質而言之，孔子者，哲學家、經世家、教育家，而非宗教家也。〔註 91〕

孔子之立教，實在五倫。……使孔子得志於明王，任以司徒，爲職已盡，夫安見其道全德備哉。特不得志而專門之願不遂，於是馳騁於五倫之中，出入乎五倫之內，旁通諸說，以詔後學。……吾固目孔子爲時勢所造之英雄，無見其造福於當時也。〔註 92〕

秦漢以降，歷世相傳，有不可思議之一怪物焉，曰聖人。……強權之患，由是始恣。……沿至今日，斯風加長，視聖人之靈爽，照耀無窮，行將立億萬萬年立憲君民師表之業。是以腐儒俗子不憚煩苦，引經徵典，廣爲牽合：以仁民愛物爲無上平等，以誠意正心爲眞正自由。〔註 93〕。

……

由此，他們反對祖宗，反對法古。

署名「眞」的《祖宗革命》和署名「君衍」的《法古》是這方面的代表文章。嚴復早就說過，「嘗謂中西事理，其最不同而斷乎不可合者，莫大於中之人好古而忽今，西之人力今以勝古。」〔註 94〕「必謂事事必古之從，又常

〔註 89〕白話道人《國民意見書》，張枬、王忍之編《辛亥革命前十年間時論選集》第 1 卷下，前引書，第 896 頁。

〔註 90〕《道統辨》，《國民日日報彙編》第三集，張枬、王忍之編《辛亥革命前十年間時論選集》第 1 卷下，前引書，第 739 頁。

〔註 91〕梁啓超《保教非所以尊孔論》，張品興主編《梁啓超全集》第 2 冊，前引書，第 766 頁。

〔註 92〕凡人《開通學術議》，張枬、王忍之編《辛亥革命前十年間時論選集》第 3 卷，前引書，第 261～262 頁。

〔註 93〕凡人《無聖篇》，張枬、王忍之編《辛亥革命前十年間時論選集》第 3 卷，前引書，第 342 頁。

〔註 94〕嚴復《論世變之亟》，王栻編《嚴復集》第 1 冊，中華書局，1986 年，第 1 頁。

以不及古爲恨，則謬矣！」〔註 95〕「夫五千年世界，周秦人所閱歷者二千餘年，而我與若皆倍之。以我輩閱歷之深，乃事事稽諸古人之淺，非所謂適得其反者耶！世變日亟，一事之來，不特爲祖宗所不及知，且爲聖智所不及料，而君不自運其心思耳目，以爲當境之應付，員枘方鑿，鮮不敗者矣！」〔註 96〕在《法古》〔註 97〕中，君衍說，「現在的中國所以弄到如病夫、如死人這樣，都是被那『法古』兩個字害的。」〔註 98〕他認爲，聖賢的言行不可依，並舉了七個緣故：

> 第一，聖賢不過學問高些，品行好些，事業大些，他也是個人，我也是個人，他能夠成爲聖賢，我難道不可成聖賢？我爲什麼要做他的奴隸，樁樁要依了他呢？
>
> 第二，……現今文明勝過古時，怎麼可以拿文明不及現在時候的法兒，行在現在呢？
>
> 第三，時勢變遷，刻刻不同……不合行必定要立刻改變，怎麼可以幾千年不變呢？
>
> 第四，聖賢也未必無錯。
>
> 第五，古人是古人，我是我，我豈可以因爲有了古人，拿我的能力丟去，不去發達他。
>
> 第六，古人不法古，所以才有言行。
>
> 第七，古人的言行，不過是歷史罷了。

由此，他對「聖賢」「孔子」也做了重新評價，「孔子在周朝時候雖是很好，但是在如今看起來，也是很壞。『聖賢』兩個字，不過是歷代的獨夫民賊加給他的徽號。那些民賊爲什麼這樣尊敬孔子呢？因爲孔子專門叫人忠君服從，這些話都很有益於君的。所以那些獨夫民賊，喜歡他的了不得，叫百姓都尊敬他，稱他做『至聖』，使百姓不敢一點兒不尊敬他，又立了誹謗聖人的刑法，使百姓不敢說他不好。那百姓到了日久，自然變做習慣，都入了那些獨夫民賊的圈套，一個個都拿『忠君』當自己的義務，拿『法古』當最大的事體……列位不要說我罵孔子，孔子我並不罵他，我罵的是那些獨夫民賊。」

〔註 95〕嚴復《救亡決論》，王栻編《嚴復集》第 1 冊，前引書，第 51 頁。

〔註 96〕嚴復《救亡決論》，王栻編《嚴復集》第 1 冊，前引書，第 51～52 頁。

〔註 97〕君衍作，載《童子世界》第 31 期，1903 年 5 月 27 日出版。

〔註 98〕君衍《法古》，《童子世界》第 31 期，1903 年 5 月 27 日出版，張枬、王忍之編《辛亥革命前十年間時論選集》第 2 卷下冊，前引書，第 531 頁。

〔註 99〕「總而言之，孔子雖好，必不能合現在的時候了。」〔註 100〕

署名「民」的作者發表了《好古》一文，也指斥中國好古思想的危害：「中國人最富好古思想，老大帝國之本來面目也。輒謂今不如古，其受毒致病之處，在於多讀四書五經，食古不化，以致非古人言不敢言，非古人行不敢行，又傀儡之一揚手，一舉足，不能出於作傀儡者之意旨。……思想束縛，智識蒙蔽，而爲古人之奴隸，至此而極矣。」〔註 101〕又說，「中國人之好言程度，其病源全在好古，凡百行事，首重守成，與照老例，故弊端百出，而莫可挽回。」〔註 102〕解決之道，就在「行疾雷不及掩耳之革命，以破儘其好古之成見，則新理新學，終不能輸入也。」〔註 103〕「吾中國人服從之劣性根，於學術上尤爲深固，一言一事，輒引數千年前之古人爲印證，甘以其極靈活之腦筋，爲古人納糟粕之筐篋……哀哉，吾中國之學者，名爲承孔道，而實則守老學，傳習數千年，盡失眞孔之面目，馴至受保守主義之烈毒，服從古人以外不敢有思想。非灌輸路索、孟德斯鳩、達爾文、斯賓塞諸儒之學說以淘洗之，茫茫大陸將隨學界長淪於黑暗之中矣。」〔註 104〕

而在《教育泛論》中，有言曰「中國有一極謬之學說，足以致亡種之禍者，則法古是也。」〔註 105〕《教育通論》〔註 106〕中，雲窩認爲祖國四千年歷史分爲兩期，由秦以前進化之時代也，由秦以後退化之時代也。在退化時代，「崇拜古人之風遂成特質：論文章則動稱八家；論哲理則動尊五子；論法治國本之大要，則尤攘臂奮舌曰，三代、三代、三代。無一言不以古人爲護身符，無一事不以古人爲定盤針，束縛思想，拙塞靈明，而實則並無效法古人

〔註 99〕君衍《法古》，《童子世界》第 31 期，1903 年 5 月 27 日出版，張枬、王忍之編《辛亥革命前十年間時論選集》第 2 卷下冊，前引書，第 532 頁。

〔註 100〕君衍《法古》，《童子世界》第 31 期，1903 年 5 月 27 日出版，張枬、王忍之編《辛亥革命前十年間時論選集》第 2 卷下冊，前引書，第 532 頁。

〔註 101〕民《好古》，《新世紀》第 24 期，1903 年 11 月 30 日，張枬、王忍之編《辛亥革命前十年間時論選集》第 2 卷下冊，前引書，第 1050 頁。

〔註 102〕民《好古》，《新世紀》第 24 期，1903 年 11 月 30 日，張枬、王忍之編《辛亥革命前十年間時論選集》第 2 卷下冊，前引書，第 1051 頁。

〔註 103〕民《好古》，《新世紀》第 24 期，1903 年 11 月 30 日，張枬、王忍之編《辛亥革命前十年間時論選集》第 2 卷下冊，前引書，第 1051 頁。

〔註 104〕李書城《學生之競爭》，《湖北學生界》第二期，1903 年 2 月。

〔註 105〕《教育泛論》，張枬、王忍之編《辛亥革命前十年間時論選集》第 1 卷上冊，前引書，第 403 頁。

〔註 106〕雲窩《教育通論》，張枬、王忍之編《辛亥革命前十年間時論選集》第 1 卷下冊，前引書。

之心，自大自棄之惡習遂深根固蔕而不可拔。」〔註 107〕法古導致自大自棄，這個說法，在蔡元培那裡也有呼應。1912 年 7 月 10 日，蔡元培有《全國臨時教育會議開會詞》，他重申教育家的五種主義，並說「我中國人向有一弊，即是自大；及其反動，則爲自棄。自大者，保守心太重，以爲我中國有四千年之文化，爲外國所不及，外國之法制皆不足取……普通教育廢止讀經，大學校廢經科，而以經科分入文科之哲學、史學、文學三門，是破除自大舊習之一端。」〔註 108〕破除自大自棄之習與廢止讀經、取消經科的關聯，正是反孔的自然邏輯演進之一斑。

二、反三綱

「君爲臣綱，父爲子綱，夫爲妻綱」被董仲舒凝爲「三綱」，自此，三綱之說就和五倫一起，成爲中國傳統社會文化秩序的核心綱領，只有到了晚清，公然非議三綱的言論才出現。嚴復在其《論世變之亟》中就說「自由既異，於是群異叢然以生。粗舉一二言之：則如中國最重三綱，而西人首明平等」〔註 109〕，譚嗣同在其《仁學》、康有爲在其《大同書》中，都對三綱之說進行了毫不留情的批判。在《廣解老篇》中，作者痛心地聽到遊於支那的歐羅巴人之感喟：「異哉夫支那，乃有所謂三綱以箝縛其臣民，箝縛其子弟，箝縛其婦女，何栽培奴性若此其深也！」〔註 110〕故而對這種虛僞、專制的習俗深惡痛絕之，決心以 18 世紀學士之說和老莊之說沖決這虛僞的網羅。

張灝認爲傳統儒家的道德價值可分爲以禮爲基礎的規範倫理與以仁爲基礎的德性倫理兩方面，而在甲午到戊戌這段時間，以三綱爲中心的規範倫理受到了正面挑戰，「那個時代（指由甲午到戊戌）的思想領袖如康有爲、梁啓超、譚嗣同、嚴復等，都對三綱說，特別是對其君統部分，作直接或間接批判。」〔註 111〕清末，已有不少先進知識份子指出君主專制與尊孔尊禮教之間的關係問題。

〔註 107〕雲窩《教育通論》，張枬、王忍之編《辛亥革命前十年間時論選集》第 1 卷下冊，前引書，第 555 頁。

〔註 108〕蔡元培《全國臨時教育會議開會詞》，沈善洪主編《蔡元培選集》上，浙江教育出版社，1993 年，第 407 頁。

〔註 109〕嚴復《論世變之亟》，王栻編《嚴復集》第 1 冊，前引書，第 3 頁。

〔註 110〕《廣解老篇》，張枬、王忍之編《辛亥革命前十年間時論選集》第 1 卷上冊，前引書，第 430 頁。

〔註 111〕張灝《張灝自選集》，前引書，第 206～207 頁。

嚴復揭開了君臣之倫的神秘面紗。他認爲，人民爲了便利從事生產經營，避免相欺相奪的情況，設置了一個君主，並且提供什一之賦作爲君主的刑政甲兵的費用。所以「君臣之倫」的誕生乃「出於不得已」〔註 112〕，又說「夫自秦以來，爲中國之君者，皆其尤強梗者也、最能欺奪者也」。竊嘗聞「道之大原出於天」矣。「今韓子務尊其尤強梗、最能欺奪之一人，使安坐而出其唯所欲爲之令，而使天下無數之民，各出其苦筋力、勞神慮者，以供其欲，少不如是焉則誅，天之意固如是乎？道之原又如是乎？」〔註 113〕譚嗣同進一步指出，既然君主是由人民推舉的，那麼也可以由人民廢除〔註 114〕。梁啓超認爲，中國的史家過於言正統，所寫之史「不過一家之譜牒，一人之傳記」，「已舉全國之人民，視同無物」。〔註 115〕「眞」在《三綱革命》中以「人人平等」反對「君爲臣綱」，質問道「君亦人也，何彼獨享特權特利？」認爲君臣均是野蠻時代之代表，在新世紀中，二者均應消滅，只有人與社會，人人平等。鞠普則在其《論習慣之礙進化》中，首先指出「忠」這種成爲道德的習慣有礙進化，斥責與忠相關的種種謬說，「以自欺而欺人。抑何謬妄之至於斯耶！」〔註 116〕署名「四無」者則在其文中宣稱要「無父無君無法無天」，對於君，他說「以無理由之專有之強權制人者曰君」，而「絕無關係之『君』，全恃強權成立者，乃首先推倒。」〔註 117〕

在反父權、夫權方面，王韜早就有「天地生人，男女並重」〔註 118〕的說法。清末宣傳女權的刊物盛極一時，如 1902 年創刊的《女報》，1903 年創刊的《女子世界》，1906 年編的《中國女報》，1906 年出版的《神州女報》（內有《神州女界新偉人秋瑾傳》等文），在日本刊的《女學報》、《留日女學生雜誌》等數十種，以及日本人著《女界魂》、《女子新世界》、《世界十二女傑》；中譯本《世界女權發達史》，中國人編《虛無黨女英雄》等書。

〔註 112〕嚴復《闢韓》，王栻編《嚴復集》第 1 冊，前引書，第 34 頁。

〔註 113〕嚴復《闢韓》，王栻編《嚴復集》第 1 冊，前引書，第 50 頁。

〔註 114〕蔡尚思、方行編《譚嗣同全集》（增訂本），前引書，第 339 頁。

〔註 115〕梁啓超《論正統》，張品興主編《梁啓超全集》第 2 冊，前引書，第 747 頁。

〔註 116〕鞠普《論習慣之礙進化》，張枬、王忍之編《辛亥革命前十年間時論選集》第 3 卷，前引書，第 198 頁。

〔註 117〕四無《無父無君無法無天》，張枬、王忍之編《辛亥革命前十年間時論選集》第 3 卷，前引書，第 205、204 頁。

〔註 118〕王韜《原人》，《韜園文錄外編》卷一，轉引自袁偉時編著《告別中世紀：五四文獻選粹與解讀》，前引書，第 35 頁。

〔註 119〕但是「雖近來女界革命之聲，稍倡於世，而倡之者幾人，人莫與之和，且從而敗沮之。」女子的聲音非常微弱，女子終究衹是「副產」、「玩物」、「奴隸」〔註 120〕。1904 年，柳亞子寫了《哀女界》。1907 年，「眞」在《新世紀》上發表的《三綱革命》，是第一次明確提出對「三綱」的革命宣言。他對三綱的定義是「出於狡者之創造，以僞道德之迷信保君父等之強權也」。他以「父子平等」反對「父爲子綱」，以「男女平等」反對「夫爲妻綱」。關於父子平等，他闡釋說「就科學言之，父之生子，惟一生理之問題，一先生，一後生而已，故有長幼之遺傳，而無尊卑之義理。就社會言之，人各自有，非他人之屬物。」〔註 121〕對於夫爲妻綱，「眞」指出「不外乎利於暴夫而已」〔註 122〕，認爲「夫人也，婦亦人也，故夫婦平等。」「眞」的主張可謂石破天驚，在簡單的論述中洞見了一直被遮蔽的秘密。

1909 年，《女報》創刊，這是繼陳擷芬的《女學報》，丁初我的《女子世界》，秋瑾的《中國女報》，何震的《天義報》，燕斌的《中國新女界雜誌》之後，「扶植亞東女權」〔註 123〕的又一份報紙。在《男尊女卑與賢母良妻》一文中，陳以益憂慣於男尊女卑之說被去除之後，卻又由日本送來了賢母良妻主義，「嗚呼！賢母良妻之主義，非與男尊女卑之謬說二而一、一而二者乎！」認爲應該讓女子擁有和男子受一樣教育的權利，她由此警告女學界說：「勿以賢母良妻爲主義，當以女英雄女豪傑爲目的。」〔註 124〕謝震在其《論可憐之節婦宜立保節會並父兄強青年婦女守節之非計》中，感歎道「天下有最可嘉最可憐之人焉，其惟青年守節之嫠婦乎！」〔註 125〕認爲「男女既當平等，男對於女若何，即女對於男亦若何。」勸告天下青年婦女「愼勿勉強守節」

〔註 119〕蔡尚思等《論清末民初中國社會》，前引書，第 8 頁。

〔註 120〕《箴奴隸》，張枬、王忍之編《辛亥革命前十年間時論選集》第 1 卷下冊，前引書，第 710 頁。

〔註 121〕眞《三綱革命》，張枬、王忍之編《辛亥革命前十年間時論選集》第 2 卷下冊，前引書，第 1018 頁。

〔註 122〕眞《三綱革命》，張枬、王忍之編《辛亥革命前十年間時論選集》第 2 卷下冊，前引書，第 1019 頁。

〔註 123〕俠佛（謝震）《發刊詞》，張枬、王忍之編《辛亥革命前十年間時論選集》第 3 卷，前引書，第 482 頁。

〔註 124〕陳以益《男尊女卑與賢母良妻》，張枬、王忍之編《辛亥革命前十年間時論選集》第 3 卷，前引書，第 484 頁。

〔註 125〕謝震《論可憐之節婦宜立保節會並父兄強青年婦女守節之非計》，張枬、王忍之編《辛亥革命前十年間時論選集》第 3 卷，前引書，第 485 頁。

〔註 126〕。而《論三從》一文，可謂尖銳地揭示了三綱之弊。「天之生人，既賦之以智識，即予之以權利。既予之以權利，即欲其自立而無所依附。」那麼，男女的權利應該相等，但是我國陋習造就的情況卻是「矯揉其官骸，錮弊其智識，剝削其權利，奴之、物之、殘之、賊之，不以人類相待。」與此相關，他們還製定了「女誡女訓，千條萬理」，而其目的「無非爲破壞其自立計。」這是最爲殘忍之處。論者選取三從之說，重點抨擊其謬：「三從者何？從父、從夫、從子是也。父者，我所尊親，義方之訓，理宜相從。至於夫婦，相敬相愛，如友如賓，有敵體之義，無尊卑之分，諉曰從之，已屬不通。若夫母子，則義屬倫常，負教導之責，任撫育之方，保抱提攜，以至於成人，在子有從母之義，豈在母反有從子之道乎！且所謂從之云者，有卑己尊人之道存焉。父尊於我，夫等於我，子卑於我，秩序不同，名分有別，今概曰從之，是三人者，均爲我所當尊矣。均爲我所當尊，則父也、夫也、子也，在男子論之，則有秩序名分，在女子一方面視之，固無所謂秩序名分矣。以束縛女子之故，並倫常而亦蔑視之，其說果可通乎！」〔註 127〕說「如果女子能自立，則男界之奴之、物之、殘之、賊之，將無所施其技。」現今的女子，故而必須打破專制世界所安排的三從規則。

綜上可見，從戊戌到辛亥前後這段時間，反孔反禮教以及對聖賢、法古、三綱的批判言論所在多有，這已經形成了一股正漸漸積蓄力量，等待澎湃之日來臨的暗流。

第二節 「毀孔子廟罷其祀」：共和之後曇花一現的反孔

傳統的中國社會由於儒家思想所提供的穩定的精神基礎，以及相應的儒家價值得以普遍建制化，而成爲一個超穩定結構，或者說，「禮制」在中國長期以來的超穩定結構中起到了最重要的作用。但「無論儒家建制在傳統時代具有多大的合理性」〔註 128〕，中華民國這塊「招牌」的終於掛出，昭示著封

〔註 126〕謝震《論可憐之節婦宜立保節會並父兄強青年婦女守節之非計》，張枬、王忍之編《辛亥革命前十年間時論選集》第 3 卷，前引書，第 486 頁。

〔註 127〕《論三從》，張枬、王忍之編《辛亥革命前十年間時論選集》第 3 卷，前引書，第 487 頁。

〔註 128〕余英時《現代儒學的困境》，余英時著，傅傑編《論士衡史》，前引書，第

建帝制的崩潰以及其相應的儒家建制、禮制開始了被迫解體的歷程，從漢武帝以來一直統治中國思想的儒家「經學時代」失去了建制性憑藉，孔子、儒學、儒家思想的地位岌岌可危，尊孔讀經此時成了一個所有試圖發言的人必須面對並回答的「問題」。由不容置疑、先天存在而成爲一個「問題」，這本身就意味著這樣一個事實：清朝以前的反孔細流，經由國勢的陵夷而起的危機的激發，在晚清漸漸成長、匯合爲一條宏闊的河流，而且，隨帝制的倒塌而由暗入明，反孔的潛流成爲一條明流，汩汩流淌。教育系統內開始的「毀孔子廟罷其祀」，就是其中值得重視的一個關鍵性情節。因爲，儘管儒家思想的建制「包括國家組織、教育系統以至家族制度等」，但教育系統無疑是其中最爲重要的一個思想建制渠道。「儒家與有組織的宗教不同，它的思想傳播中心不是教會組織而是各級的公私學校，而中國傳統的教育則又直接與科舉制度連成一體。1905 年科舉的廢止是儒家建制解體的一個最早的信號，其事尚在辛亥革命之前。」〔註 129〕而民初〔註 130〕教育系統內反孔思潮的湧動，促成了儒家建制的進一步解體。

一、「毀孔子廟罷其祀」：蔡元培與反孔

「毀孔子廟罷其祀」是北大人仿「柏梁臺」做聯句，分詠新舊人物時，用以評價蔡元培的一句詩，周作人評價說它「能得要領」。所謂「毀孔子廟罷其祀」，指的就是蔡元培在民國元年任南京臨時政府教育總長時所做的兩件大事：「首先即停止祭孔，其次是北京大學廢去經科，正式定名爲文科」，這兩件事「在中國的影響極大，是絕不可估計得太低的。」〔註 131〕本文用這句話來指稱以蔡元培爲中心的現代教育家們在民國初建時所作出的反孔的努力。

（一）廢止讀經與廢除經科

早在洋務運動時期，教育改革就已經得到部分實施，如開辦新式學堂、

151 頁。

〔註 129〕余英時《現代儒學的困境》，余英時著，傅傑編《論士衡史》，前引書，第 151 頁。

〔註 130〕此處所謂的「民初」指的是 1912 年 1 月蔡元培走馬上任，並以教育部名義頒發《普通教育暫行辦法》（1912 年 1 月 19 日）到二次革命失敗前公佈《實業學校規程》（1913 年 8 月 4 日）這段時間，前後不過一半年光景。

〔註 131〕周作人著，止庵校訂《知堂回想錄》（下），河北教育出版社，2002 年，第 379 頁。

派遣留學生、改革科舉制度等等；在戊戌維新前，維新派就廣設報館、建學會、辦學堂、譯西書，而且促成了京師大學堂的創立，並諭令各省廣設學堂，提倡西學，廢除八股、改試策論，詔舉經濟特科，推動了教育改革的進一步進行；「庚子國變」導致的內外交困，終於使慈禧太后爲首的晚清政府，以較爲主動的姿態，在 1901 年 1 月 29 日頒佈了「新政」上諭，其中說：「世有萬古不易之常經，無一成不變之治法。窮變通久，見於《大易》；損益可知，著於《論語》。蓋不易者三綱五常，昭然如日星之照世。而可變者令甲令乙，不妨如琴瑟之改弦。……懿訓以爲取外國之長，乃可補中國之短；懲前事之失，乃可作後事之師。……今者，恭承慈命，一意振興，嚴禁新舊之名，渾融中外之迹。」〔註 132〕這份上諭雖然仍然將三綱五常作爲不易之常經，但它已經將中體西用的模式進一步肯定下來，在實踐層面，則有廢除科舉制度、頒佈學堂章程、改革教育行政、地方興學、改革課程與教學，以及發起留學運動等重要舉措，所以是推進教育改革的非常重要的一步。

但誠如一位學者所說：「無論洋務運動的西文西藝教育，維新運動的西政教育，還是清末新政的廢除科舉、訂立章程，其改革的主導思想都沒有超出『中體西用』的原則範圍。若以『學而優則仕』和『以德主教』來概括中國傳統教育的精神，那麼，可以說，到蔡元培執掌民國教育部之前，中國教育的現實仍然沒有擺脫骨子裏的舊精神，新的教育精神一直沒能在中國生根。一種基於全新精神的教育改革，歷史地落在了民國初年以蔡元培爲首的現代教育家的身上。」〔註 133〕

蔡元培於 1912 年 1 月 9 日出任中華民國臨時政府的教育總長，1912 年 4 月正式就任中華民國北洋政府的教育總長，並於該年 7 月正式辭職，換句話說，蔡元培僅僅在位半年時間，而且這期間政局還變動不居，他的現代教育理想在這期間提出並得以部分實現，乃是一個奇迹。

蔡元培任教育總長時，剛從歐洲歸國，他去請蔣維喬「相助爲理」，而蔣維喬也「以國家之事，非異人任，重以舊友情誼，慨然允之。」在蔣維喬的建議下，他們決定「先行草擬民國學制，一面頒發通令，於舊制之牴觸國體

〔註 132〕故宮博物院明清檔案部編《義和團檔案史料》（下），中華書局，1959 年，第 914～915 頁。

〔註 133〕熊春文《實質民主與形式自由——對蔡元培民初教育思想的一種知識社會學解讀》，《社會學研究》2006 年第 1 期，第 92 頁。

者去之，不牴觸者仍之，以維持現狀」。隨後，蔣維喬「於未進教育部前，在商務印書館編譯所，與高夢旦、陸費逵、莊俞等計議，草定普通教育暫行辦法通令，計一十四條。」然後，蔣維喬就攜帶著這份稿子，與蔡元培以及一個會計員一起，到達南京，借了三間房屋爲辦公地點，組織起了教育部。而蔣維喬所攜帶的稿子，即是《普通教育暫行辦法》。在 1 月 19 日公佈這個暫行辦法之後，「此區區十四條通令，革除前清學制之弊，開新學制之紀元，於全國教育停頓，辦法紛歧之時，賴此通令，得以維持，其影響實非淺鮮。」〔註 134〕同時公佈的還有《普通教育暫行課程標準》十一條。

《普通教育暫行辦法》和《普通教育暫行課程標準》〔註 135〕的頒佈，無異於石破天驚，在當時引起了巨大反響。《普通教育暫行辦法》的第八條即是「小學讀經科，一律廢止。」這就宣佈了讀經的非法性。與此相應，該辦法的第六條是「凡各種教科書，務合乎共和民國宗旨。清學部頒行之教科書，一律禁用。」第七條是「凡民間通行之教科書，其中如有尊崇滿清朝廷，及舊時管制、軍制等課，並避諱，擡頭字樣，應由該書局自行修改，呈送樣本於本部，及本省民政司、教育總會存查。如學校教員遇有教科書中不合共和宗旨者，可隨時刪改，亦可指出，呈請民政司或教育會，通知該書局改正。」也就是說，該辦法還將與共和民國宗旨不相吻合的教科書或者教科書中的相應部分剔除在小學讀者的視線之外，這就阻斷了經學傳播的渠道。而其第十四條中有「舊時獎勵出身，一律廢止」的說明，進一步斬斷了廢科舉留下的後遺症，使得普通學校（初級高級小學、中學、師範學校）成爲養成健全人格的國民之所，而不是爲科舉準備後續人才，或爲他們長大後陞官發財做好準備之所。此外，該辦法的第四條規定，「初等小學校，可以男女同校。」〔註 136〕這打破了前此的界限，使女性也有了受小學教育的權利，在中國教育史上，這是破天荒的一件大事。

〔註 134〕蔣維喬《民元以來學制之改革》，陳學恂主編《中國近代教育史教學參考資料》（中），人民教育出版社，1987 年 3 月第 1 版，1988 年 2 月第 1 次印刷，第 164 頁。

〔註 135〕《普通教育暫行辦法》和《普通教育暫行課程標準》在被人提及時常出現錯誤，《普通教育暫行辦法》常被誤爲《普遍教育暫行辦法》或者《普遍教育暫行條例》，《普通教育暫行課程標準》則常被誤爲《普遍教育暫行課程標準》。

〔註 136〕以上引文見《教育部電各省頒發普通教育暫行辦法》，陳學恂主編《中國近代教育史教學參考資料》（中），前引書，第 166～167 頁。

相應製定的《普通教育暫行課程標準》11 條，具體規定了小學、中學、師範的課程標準。從課程設置來看，初等小學校之學科目爲修身、圖文、算術、遊戲、體操；高等小學校之學科目爲修身、因文、算術、中華歷史地理、博物理化、圖畫、手工、體操（兼遊戲）；中學校之學科目爲修身、國文、外國語、歷史、地理、數學、博物、理化、圖畫、手工、法制、經濟、音樂、體操。女子加家政、裁縫；師範學校（即舊制之初級師範學堂）之學科目爲修身、教育、國文、外國語、歷史、地理、數學、博物、理比、法制、經濟、習字、圖畫、手工、音樂、體操。可見，在以前的課程表中佔據非常重要的地位的「修身」，現在僅僅是眾多課程中的一門。此外，初等小學四學年的修身課每周均爲 2 學時，分別占各周總學時的 2/25、2/25、1/14、1/14；高等小學四學年的修身課每周均爲 2 學時，均只占各周總學時的 1/15；中學校四學年的修身課每周均爲 1 學時，均只占各周總學時的 1/32；師範學校四學年的修身課每周均爲 1 學時，分別占各周總學時的 1/33、1/33、1/34、1/34——「修身」課的課時隨著教育層次的提升而減少。而且，從「修身」課的具體安排來看，初等小學重在道德要旨，注重學校家庭社會以及國家之事的教育；高等小學重在道德要旨及國民義務方面；中學校和初級師範學院均重在道德要旨以及倫理學方面，可見，傳統的經學已經從「修身」課中退出。這樣的革命，是「進步的中國人反對他們自己儒家過時的、特別是僵化的、腐朽的思想方式和社會實踐，認爲是現代化的障礙，國家生存的威脅」〔註 137〕的體現。

「廢止讀經」主要針對普通教育。在 1912 年和 1913 年頒佈的一系列各級各類學校令，如《小學校令》和《中學校令》（9 月 18 日）、《師範教育令》（9 月 29 日）、《專門學校令》（10 月 22 日）、《實業學校令》（1913 年 8 月 4 日）等中，均看不到要求學生「讀經」的相關規定。與此相應，在針對高等教育的《大學令》（10 月 24 日公佈）中，教育部正式規定「大學分爲文科、理科、法科、商科、醫科、農科、工科」〔註 138〕，取消了經科。事實上，在蔡元培於 1912 年 5 月回答記者的問題：「執事對於吾國經、史舊學，主張保全歟？」時，他的回答是：「舊學自應保全。惟經學不另立爲一科，如《詩經》

〔註 137〕〔美〕任達《新政革命與日本：中國，1898~1912》，前引書，第 144 頁。
〔註 138〕教育部《大學令》，陳學恂主編《中國近代教育史教學參考資料》（中），前引書，第 198 頁。

應歸入文科，《尚書》、《左傳》應歸入史科也。」〔註 139〕由此已可見他取消經科的決心。到了正式公佈《大學令》時，教育部就正式宣佈取消經科。並且，在蔡元培看來，「大學以教授高深學術、養成碩學閎材、應國家需要爲宗旨。」〔註 140〕「大學爲研究學術之蘊奧」〔註 141〕，故而，將原來與經科密切相關的通儒院改爲「大學院」，也就是後來的研究院〔註 142〕，以利於人才做專門的、深入的研究。取消經科和改通儒院，這在中國高等教育史上的地位和影響，「可以用驚天動地去形容」。因爲「經學是傳統中國千多年來培育官僚和士人的最高政治原則和最根本的社會倫理的根據。現在在最高學府斷然予以取消，這是近代中國打破傳統意識形態桎梏的開山闢地的行動，這也是北京大學邁向近代教育的關鍵。」〔註 143〕

《大學令》等各級各類學校令的公佈，進一步修正了中央教育會議召開後頒佈的學制系統，綜合起來構成了壬子癸丑學制。「這個學制可算本期的中心學制，並且一直行到十年以後。其後雖小學校於民國四年經一次改造，大學於民國六年經一次修訂，但於壬子癸丑學制的根本上無有什麼影響。」〔註 144〕我們知道，在壬子癸丑學制之前，我國新學校系統的構建已經開始。但無論是基於清末壬寅年公佈的「大學堂章程」與「高等中小學堂章程」的「壬寅學制」，還是基於光緒二十九年癸卯頒佈的「奏定學堂章程」的「癸卯

〔註 139〕見《教育雜誌》4 卷 2 號（1912 年 5 月 10 日）「記事」欄，此據蔡元培《在北京任教育總長與記者談話》，沈善洪主編《蔡元培選集》（上），前引書，第 402 頁。

〔註 140〕教育部《大學令》，陳學恂主編《中國近代教育史教學參考資料》（中），前引書，第 198 頁。

〔註 141〕教育部《大學令》，陳學恂主編《中國近代教育史教學參考資料》（中），前引書，第 198 頁。

〔註 142〕關於大學院的設立，除了民初的規定之外，1927 年 6 月，蔡元培提交了《提議設立大學院案》，經國民黨中央政治會議第 105 次會議議決通過，任命蔡元培爲大學院院長。1928 年 2 月 18 日，大學院還發有廢止春秋祀孔舊典的通令，其中說，「孔子生於周代，布衣講學，其人格學問，自爲後世所推崇。惟因尊王忠君一點，歷代專制帝王，資爲師表，祀乙太牢，用以牢籠士子，實與現代思想自由原則及本黨主義，大相悖謬。若不亟行廢止，何足以昭示國民。……著將春秋祀孔舊典，一律廢止。」（沈善洪主編《蔡元培選集》（上），前引書，第 636 頁）

〔註 143〕陳萬雄《五四新文化的源流》，生活·讀書·新知三聯書店，1997 年，第 26 頁。

〔註 144〕舒新城編《中國近代教育史資料》（上），人民教育出版社，1981 年 3 月第 2 版，1983 年 8 月第 8 次印刷，第 227 頁。

學制」，雖然二者名義上爲新學制，但其新中帶舊，強調尊孔讀經、忠孝爲本以及對婦女受教育權的蔑視〔註 145〕，就是其濃厚的封建性的體現，而且，這些學制的設置不盡合理〔註 146〕。相較於「壬寅學制」與「癸卯學制」，由蔡元培先生主持改革並得以施行的壬子學制〔註 147〕，具有鮮明的反封建色彩，其中，對尊孔讀經的直接取締就是最具有革命性意義的一端，緊接著公佈的各級各類學校令，修正了壬子學制中的不合理部分，而將其反封建色彩保留下來，故而所形成的「壬子癸丑學制」，在中國近代教育史上具有非同小可的意義。以此爲基礎的中國近現代教育史上，經學、經科的地位再也不可能如曾經那樣，巍然成爲宰制一切教育的核心。

（二）教育宗旨的變更

晚清新政革命中，以廢科舉、興學堂爲標誌的教育是非常重要的一方面，可以說，它們標誌著晚清朝廷在「時事多艱」的境況下認識到了朝廷的當務之急在於「興學育才」〔註 148〕，並製定了一系列新章程，新法令。但細考這段時間頒佈的相關教育法規，可以發現的是，這一時期的教育宗旨並沒有放棄「中國傳統教育『以德主教』精神的統治地位」〔註 149〕。在《重訂學

〔註 145〕張百熙、榮慶、張之洞在《學務綱要》中說，「惟中西禮俗不同，不便設立女學及女師範學堂。」（見陳學恂主編《中國近代教育史教學參考資料》（上），人民教育出版社，1986 年 7 月第 1 版，1987 年 6 月第 1 次印刷，第 534 頁）而 1902 年公佈的《學校系統表（一）》中，沒有女子教育的位置，1904 年公佈的《學校系統表（二）》中，「女子教育僅包括於家庭教育中」（前引書，第 563 頁）。

〔註 146〕蔣維喬曾在《清末學制之草創》中詳細分析了壬寅學制與癸卯學制，認爲二者各有所長，亦各有所短，他說「總之，此兩項章程，皆年限過長。而其科目，又以舊時之經史子集等，皆勉強納入其中，與各科學並列。而小學讀經，既不易瞭解，且從前專讀《四書》、《五經》，亦近十年方可畢事，今責令與各科同時並進，勢所不能。故行之數年，爲學界詬病。修改學制之呼聲大起」（見陳學恂主編《中國近代教育史教學參考資料》（上），前引書，第 559 頁）。1912 年 3 月，教育部在《擬議學校系統草案》中說「清季學制，窒礙難行」，並指出了畢業期限過長等「亟宜注意者」五端（見陳學恂主編《中國近代教育史教學參考資料》（中），前引書，第 179 頁）。

〔註 147〕蔡元培任民國臨時政府的教育總長後，深知前此學制之弊，上任伊始即著手予以改革。1912 年 5 月間，公佈「普通教育暫行辦法」與「普通教育暫行課程標準」。七月十日至八月十日教育部召集「臨時教育會議」，加以討論。九月，公佈了新的學校系統，此即壬子學制。

〔註 148〕張百熙、榮慶、張之洞《重訂學堂章程折》，陳學恂主編《中國近代教育史教學參考資料》（上），前引書，第 531 頁。

〔註 149〕熊春文《實質民主與形式自由——對蔡元培民初教育思想的一種知識社會學

堂章程折》(1904)中，張之洞、榮慶、張百熙認定的「無論何等學堂」的「立學宗旨」，均是「忠孝爲本，以中國經史之學爲基，俾學生心術壹歸於純正」，而後才是「以西學瀹其智識，練其藝能，務期他日成材，各適實用，以仰副國家造就通才，慎防流弊之意」〔註 150〕。可見，中國經史之學中的「忠孝」依然是清末新政教育的根本。在同期頒佈的《學務綱要》中說，「此次遵旨修改各學堂章程，以忠孝爲敷教之本，以禮法爲訓俗之方」，再次申明了忠孝、禮法在教育章程中的靈魂地位。該綱要中，有如下文字：「京外大小文武各學堂，均應欽遵諭旨，以端正趨向、造就通才爲宗旨」，「端正趨向」優於「造就通才」，而這正與其隨後的闡釋中「德」被列於「德行道藝」之首相通。至於《學務綱要》所說的「從幼童入初等小學堂始，爲教員者，於講授功課時，務須隨時指導，曉之以尊親之義，納之於規矩之中，一切邪說詖詞，嚴拒力斥，使學生……均上知愛國，下足立身，始不負朝廷興學之意」，正是對學堂應以教導學生忠於君，孝於親爲本的最佳闡釋。

忠孝與讀經猶如一枚硬幣的兩面。《學務綱要》的第一條規定了「端正趨向，造就通才」爲各學堂的宗旨，第三條規定各學堂應俱照新章，而所謂的新章，就是「以忠孝爲敷教之本，以禮法爲訓俗之方，以練習藝能爲致用治生之具」，到了第九條，綱要明文規定「中小學堂，宜注重讀經，以存聖教。」認爲「中國之經書，即是中國之宗教。若學堂不讀經書，則是堯舜禹湯文武周公孔子之道，所謂三綱五常者，盡行廢絕，中國必不能立國矣。」規定「無論學生將來所執何業，在學堂時，經書必宜誦讀講解。」以爲「若照此章程辦理，則學堂中決無一荒經之人，不惟聖經不至廢墜，且經學從此更可昌明矣。」爲此，《學務綱要》第十節闡發了「經學課程簡要，並不妨礙西學」，第十一條規定「學堂不得廢棄中國文辭，以便讀古來經籍」，第十二條則說「戒襲用外國無謂名詞，以存國文，端士風」，第十三條則規定「小學堂勿庸兼習洋文。」〔註 151〕

到了 1906 年 3 月 25 日，學部在《奏請宣示教育宗旨折》中說，「中國政教之所固有，而亟宜發明以距異說者有二：曰忠君，曰尊孔。中國民質之所

解讀》，《社會學研究》2006 年第 1 期，第 92 頁。

〔註 150〕張百熙、榮慶、張之洞《重訂學堂章程折》，陳學恂主編《中國近代教育史教學參考資料》(上)，前引書，第 529 頁。

〔註 151〕張百熙、榮慶、張之洞《重訂學堂章程折》，陳學恂主編《中國近代教育史教學參考資料》(上)，前引書，第 532～539 頁。

最缺，而亟宜箴砭以圖振起者有三：曰尚公，曰尚武，曰尚實。」〔註 152〕上諭則認可了學部所奏的教育宗旨，認為「該部所陳忠君、尊孔與尚公、尚武、尚實五端，尚為扼要。」要求學部「即照所奏各節，通飭遵行。」〔註 153〕而在這五項宗旨中，前二者尤為本旨核心。由此可見，清末新政革命的教育雖有向近代化教育轉變的端倪，但此期的教育仍未真正面向近代化，並未掙脫封建性的束縛，它所遵循的依然是傳統的「以德主教」的教育精神。

民國建立，1912 年 3 月 11 日中華民國臨時參議院頒佈的《中華民國臨時約法》，否定了君主專制制度，以法律的方式剝離了儒學保障制度與儒學的關聯。「首次在制度上宣佈儒學作為國家指導思想的終結。」〔註 154〕而且，這種否定本身，就是對忠君思想釜底抽薪式的打擊：君已不在，何忠之有？換句話說，法律上的這一保障，將教育上的「忠君」宗旨的根基拆除，教育界的「忠君」思想由此失去了依憑。與此呼應，1912 年 2 月，蔡元培發表了《對於新教育之意見》〔註 155〕，對晚清欽定的教育宗旨進行了批判性繼承，他說：「滿清時代，有所謂欽定教育宗旨者，曰忠君，曰尊孔，曰尚公，曰尚武，曰尚實。忠君與共和政體不合，尊孔與信教自由相違（孔子之學術，與後世所謂儒教、孔教當分別論之。嗣後教育界何以處孔子，及何以處孔教，當特別討論之，茲不贅），可以不論。尚武，即軍國民主義也。尚實，即實利主義也。尚公，與吾所謂公民道德，其範圍或不免有廣狹之異，而要為同意。惟世界觀及美育，則為彼所不道，而鄙人尤所注重，故特疏通而證明之。」由此可知，蔡元培部分認可了尚武、尚實，而用軍國民主義、實利主義代之，並賦予其重視自然科學知識、發展資本主義經濟、抵抗強權的時代精神；部分認同了尚公，而用德育主義代之，「鄙人言人事，則必以道德為根

〔註 152〕學部《奏請宣示教育宗旨折》，陳學恂主編《中國近代教育史教學參考資料》（上），前引書，第 564～565 頁。

〔註 153〕學部《奏請宣示教育宗旨折》，陳學恂主編《中國近代教育史教學參考資料》（上），前引書，第 569 頁。

〔註 154〕張昭軍《傳統的張力——儒學思想與近代文化變革》，吉林人民出版社，2004 年，第 315 頁。

〔註 155〕蔡元培任民元教育總長後，發表此篇。先後刊載於《民立報》1912 年 2 月 8、9、10 日，《教育雜誌》3 卷 11 號（1912 年 2 月 10 日出版），《東方雜誌》8 卷 10 號（1912 年 4 月出版），並曾改題為《對於教育方針之意見》於 1912 年 2 月 11 日臨時政府的公報上刊出。1912 年 9 月，北京教育部公佈教育宗旨。（見《教育雜誌》4 卷 7 號「法令」欄，1912 年 10 月 10 日出版）

本」〔註 156〕，但這個道德的核心已是現代的自由、平等、博愛而非其他：「何謂公民道德？曰法蘭西之革命也，所標揭者，曰自由、平等、親愛。道德之要旨，盡於是矣」〔註 157〕；而對於欽定教育宗旨中最核心的忠君、尊孔兩條，他明確表示否定，主張廢除，而以「世界觀、美育」作爲新的兩項宗旨。對於尊孔的反抗，蔡元培曾說，「我素來不贊成董仲舒罷黜百家、獨尊孔氏的主張。清代教育宗旨有『尊孔』一款，已於民元在教育部宣佈教育方針時說他不合用了。」〔註 158〕「提出世界觀教育，就是哲學的課程，意在兼采周秦諸子、印度哲學及歐洲哲學以打破二千年來墨守孔學的舊習。」〔註 159〕1912 年 9 月 2 日教育部公佈的教育宗旨爲「注重道德教育，以實利教育、軍國民教育輔之，更以美感教育完成其道德。」〔註 160〕基本依據蔡的主張。

和清末學部所定的教育宗旨相比，民國臨時政府教育部所定的教育宗旨中也關注道德，但不同的是，清末新政教育改革要養成的國民的道德，是服從於清政府的利益的，是爲了鞏固其邦基，造就順民以實現繼續統治。光緒給張百熙、榮慶、張之洞等要其重訂學堂章程的上諭中就說「務期推行無弊，造就通才，俾朝廷收得人之效」〔註 161〕，在張等奏上《重訂學堂章程折》後，內閣奉上諭中就說：「務期教學相長，成德達材，體用兼賅，以備國家任使，有厚望焉」。〔註 162〕而民國初期的教育宗旨，卻是分層的。對於普通教育來說，教育宗旨是養成有健全道德的公民，在《教育部通電各省都督府籌辦社會教育》（1912 年 1 月 30 日）中，教育部希望各都督府先注重宣講社會教育，其宣講標準「應專注此次革新之事實，共和國民之權利義務，及尚武實

〔註 156〕蔡元培《在育德學校演說之述意》，沈善洪主編《蔡元培選集》（下），前引書，第 909 頁。

〔註 157〕蔡元培《對於新教育之意見》，沈善洪主編《蔡元培選集》（上），前引書，第 396 頁。

〔註 158〕蔡元培《我在北京大學的經歷》，沈善洪主編《蔡元培選集》（下），前引書，第 1332 頁。

〔註 159〕蔡元培《我在教育界的經驗》，沈善洪主編《蔡元培選集》（下卷），前引書，第 1353 頁。

〔註 160〕《教育部公佈教育宗旨令》，陳學恂主編《中國近代教育史教學參考資料》（中），前引書，第 178 頁。

〔註 161〕張百熙、榮慶、張之洞《重訂學堂章程折》，陳學恂主編《中國近代教育史教學參考資料》（上），前引書，第 529 頁。

〔註 162〕張百熙、榮慶、張之洞《重訂學堂章程折》，陳學恂主編《中國近代教育史教學參考資料》（上），前引書，第 531 頁。

業諸端，而尤注重公民之道德」〔註 163〕，就是重道德的體現。教育部公佈的《中學校令》的第一條，即是「中學校以完足普通教育、造成健全國民爲宗旨」〔註 164〕。而對專門教育來說，教育宗旨就在於培養專門的人才，這在《大學令》第一條中就有明確的揭示：「大學以教授高深學術、養成碩學閎材、應國家需要爲宗旨。」〔註 165〕無論是養成人格健全的國民，還是「碩學閎材」，民國伊始的教育都非常重視人的獨特個性的培養，重視人作爲獨立個體的存在的價值，而非某種體制的依附品、附庸。而這種獨立的人，是基於對忠君、尊孔的擺脫才能出現的。所以，蔡元培任教育總長時的教育，才眞正實現了向近代化的轉變，而這種轉變，以他及其他先行者們對孔教獨尊地位的反抗和對讀經的反駁爲風向標。換句話說，正是「毀孔子廟罷其祀」的努力，開啓了中國近代教育之門，使造就一批有反抗精神的，不盲目忠君、尊孔的「新青年」成爲可能。

二、共和初建時期的反孔：曇花一現

臨時政府教育部宣佈廢止讀經，反對忠君、尊孔之後，在民初引發了強烈的社會反響。有人如此描述教育部令頒行後的境況：「自南京教育部廢止講經讀經功令一頒，薄海從風，有適天憲。孔子之廢祀者有矣，孔廟之毀位者有矣。視學者改良校章，注重此點，掃穴犁庭，唯恐不盡。」〔註 166〕張爾田在其《余之孔教觀》中，提及了種種非聖無法的怪現狀：「廣東鍾榮光提議廢孔案；教育部沒收聖廟、學田案；華亭議會爭奪灑掃田畝案；沭陽議會搗毀孔廟牌位案；處州拆毀府學聖廟改建習藝所案；黃各建議江西議會請廢孔教案；香山秦榮章毀聖廟辦初級師專學校案；太倉議會改學署作義學案；長沙中學校校長縱容學生強佔明倫堂爲寄宿舍案。」〔註 167〕上海的姚明輝則驚呼：「明輝置身教育，於今十載……而不見孔子學校則自去年始，不與學生拜孔子，亦自去年始。去年何年？孔子誕生二千四百六十三年，即中華元年也。教育者相與謀，不奉孔，不拜孔。」〔註 168〕也就是說，廢止讀經、反對忠君

〔註 163〕陳學恂主編《中國近代教育史教學參考資料》（中），前引書，第 176 頁，另見《教育雜誌》3 卷 10 期，1912 年 1 月 10 日。
〔註 164〕陳學恂主編《中國近代教育史教學參考資料》（中），前引書，第 194 頁。
〔註 165〕陳學恂主編《中國近代教育史教學參考資料》（中），前引書，第 198 頁。
〔註 166〕《常子襄先生與本社商榷進行》，山西宗聖會《宗聖彙志》1 卷 2 號。
〔註 167〕張爾田《余之孔教觀》，《孔教會雜誌》1 卷 8 號。
〔註 168〕姚明輝《廢孔教育之大危》，《孔教會雜誌》1 卷 2 號。

尊孔已經讓一部分人開始了毀孔子廟罷其祀的實際行動，極大地撼動了孔教、經學在社會層面的地位。

但誠如一些論者關注到的，讀經尊孔依然有著強大的社會心理學基礎。從讀經方面來說，既有四川教育會的聯名上書要求恢復讀經，也有以讀經為宗旨的組織如「庚子拜經會」、信古傳習所、「經學會」以及各地大量的民間私塾的存在，甚至有因讀經問題而引發的風潮的出現〔註 169〕。從尊孔方面說，既有 1912 年 9 月北京教育部通電各省於孔子誕辰日舉行紀念會時「全國各地教育界及工商各界，港、澳僑胞，紛紛舉行慶祝活動，極為踴躍」等的情況，甚至有地方官員如四川程昌祺、廣東鍾榮光因採取廢孔廟措施而「觸犯眾怒並被抵制」者〔註 170〕。也就是說，反孔的施行困難重重，阻力巨大。

尊孔讀經依然有著強大的社會基礎。除了前述的普通民眾參與的尊孔讀經活動，「社會上出現了上海孔教會、北京孔社、濟南孔道會、太原宗聖會、揚州尊孔崇道會、青島尊孔文社、鎮江尊孔會等一大批捍衛尊孔讀經的文化保守社團，出現了《孔教會雜誌》、《不忍雜誌》、《中國學報》、《孔社雜誌》、《國學雜誌》、《國是雜誌》、《宗聖報》等大批鼓吹尊孔讀經的期刊」〔註 171〕，儘管這些學會、社團與期刊中的成員態度不盡一致，觀點不盡統一，但是，以康有為、陳煥章為首的孔教會的成立和袁世凱對尊孔讀經行為的默許甚至鼓勵〔註 172〕，毫無疑問使得尊孔讀經的「逆流」乘勢而上，加快了臨時政府教育改革主張這朵曇花凋謝的速度。

事實上，尊孔讀經的捲土重來，與袁世凱有著莫大的關聯。在清末教育史上，袁世凱曾因倡議廢除科舉制度、發展軍事教育、重視地方教育的實踐而具有積極意義，但在民初他出任中華民國大總統後，為了實現從開國總統到洪憲皇帝的轉變，他將孔教作為可資利用的工具，篡改民初教育宗旨，重

〔註 169〕參見韓華《民初廢除尊孔讀經及其社會反響》，《社會科學戰線》2006 年第 4 期，第 150～151 頁。

〔註 170〕參見韓華《民初廢除尊孔讀經及其社會反響》，《社會科學戰線》2006 年第 4 期，第 149～150 頁。

〔註 171〕田海林《辛亥革命後儒家文化的命運——對清末民初「尊孔讀經」問題的考察》，《山東師範大學學報（人文社會科學版）》2003 年第 2 期，第 89 頁。

〔註 172〕1912 年底，袁世凱領導下的教育部批准民初影響較大的孔教會的立案稱：「該會闡明孔教，力挽狂瀾，以憂時之念，為衛道之謀，苦心孤詣，殊堪嘉許。」（《孔教會立案之部批》，《孔教會雜誌》1 卷 1 號）

新將尊孔讀經提上議事日程，復辟封建文化教育，對廢止尊孔讀經進行了顛覆，使得民初的反孔高潮成爲一現的曇花。

但無論如何，尊孔讀經並不是像幾千年來那樣成爲定論，而是成了一個「問題」。廢止讀經、反對忠君尊孔的思想一旦在社會上播下了種子，遇到合適的土壤，就必然發芽、長大。這個合適的土壤，就是經由《河南》雜誌開其端、《甲寅》月刊雜誌爲中堅的反思陣地的出現，而醞釀出的對孔教思想進行深入反思的氛圍，最終，這種反抗在《新青年》雜誌上獲得發展壯大。從這個意義上說，民初教育領域「毀孔子廟罷其祀」的改革承繼著20世紀初年以來的反孔理路，而開啓了《河南》《甲寅》月刊雜誌直到《新青年》的反思路徑：這正是共和初建時期的這一改革在思想史上的意義所在。

第三節 「個人」與「自由」：兩個概念工具——圍繞《河南》與《甲寅》月刊的考察

「歷史不自今天始。新文化運動不過是近代中國思維變革過程的繼續和發展。推動這一波瀾壯闊的高潮湧現的決定性力量，是辛亥革命的勝利和失敗。」〔註173〕學者袁偉時作出的如是論斷，提醒我們考量近代中國思維變遷以及辛亥革命的勝利與失敗之於新文化運動的重要意義。如前節所述，辛亥革命的勝利促成了「毀孔子廟罷其祀」的反孔高潮的出現，而辛亥革命的失敗，則使「毀孔子廟罷其祀」的施行過程困難重重，並最終黯然凋落，成爲伺機才能再起的潛流。實際上，因爲辛亥革命的失敗，反孔變得非常艱難，而法律、禮儀、政體這三方面，都有復辟的趨勢，反孔和反復辟、反專制如此緊密地重新連接在一起，由此，推動了另一輪新的從思想文化層面反思中國傳統儒家思想弊端的潮流的出現，而這，正是五四新文化運動興起的重要因素。

仔細考察新文化運動與近代中國的思維變革過程時，一系列「概念工具」〔註174〕或曰「概念的範疇」〔註175〕——個人、自由、國民、科學、民主，等等——的承續是必然躍入我們視野的重要方面。

〔註173〕袁偉時編著《告別中世紀：五四文獻選粹與解讀》，前引書，第39頁。

〔註174〕王汎森《中國近代思想與學術的系譜》，前引書。

〔註175〕「概念的範疇」(conceptual categories)，余英時著，傅傑編《論士衡史》，前引書，第311頁。

已有論者指出，中國傳統文化中最重要的組成部分儒、道、釋中，都並不重視，甚至根本不存在現代意義上的「個人」，「在中國傳統的價值系統中，整體的社會和諧關係始終是儒家文化追求的目標，這裡缺乏對個人立場的認定，也沒有對個人意義的首肯；道家文化包含著對個人身體與精神自由的關懷，然而這樣的關懷卻是以人對於社會現實的退出爲前提，因而也完全缺少對個人社會權利與現實意義的思考，佛家文化對於『我執』的破除，對於『無我』的體認更使得現實生存意義的『個人』遭遇到了徹底的否定。」〔註 176〕「個人」這個概念本身「不具有『作爲權利主體的個人』和『社會組織的基本單位』之類的含義」，而古代所謂的「我」「吾」在傳統文化體系中首先是與其所屬的族群相聯繫的〔註 177〕。換句話說，中國傳統文化中存在對「個人」的類似表述，但是，這種論述體系中的「個人」與西方文化傳統中的「個人主義」以及「五四」時期高揚的「個性主義」，有著質的不同。

追溯西方意義上的「個人」概念的傳播、生根過程，我們首先會發現晚清以來龔自珍、譚嗣同、康有爲、嚴復、梁啓超等先覺者的努力：龔自珍「以對『自我』和『心力』的推崇，反撥了程朱理學對人的基本需求的徹底扭曲」〔註 178〕；譚嗣同在《仁學》中提出「沖決網羅」，開了後來者突破封建禮教束縛的先河；康有爲也展開了對三綱五常的批評，他甚至提出了「『人有自主之權』，甚至『人人獨立，人人平等，人人自主，人人不相侵犯』等見識」〔註 179〕；嚴復在 1903 年翻譯《群學肄言》時就關注到了「個人」，並用中國特有的「小己」代之，這和他翻譯 J. S. Mill 的 *On Liberty* 時用「群」與「己」來探討、界定「自由」存在密切關聯，換言之，「個人」這個「小己」，是在「大己」、「群」的背景之下存在的，這和中國傳統傳記寫作中，人們記敘傳主生平時常追述自己的族譜的行爲存在相通性，即，都未讓個人眞正從族群、國家的陰影之下脫離出來；梁啓超在 1901 年前後就曾思考過「獨立與合群」之間的關係，他主張「今日欲言獨立，當先言個人之獨立，乃能言全體之獨立」〔註 180〕；1902 年的《新民說》中，論及他眼中的權利思想：「人

〔註 176〕李怡《日本體驗與中國現代文學的發生》，北京大學出版社，2009 年，第 52 頁。
〔註 177〕參見李怡《日本體驗與中國現代文學的發生》，前引書，第 52 頁。
〔註 178〕李怡《日本體驗與中國現代文學的發生》，前引書，第 53 頁。
〔註 179〕李怡《日本體驗與中國現代文學的發生》，前引書，第 53 頁。
〔註 180〕梁啓超《十種德性相反相成義》，張品興主編《梁啓超全集》第 1 冊，前引書，

人對於人而有當盡之責任，人人對於我而有當盡之責任。對人而不盡責任者，謂之間接以害群；對我而不盡責任者，謂之直接以害群。」〔註 181〕這是一種全新的權利思想。同年，他在發表的《進化論革命者頡德之學說》中，介紹尼采（尼至埃）的思想，「有『個人主義』的概括，與西方思想動向緊密聯繫的新的『個人』含義就此誕生了」〔註 182〕。可以說，梁啓超之於「個人主義」概念及其西方化含蘊的誕生，具有非同小可的意義。他對個人主義的提倡，和他對盧梭、孟德斯鳩、達爾文等人的學說的宣傳一起，承接著《時務報》時期他對廢科舉的呼籲而來〔註 183〕，而將「天賦人權，生而平等之說，置諸蒙昧無知中國人的面前，有若盲者見光明。」〔註 184〕「今日欲言獨立，當先言個人之獨立，乃能言全體之獨立」，「蓋西國政治之基礎在於民權，而民權之鞏固由於國民競爭權力寸步不肯稍讓。即以人人不拔一毫之心，以自利者利天下。觀於此，然後知中國人號稱利己心重者，實則非眞利己也。苟其眞利己，何以他人剝奪己之權利，握制己之生命，而恬然安之，恬然讓之，曾不以爲意也」〔註 185〕等等，就是梁啓超關於「個人主義」的典型言說。

但是，只有到了五四時期，「眞正的個人問題才出現」〔註 186〕。「『五四』以來新價值儘管名目繁多，但從根源上說，都可以歸係到一個中心價值上，即個人的自作主宰；這是從譚嗣同、梁啓超，到蔡元培、早期的魯迅（如《文化偏至論》）和陳獨秀、胡適等所共同提倡的。」〔註 187〕這就意味著，眞正現代意義上的「個人」概念是五四新文化運動尤其注重的價值所在，而這個概

第 428 頁。

〔註 181〕梁啓超《新民說》，張品興主編《梁啓超全集》第 2 冊，前引書，第 671 頁。

〔註 182〕李怡《日本體驗與中國現代文學的發生》，前引書，第 56 頁。

〔註 183〕在《變法通議》中，梁啓超主張以學校代科舉，要求婦女有受教育的機會。他認爲中國人受科舉束縛千餘年，婦女向無地位，若能變廢科舉，男女地位平等，自由思想，權力思想，即可不期然而產生。參見張朋園《梁啓超與清季革命》，前引書，第 214 頁。

〔註 184〕張朋園《梁啓超與清季革命》，前引書，第 215 頁。

〔註 185〕梁啓超《十種德性相反相成義》，張品興主編《梁啓超全集》第 1 冊，前引書，第 428、431 頁。

〔註 186〕余英時《中國近代個人觀的改變》，余英時《中國知識份子論》，前引書，第 149 頁。

〔註 187〕余英時《「五四「領袖的群體意識》，寫於 1993 年，余英時著，傅傑編《論士衡史》，前引書，第 317 頁。

念，是經由戊戌的譚、梁到辛亥前後的蔡、魯，直到新文化運動時期的陳、胡，才終於在新知識份子中生下了根的。

和「個人」一樣，「自由」也經由戊戌到辛亥到新文化運動時期，而日漸成爲新型的價值概念，植入新知識份子的知識體系之中。嚴復曾說：「彼西人之言曰：唯天生民，各具賦界，得自由者乃爲全受。故人人各得自由，國國各得自由」〔註 188〕，「故今日之治，莫貴乎崇尚自由。」〔註 189〕梁啓超也指出：「自由者，天下之公理，人生之要具，無往而不適用者也。」〔註 190〕「自由者，權利之表徵也。……自由者亦精神界之生命也。……故今日欲救精神界之中國，捨自由美德外，其道無由。」〔註 191〕但和他們對「個人」的看法是功利主義的一樣，他們也並未眞正覓得「自由」的神髓，即將之作爲價值本體，而是將之作爲富國強民的一種手段。就像在群、己衝突時他們會放棄己而皈依於群的價值體系一樣，在自由與專制發生劇烈衝突，不可調和之時，他們也會呼籲專制而放棄對自由的堅持。

無論如何，「個人」「自由」這兩個概念在清末民初的知識份子中得到了越來越多的支持者。這個日漸普及的過程，當然離不開西方近現代文化的滲入。但是，我們不能將西方文化的影響放在過於重要的地位上。李怡先生就曾指出，考察「個人」等新思想和新語彙的出現，必須關注到中國傳統的主流倫理步入它的「末法」時期這個背景，或者說，必須注意到「古老價值體系的皸裂與外來文化的滲透都在發生」〔註 192〕這一事實。我們與其將這一切都歸於西方近現代文化之功，不如說，是那一批心懷憂患的知識份子在異域的文化、政治、社會等語境中，發現了西方近現代文化這個異質性存在，並借用西方近現代文化中的一些關鍵性的、中國缺失的概念，來觀照中國錮弊叢生的文化肌體，從而進行思想變革的醞釀。他們的思考本身，是從中國現實出發，蓄積了他們的時代體驗和生命體驗，而這樣借用概念工具，其目的也在於解決中國自身的思想文化問題〔註 193〕。從此出發，我們會發現，這批

〔註 188〕王栻編《嚴復集》第 1 冊，前引書，第 3 頁。

〔註 189〕王栻編《嚴復集》第 4 冊，中華書局，1986 年，第 1082 頁。

〔註 190〕梁啓超《新民說》，張品興主編《梁啓超全集》第 2 冊，前引書，第 675 頁。

〔註 191〕梁啓超《十種德性相反相成義》，張品興主編《梁啓超全集》第 1 冊，前引書，第 429 頁。

〔註 192〕李怡《日本體驗與中國現代文學的發生》，前引書，第 53 頁。

〔註 193〕李怡先生在其論著中關注到了改良派梁啓超、革命派孫中山以及章太炎、魯迅等人推崇「個人」的差異。他認爲，在前者那裏，「個人」沒有成爲「主義」，

知識份子由於自己的前期體驗和思考並不一致，所以在借用這個概念工具來進行宣傳或者啓蒙時，並不是眾口一聲，而是在服膺於思想應破壞、革新的大目標之下，演奏了一曲交響樂。

在這個意義上，我們關注到了《河南》雜誌在辛亥前的反孔思潮中的獨特地位，以及《甲寅》月刊在其思想建構過程中對孔教的獨特批評方式。

一、《河南》雜誌：文明之導線

（一）

在一定意義上，留日學生在日本這個異域創辦憂患意識下對國勢及個人進行觀照的雜誌的重要性，是怎麼高估都不會過分的，因爲正是經由他們的努力，「西學」得以通過「東學」傳入中國知識份子中，並且主要地開啓了從日本近乎貪婪地吸吮西方近代思想文化的潮流。

1907 年 12 月創刊於日本東京的《河南》雜誌，與在其前後出現於日本的《湖北學生界》（後改名《漢聲》）、《直說》、《浙江潮》、《游學譯編》、《江蘇》、《鵑聲》、《雲南》、《洞庭波》、《豫報》、《秦隴報》、《關隴》、《夏聲》、《晉乘》、《粵西》、《四川》、《江西》等留日學生創辦的雜誌一樣，有著「短命」的結局。但和《江蘇》、《雲南》等等雜誌不同的是，《河南》在中國現代文學、思想、文化史的研究中，卻被研究者屢屢提及，有人認爲這是因了周氏兄弟和蘇曼殊的原因，並據此認爲這份雜誌「眞乃幸運」〔註 194〕。我們不排除這種論斷的合理性，但《河南》雜誌本身在當年留日學生所辦雜誌中就已經顯得卓犖不群。或許，探究其在留日學生後期所創辦的雜誌中「大放異彩」，成爲「首屈一指」〔註 195〕者的原因，不無必要。

我們知道，1903 年發生的「拒俄事件」，在近代中日文化交流史上具有重要地位。正是這一事件，使清政府意識到必須加強對留學生的管理和約束，

而只是實現國家民族整體目標的一種途徑，只是手段而非目的，因而更多地是從政治哲學的意義上來談論「個人」的，但在後者那裏，尤其是 1906 年出獄後東渡日本的章太炎及其此期受學於他的早年魯迅那裏，卻擺脫了急於用事的功利主義需要，而能從個人生命體驗出發，強調個人之自主的重要意義，從而更具有了哲學本體論色彩。參見李怡《日本體驗與中國現代文學的發生》，前引書，第 57～61 頁。

〔註 194〕黄軼《有關〈河南〉幾個問題的辨證》，《中國現代文學研究叢刊》2006 年第 5 期，第 303 頁。

〔註 195〕馮自由《革命逸史》（中），新星出版社，2009 年，第 568 頁。

於是頒佈了《約束游學生章程》，到了 1905 年 11 月，日本政府就公佈了《關於許清國人入學之公私立學校之規程》，讓不合符標準的學校，收緊學生註冊及入讀的條件，這就給清末留日思潮裏挾下激進的學生們，設置了巨大的障礙。清政府隨之修改了章程。再後，滿清政府命令駐日公使與日本文部省交涉，發佈了管理留學生規則，其中條文多涉及限制學生開會、束縛學生自由等。留日學生們將之稱爲取締規則，於是他們號召全面罷課並大規模組織回國，有的則主張在國內辦學，這就導致了留日學生人數在 1906 年開始的鋭減。與此相關，一些刊物也因爲經濟、人事、日本政府干涉等原因而紛紛停刊，加上《湖北學生界》、《浙江潮》、《江蘇》、《游學譯編》等早就停刊，1907 年留日學生發表文章的陣地必須重新開拓才行。此外，1906 年章太炎主持的《民報》與梁啓超主持的《新民叢報》就革命還是改良問題進行了一系列針鋒相對的論爭，這直接促成了《河南》的誕生。陳伯昂就回憶說：「我們在東京都參加支援《民報》筆戰，並由河南留日同學湊集和勸募薄資，先出《豫報》期刊，以助《民報》聲威，次創《河南》雜誌，劉群士爲總編輯」〔註 196〕。事實上，《豫報》由於編輯人員、撰稿人成分的複雜而具有大拼盤似的思想構成，有人說，「社員中有主張君憲者，同盟會員鼓吹革命之文字時受干涉」〔註 197〕，於是在第 4 期出版完後，同盟會河南分會決定另辦刊物《河南》。由於得到了河南富孀劉青霞的資助，同盟會河南分會很快就組織好了張鍾端任總經理，劉積學任總編輯的隊伍〔註 198〕，於 1907 年 12 月出版了該雜誌的

〔註 196〕陳伯昂《辛亥革命前後回憶片斷》，中國人民政治協商會議河南省委員會文史資料研究委員會編《河南文史資料選輯》第 6 輯，河南人民出版社，1981 年，第 13 頁。「群士」是劉積學的號。見李靜之《劉積學傳略》，《河南文史資料選輯》第 6 輯，第 108 頁。夏一圖在《劉積學事迹片段》中又說「群士」是劉積學的字。見同書，第 116 頁。

〔註 197〕馮自由《革命逸史》（中），新星出版社，2009 年，第 567 頁。

〔註 198〕《魯迅全集》第 1 卷（人民文學出版社，2005 年）《墳・題記》關於《河南》的注釋中說：「程克、孫竹丹等主編。發行人署名武人，總編輯劉熾等。1909 年 12 月出至第九期被禁。」這段話中關於主編、總編及被禁日期的說法均有誤。關於主編是否有程克，張絳在其《〈河南〉雜誌簡介》（《河南文史資料選輯》第 6 輯，前引書）及其《試論辛亥革命前的〈河南〉雜誌》（《史學月刊》1981 年第 5 期）中有過較爲詳細精審的辨析，此采其說，認爲程克不是主編之一。孫竹丹在該刊物中是否爲主編，其具體作用爲何，尚需更詳細的資料與分析。「總編輯劉熾等」的說法明顯有誤，已有研究確切地指出，總編輯爲劉積學一人，而非劉熾等人。相關研究成果，可見諸近年發表的關於《河南》雜誌的期刊文章，如黃軼《關於〈河南〉幾個問題的辨證》（《中國現代文學

第一期。正是這份雜誌，在《民報》停刊後仍堅持了較長時間，而能繼續堅持《民報》的革命主張，成爲孫中山等革命黨宣傳其民族民主革命的重要陣地。由此而在留日學生界乃至國內，產生了巨大的社會反響：「此報鼓吹民族民權二主義，鴻文偉論足與《民報》相伯仲。時《湖北學生界》、《浙江潮》、《江蘇》、《湖南游學譯編》等月刊停刊已久，留學界以自省名義發行雜誌而大放異彩者，是報實爲首屈一指。出版未久，即已風行海內外，每期銷流數千份。」〔註 199〕張縫則說：「《河南》雜誌的出版，在國內外引起巨大的反響。銷售量日增，甚至第三期出版後，很快售完，不得不再版發行，當時實爲罕見。」〔註 200〕「在各省留日學生出版之進步刊物中，持論最爲激烈，內地銷行亦最廣。」〔註 201〕

可見，正是 1907 年前後留日學生所處的時代境遇造就了《河南》的誕生和發行後的輝煌。

（二）

創刊伊始，《河南》雜誌就並非只有單一的關於革命的理論主張。其辦刊的雙重指向，早在《豫報》第四、五號上刊登的出版廣告中就有體現：

> 登嵩峰而四顧：京漢鐵路攖於俄，直貫乎吾豫腹心；懷慶礦產攘於英，早據夫吾豫吭背。各國垂涎而冀分杯羹者，復聯袂而來，集視線於中心點。生命財產之源將盡於一網，牛馬奴隸之辱，誰鑒夫前車？同人憂焉！爲組斯報，月出一冊，排脱依賴性質，激發愛國天良，作酣夢之警鐘，爲文明之導線。對本省勵自治自立之責，對各省盡相友相助之義，將次出版，盍速來購。

誠如我們由這則廣告中所讀出的，《河南》雜誌社的同人們創辦該刊的緣起涵括兩個方面：一、垂涎於河南財產的各國聯袂而來，冀圖將河南財產瓜

研究叢刊》2006 年第 5 期），也見諸於劉積學、陳伯昂、劉青霞等人的傳記、自敘材料，見《河南文史資料選輯》第 6 輯等。另外，《河南》停刊的時間不是注釋所說的 1909 年 12 月，也不是出至第 9 期就被禁了。第 9 期出版的時間是 1908 年 12 月 20 日，這一期的出版與發行是比較順利的。其被禁止，是第 10 期出版時候的事。參見張縫的前述兩文，另見張濟民《張鍾端傳略》，《河南文史資料選輯》第 6 輯，第 98 頁。

〔註 199〕馮自由《革命逸史》（中），前引書，第 567～568 頁。

〔註 200〕張縫《〈河南〉雜誌簡介》，《河南文史資料選輯》第 6 輯，前引書，第 220～221 頁。

〔註 201〕張濟民《張鍾端傳略》，《河南文史資料選輯》第 6 輯，前引書，第 97 頁。

分乾淨的嚴重政治形勢；二、河南人民「生命」將受列強們威脅，河南人民將受「牛馬奴隸之辱」的嚴重文化形勢。與此相應，《河南》雜誌的目標一方面是「作酣夢之警鐘」，著重於愛國方面；另一方面則是「爲文明之導線」，著重於思想文化方面：二者的最終落腳點，在於人的覺醒。

事實上，仔細閱讀《河南》面世的九期刊物，我們能鮮明地發現上述兩個向度的同樣豐富的展開。

對於前者，張絳先生已以「鮮明的資產階級革命立場」進行了界定，並選取《平民的國家》（鴻飛著，第 1 期）、《警告同胞勿受要求立憲者之毒論》（不白著，第 4 期）等文，從「尖銳地批判封建君主制度，主張建立平民的國家」、「揭露清王朝和立憲派所玩弄的國會騙局，堅持武裝暴力革命的態度」〔註 202〕進行了論述，此不贅述。但我想提醒的一點是，《平民的國家》以及《紳士爲平民之公敵》等文章，其實還提出了國家和平民、紳士和平民的關係問題，這恰恰是此前嚴復們所討論的群、己關係的延續，而從其立場來看，他們更注重的是個人的價值。從這個意義上來說，《河南》在對革命的探討中，同時靠近了思想文化啓蒙的邊緣，而這正與魯迅、周作人、許壽裳、蘇曼殊等人的努力異曲同工。其實，從更廣泛的範圍來看，該雜誌所設立的諸多體例：圖畫及諷刺畫、政治、地理、歷史、教育、軍事、實業、時評、譯叢、小說、文苑、新聞、來函、雜組等等，都是圍繞著刊物所定的宗旨在努力，而《河南》的撰述者們通過他們的文章，實現了該刊物發刊時所設定的宗旨「牖啓民智，闡揚公理」〔註 203〕。

在革命派與改良派的這場論爭中，「革命與改良」、「排滿與反帝」、「共和與立憲」可謂是其中的三個焦點問題。在「革命與改良」問題上，魯迅、許壽裳曾發表過自己的意見。相較於那些明確主張革命的論述來說，他們是通過謳歌法國大革命來支持革命派觀點的。魯迅說「革命於是見於英，繼起於美，復次則大起於法朗西，掃蕩門第，平一尊卑，政治之權，主以百姓，平等自由之念，社會民主之思，彌漫於人心。」〔註 204〕「蓋自法朗西大革命以來，平等自由，爲凡事首，繼而普通教育及國民教育，無不基是以遍施。」

〔註 202〕張絳《〈河南〉雜誌簡介》，《河南文史資料選輯》第 6 輯，前引書。

〔註 203〕《河南》簡章第一章，見《河南》第 1 期。

〔註 204〕魯迅《文化偏至論》，《魯迅全集》第 1 卷，人民文學出版社，2005 年，第 49 頁。

〔註 205〕許壽裳則在其僅有的一篇《興國精神之史曜》中如是寫道：「自有佛朗西革命，而國家之興，煥乎始盛。開十九稘歷史之先聲，導十九稘歷史之偉績，使生於後稘者回首顧之，有不能不魂動神飛，興高采烈者矣。」「佛朗西革命者，近代文明之春雷也。淒淒歐洲，吼朔風而荒大野者，震而見豔陽世界，何勢之烈而傚之巨歟！」〔註 206〕事實上，在「排滿與反帝」、「共和與立憲」問題上，魯迅、周作人、許壽裳等人也有自己的思考與態度，總體來說，他們的言論是符合《河南》雜誌的精神要求的。

（三）

但魯迅等人的姿態畢竟與其他人存在不可化約的差異。

在《河南》雜誌上，魯迅共發表了六篇文章，這些文章的發表情況和後來收入其文集的情況詳見下表：

表一

文章名	署名	發表資訊	所在欄目及位置	寫作時間	收錄情況	備註
《人間之歷史》	令飛	第 1 期（1907 年 12 月 20 日）	「譯述」欄第 1 篇	1907 年〔註 207〕	《墳》〔註 208〕之第 1 篇	收入《墳》時將文章名改爲《人之歷史》，此後題名未再作改動
《摩羅詩力說》	令飛	第 2、3 期（1908 年 2 月 1 日〔註 209〕、3 月 5 日）	「論著」欄第 4 篇	1907 年	《墳》之第 4 篇	發表時未標寫作年份
《科學史教篇》	令飛	第 5 期（1908 年 6 月 5 日）	「論著」欄第 5 篇	1907 年	《墳》之第 2 篇	發表時未標寫作年份
《文化偏至論》	迅行	第 7 期（1908 年 8 月 5 日）	「論著」欄第 1 篇	1907 年	《墳》之第 3 篇	發表時未標寫作年份

〔註 205〕魯迅《文化偏至論》，《魯迅全集》第 1 卷，前引書，第 51 頁。

〔註 206〕旒其（許壽裳）《興國精神之史曜》，《河南》第 4 期，1908 年 5 月 4 日。

〔註 207〕此處的寫作時間據魯迅編輯《墳》時所添加的時間。在《河南》上發表該文時，魯迅並未在文末標注時間。對下面幾篇文章的「寫作時間」，我也做這樣的處理。

〔註 208〕指 1927 年北京未名社版。下同。

〔註 209〕此採黃軼之說，見其《關於〈河南〉幾個問題的辨證》，《中國現代文學研究叢刊》2006 年第 5 期，第 295 頁。

《裴彖飛詩論》	令飛	第 7 期（1908 年 8 月 5 日）	「譯述」欄第 2 篇	1908 年〔註 210〕	《魯迅全集補遺續編》（唐弢編，上海書店，1953 年再版）	該譯文之前有一段文字，常被單獨處理，名曰「《裴彖飛詩論》譯者附記」或者「《裴彖飛詩論》譯者前記」，單獨被收錄。
《破惡聲論》	迅行	第 8 期（1908 年 12 月 5 日）	「論著」欄第 2 篇	1908 年	《集外集拾遺補編》（許廣平編定，1938 年版）	

由上表可知如下資訊：

1. 魯迅在《河南》上發表了六篇文章，其中四篇發於「論著」欄，二篇發於「譯述」欄。在前 8 期中，除了第 4、6 期沒有魯迅的文章外，其他每一期都有魯迅的文章，而且在第 7 期上，魯迅一人發表了兩篇。

在目前所見的《河南》第 9 期刊物中，「譯述」欄共刊載文章九篇（其中有一篇發在兩期上），魯迅發表了二篇，約占 1/4；「論著」欄共刊載文章四十篇（其中有四篇文章，各發在兩期上），魯迅的四篇，占 1/9，這個比例不可謂不高矣。其實，在陳伯昂的記憶中，他們當時創辦《河南》時，就「特聘周樹人（魯迅）撰社論」〔註 211〕；張濟民則說，「烈士（指張鍾端，引者注）任總經理，親自撰文，並約周樹人（魯迅）等投稿。」〔註 212〕李靜之在《劉積學傳略》中說：「特約魯迅爲撰稿人」。〔註 213〕賀升平等在文章中也說「特聘周樹人（魯迅）寫文章」〔註 214〕。可見，在幾乎所有的表述中，魯迅都是與《河南》關係至爲密切的撰稿人。

2. 從魯迅在《河南》發表第一篇文章開始，他使用了筆名「令飛」。到了第 7 期，需要發表兩篇文章時，他才新用了另一個筆名「迅行」，而在重新發表文章時，魯迅再次使用了這個新筆名。

〔註 210〕該文發表時，和其他五篇文章一樣，都沒有標明寫作時間。最新的《魯迅著譯編年全集》（王世家、止庵編，人民出版社，2009 年）按其發表的時間，標注爲「1908 年」，而收錄該文的歷來選本，也都將其列入「1908 年」之下。《破惡聲論》寫作時間的處理方式與之相同。

〔註 211〕陳伯昂《辛亥革命前後回憶片段》，《河南文史資料選輯》第 6 輯，前引書，第 13 頁。

〔註 212〕張濟民《張鍾端傳略》，《河南文史資料選輯》第 6 輯，前引書，第 97 頁。

〔註 213〕李靜之《劉積學傳略》，《河南文史資料選輯》第 6 輯，前引書，第 109 頁。

〔註 214〕賀升平等《辛亥革命時期的劉青霞》，《河南文史資料選輯》第 6 輯，前引書，第 122 頁。

那麼，爲什麼魯迅要取名「令飛」呢？爲什麼從第 7 期的《文化偏至論》開始，他要使用新筆名「迅行」呢？我們知道，筆名的選取，總和作者彼時彼地的心境、理想或者情緒等等有著莫大的關聯。因爲，許壽裳在《河南》發表文章的過程就生動地告訴了我們，取筆名可不是一件小事情。

就在許壽裳寫作了《興國精神之史曜》卻無法找到合適的筆名時，在魯迅提示下，他用了「旒其」作爲筆名。這個筆名，據周作人的解釋，在俄語中是「人」或者「人民」的意思：「他（許壽裳）寫好文章，想不出用什麼筆名，經魯迅提示，用了『旒其』二字，那時正在讀俄文，這乃是人民的意義云」〔註 215〕，「當時也拉許季茀寫文章，結果只寫了半篇，題名《興國精神之史耀》，躊躇著不知道用什麼筆名好，後來因了魯迅的提議，遂署名曰「旒其」（俄語意曰「人」），這也是共同學習俄文的唯一紀念了。」〔註 216〕在我看來，許壽裳以「旒其」爲筆名，一方面固然如周作人所分析的，是爲了紀念他們學俄語的短暫經歷，但另一方面，在這個命名的過程中，周作人用了「魯迅提示」和「魯迅的提議」這兩種說法，不管是「提示」還是「提議」，都提醒我們，這個筆名的選取，體現了魯迅的意思，有魯迅的主觀參與在內，也就是說，他至少部分地體現了魯迅此期思想關注的重心所在，而許壽裳認可這個筆名，正表明了他和魯迅精神上的相通。從這個意義上，我們更能理解，爲什麼魯迅留日期間，恰恰會經常與許壽裳而非他人討論這樣而非那樣的三個相關的大問題：「一、怎樣才是最理想的人性？二、中國國民性中最缺乏的是什麼？三、它的病根何在？」〔註 217〕反過來，我們也更能理解，爲什麼魯迅會提示或者提議使用這個意義爲「人」或「人民」的詞作爲許壽裳的筆名，而許壽裳欣然接受：他們本就一直在探索人性以及中國人的國民性，並且一直在努力尋找「人」尤其是中國「人」去掉這些病根的藥方。

由此我們會問，魯迅的「令飛」，是想「令」誰「飛」呢？答案似乎很明顯地指向中國「人」，而怎麼「令」中國「人」「飛」呢，我以爲，魯迅是想通過張揚文藝、精神之內曜來實現這一目的。而後來所取的「迅行」之名，

〔註 215〕周作人著、止庵校訂《周作人自編文集・魯迅的故家》，河北教育出版社，2002 年，第 308 頁。

〔註 216〕周作人《河南——新生甲編》，周作人著、止庵校訂《周作人自編文集・知堂回想錄》（上），河北教育出版社，2002 年，第 256 頁。

〔註 217〕許壽裳《亡友魯迅印象記》，陳漱渝主編《現代賢儒——魯迅的摯友許壽裳》，台海出版社，1998 年，第 18 頁。

則與魯迅期待著精神界之戰士的出現並且要迅速行動，打破當時「蕭條」的現狀有關——

在《摩羅詩力說》中，魯迅以「蕭條」開始，以「蕭條」結束。一開始，他說：

> 人有讀古國文化史者，循代而下，至於卷末，必淒以有所覺，如脫春溫而入於秋肅，勾萌絕朕，枯槁在前，吾無以名，姑謂之蕭條而止。〔註 218〕

文末，魯迅再次說道：

> 然夫，少年處蕭條之中，即不誠聞其好音，亦當得先覺之詮解；而先覺之聲，乃又不來破中國之蕭條也。〔註 219〕

對於這個蕭條的現狀，魯迅最後這樣表述：「然則吾人，其亦沈思而已夫，其亦惟沈思而已夫！」〔註 220〕這預示了魯迅對精神界之戰士迅速出現的期望。或許正是這樣，當要再取筆名時，魯迅才會想到使用「迅行」吧，而對行動迅速的追求，在魯迅後來的人生歷程中一直佔據著重要地位。其實，「魯迅」這個筆名之「魯」，取自其母親魯瑞的姓，而「迅」，就承接著《河南》雜誌上的「迅行」之「迅」而來。「（魯迅，引者加）後來在《新青年》上面發表東西，小說署名魯迅，係用從前在《河南》雜誌寄稿時的筆名迅行，冠上了一個姓。」〔註 221〕

3. 發表在《河南》上的這六篇文章，在魯迅的思想體系中均佔有重要地位，但相較而言，前四篇的地位顯然更高。而其體現之一，就是事隔快 20 年之後，他編輯出版自己的雜文集《墳》，也首先是因爲這幾篇文章：「將這些體式上截然不同的東西，集合了做成一本書樣子的緣由，說起來是很沒有什麼冠冕堂皇的。首先就因爲偶爾看見了幾篇將近二十年前所做的所謂文章。」〔註 222〕而其編輯並出版的目的，乃在於對過去的埋藏與眷戀：

> 在我自己，還有一點小意義，就是這總算是生活的一部分的痕迹。所以雖然明知道過去已經過去，神魂是無法追躡的，但總不能那麼決絕，還想將糟粕收斂起來，造成一座小小的新墳，一面是埋藏，

〔註 218〕魯迅《摩羅詩力說》，《魯迅全集》第 1 卷，前引書，第 65 頁。
〔註 219〕魯迅《摩羅詩力說》，《魯迅全集》第 1 卷，前引書，第 103 頁。
〔註 220〕魯迅《摩羅詩力說》，《魯迅全集》第 1 卷，前引書，第 103 頁。
〔註 221〕周作人著、止庵校訂《魯迅的故家》，前引書，第 248 頁。
〔註 222〕魯迅《墳・題記》，《魯迅全集》第 1 卷，前引書，第 3 頁。

一面也是留戀。〔註 223〕

「埋藏」與「留戀」的對象，當然就包括《墳》中留存的四篇文言文：《人之歷史》、《科學史教篇》、《文化偏至論》與《摩羅詩力說》，以及其含蘊的 1907 年的痛苦體驗。

考察雜文集《墳》，有以下三點值得注意：

第一，魯迅收入《墳》中的四篇文章末尾無一例外地被填上了「1907 年作」，而它們在《河南》上刊發時並無這個說明。那麼，《人間之歷史》、《摩羅詩力說》、《科學史教篇》以及《文化偏至論》眞的如魯迅後來所標注的，全都寫於 1907 年嗎？

《人間之歷史》發表於 1907 年 12 月《河南》第一期上，據周作人回憶，「寫作的時期自然更在其前。」〔註 224〕我傾向於認爲，該文寫於 1907 年。而《摩羅詩力說》等文，並不一定寫於 1907 年，倒極可能寫於《河南》出版之後的 1908 年，即專爲《河南》而寫。因爲魯迅曾說：「那編輯先生有一種怪脾氣，文章要長，愈長，稿費便愈多。所以如《摩羅詩力說》那樣，簡直是生湊。」〔註 225〕「生湊」的說法固然有魯迅的自謙成分在內，但是應編輯之約來寫作該文，應當是可以確定的一件事情，而應編輯之約而寫文章，更可能是在 1908 年，而非僅僅出版了一期《河南》的 1907 年。周作人曾回憶道，「（魯迅，引者加）1908 年裏給《河南》雜誌寫了幾篇文章，這些意思原來也就是想在《新生》上發表的。」〔註 226〕他又說，孫竹丹請他和魯迅、許壽裳三人幫忙寫稿後，「我們於是都來動手，魯迅寫得最多」〔註 227〕。如果我們認可周作人關於魯迅那幾篇文章寫作時間的記憶是眞實的，那就意味著，除《人間之歷史》外，其他三篇均寫於 1908 年而非 1907 年。那麼，魯迅在收錄這四篇文章入《墳》時，添加上「1907 年作」，就是一種故意。這眞的就好像是在標明，他在親手「造成一座小小的新墳」，裏面滿是他懷想《新生》及 1907 年的體驗時難以言說的悲哀。

第二，更重要的是，魯迅將這四篇文章的順序打亂，進行了編輯，而未按其發表的時間順序依次收錄——《人間之歷史》作爲第一篇，但去掉了題

〔註 223〕魯迅《墳・題記》，《魯迅全集》第 1 卷，前引書，第 4 頁。
〔註 224〕周作人著、止庵校訂《知堂回想錄》（上），前引書，第 254 頁。
〔註 225〕魯迅《墳・題記》，《魯迅全集》第 1 卷，前引書，第 3 頁。
〔註 226〕周作人著、止庵校訂《魯迅的故家》，前引書，第 307 頁。
〔註 227〕周作人著、止庵校訂《魯迅的青年時代》，前引書，第 39 頁。

目中的「間」字；《科學史教篇》、《文化偏至論》、《摩羅詩力說》依次成爲第二、三、四篇〔註 228〕。這樣的改動說明了什麼呢？

我以爲，這其實體現了他對自己過往思想進行梳理的痕迹。

《人間之歷史》是對種族發生學的一個詮解，這裡面明確透出魯迅發現了達爾文進化論後的狂喜之情。但我們知道，從《中國地質略論》開始，魯迅一直未爲科學而科學，而是在其充滿激情的表述中滲透了他對國勢的憂慮，在《人間之歷史》中，魯迅所看重的，也是進化論誕生過程中的破壞、質疑、批判精神，以及種族發生學、個體發生學中的鬥爭哲學。

《科學史教篇》承接著《人間之歷史》對科學的關注。但與前面一篇有異的是，就在該文中，魯迅不只關注了，甚至主要不是在探討科學史，而是在探討科學與藝文的關係。在文章最後，他表明了他的態度：「蓋使舉世惟知識之崇，人生必大歸於枯寂，如是既久，則美上之感情漓，明敏之思想失，所謂科學，亦同趣於無有矣。故人群所當希冀要求者，不惟奈端已也，亦希詩人如狹斯丕爾（Shakespeare）；不惟波爾，亦希畫師如洛菲羅（Raphaelo）；既有康得，亦必有樂人如培得訶芬（Beethoven）；既有達爾文，亦必有文人如嘉來勒（Garlyle）。凡此者，皆所以致人性於全，不使之偏倚，因以見今日之文明者也。」〔註 229〕也就是說，魯迅認爲，科學必須與人文並重，才能造就人性之全，二者的失調，正是今日之文明的缺失所在。

緊接著的《文化偏至論》承接的又是《科學史教篇》的餘緒，進一步批評科學的片面發展導致的重物質、重眾數的傾向的偏至，「物質也，眾數也，十九世紀末葉文明之一面或在茲，而論者不以爲有當。」魯迅認爲，「誠若爲今立計，所當稽求既往，相度方來，掊物質而張靈明，任個人而排眾數。」〔註 230〕因爲「人既發揚踔厲矣，則邦國亦以興起。」「是故將生存兩間，角逐列國是務，其首在立人，人立而後凡事舉；若其道術，乃必尊個性而張精神。」〔註 231〕爲了「立人」，魯迅在文章中花大量篇幅闡述了「重個人」與「非

〔註 228〕將收錄於《魯迅全集》（人民文學出版社，2005 年版）第一卷《墳》中的四篇文章與其發表在《河南》上的文字對照，可以發現的是，魯迅曾做了不影響每篇文章思想的細微改動，如核實外國人譯名，添加其本名，添加原來脱掉的字，等等。

〔註 229〕魯迅《科學史教篇》，《魯迅全集》第 1 卷，前引書，第 35 頁。

〔註 230〕魯迅《文化偏至論》，《魯迅全集》第 1 卷，前引書，第 47 頁。

〔註 231〕魯迅《文化偏至論》，《魯迅全集》第 1 卷，前引書，第 58 頁。

物質」的思想。

他首先論析了「個人主義」與「害人利己主義」之別：「個人之語，入中國未三四年，號稱識時之士，多引以爲大詬，苟被其諡，與民賊同。意者未遑深知明察，而迷誤爲害人利己之義也歟？夷考其實，至不然矣。」〔註 232〕他認爲，個人與自由相輔相成，如果有破壞自由者，均爲專制：「自由之得以力，而力即在乎個人，亦即資財，亦即權利。故苟有外力來破，則無間出於寡人，或出於眾庶，皆專制也。國家謂吾當與國民合其意志，亦一專制也。」爲此，他歡呼「伊勃生見於文界」的意義。更進一步，他認爲非物質主義者和個人主義者的相同之處就在於「興起於抗俗」，故而這種有著「絕大意力之士」「貴耳」〔註 233〕，這種有意力之人，就是「將來之柱石」〔註 234〕。在文章中，魯迅呼籲新生的來臨，他問道：「新生一作，虛僞道消，內部之生活，其將愈深且強歟？精神生活之光耀，將愈興起而發揚歟？成然以覺，出客觀夢幻之世界，而主觀與自覺之生活，將由是而益張歟？」〔註 235〕他非常看重「內部之生活」之於個人乃至二十世紀的重要意義：「內部之生活強，則人生之意義亦愈邃，個人尊嚴之旨趣亦愈明，二十世紀之新精神，殆將立狂風怒浪之間，恃意力以闢生路者也。」〔註 236〕只有這樣，「國人之自覺至，個性張」，我們這個「沙聚之邦」，才可能「轉爲人國」〔註 237〕。也就是說，魯迅在該文中駁斥了昔日中國對「個人之性」的「剝奪」，認爲中國今後要與列國角逐，首要的就在於重個人，揚個性，非物質而重靈明。其中，具有抗俗精神的個人，尤爲可貴。

那麼，具有抗俗精神的個人在哪裡呢？不在蕭條的中國，所以，魯迅別求新聲於異邦；不在物質而在「心聲」，所以魯迅尤其重視詩歌的價値。這正是《摩羅詩力說》一文的起點。

魯迅認爲在異邦的新聲中，「至力足以振人，且語之較有深趣者，實莫如摩羅詩派。」對摩羅詩派及其精神譜系，魯迅的界定是：「一切詩人中，凡立意在反抗，指歸在動作，而爲世所不甚愉悅者悉入之，爲傳其言行思維，流

〔註 232〕魯迅《文化偏至論》，《魯迅全集》第 1 卷，前引書，第 51 頁。
〔註 233〕魯迅《文化偏至論》，《魯迅全集》第 1 卷，前引書，第 56 頁。
〔註 234〕魯迅《文化偏至論》，《魯迅全集》第 1 卷，前引書，第 56 頁。
〔註 235〕魯迅《文化偏至論》，《魯迅全集》第 1 卷，前引書，第 56～57 頁。
〔註 236〕魯迅《文化偏至論》，《魯迅全集》第 1 卷，前引書，第 57 頁。
〔註 237〕魯迅《文化偏至論》，《魯迅全集》第 1 卷，前引書，第 57 頁。

別影響，始宗主裴倫，終以摩迦（匈加利）文士」。這些外狀各異的人，共同的特點就在「大都不爲順世和樂之音，動吭一呼，聞者興起，爭天抗俗，而精神復深感後世人心，綿延至於無已。」〔註 238〕他們所具有的摩羅詩力，是「最雄桀偉美者」〔註 239〕。這些精神界之戰士，包括裴倫、修黎、俄羅斯的普式庚、來而孟多夫、鄂戈理，波蘭的密克威支、斯洛伐支奇、克拉旬斯奇，匈加利的裴象飛，他們「無不剛健不撓，抱誠守眞；不取媚於群，以隨順舊俗；發爲雄聲，以起其國人之新生，而大其國於天下。」〔註 240〕但是，中國卻沒有精神界之戰士，魯迅自維新開始期待的「介紹新文化之士人」〔註 241〕始終沒有出現，有的衹是些介紹「治餅餌守囹圄之術」的人，魯迅呼喚著獨異的個人的誕生，可貴的精神界之戰士的誕生。

從上面的梳理可以發現，魯迅在《墳》中選取這四篇文章，而且做如是的安排，意在完整地傳達他這段時間對中國如何才能獲得「新生」，才能擁有「新的生命」的思考。而事實上，這四篇文章恰好構成了一個循序漸進的如洋蔥般的層疊結構。這就意味著，魯迅的這四篇文章，眞是他爲未誕生的《新生》所準備的論文，而且，他之所以選取這四篇文章以建造一座過去的墳，就是因爲它們自成一個邏輯嚴密的體系，一篇一篇漸趨深入地逼近了其「立人」理想。日本學者伊藤虎丸曾指出：「把魯迅的留學時期單單看作『習作』時代是不夠的，毋寧說是已經基本上形成了以後魯迅思想的筋骨時期。」〔註 242〕事實的確如此。

第三，魯迅原發在《河南》上的《裴象飛詩論》和《破惡聲論》並未錄入。放棄《裴象飛詩論》的原因，可能是年歲久遠，當時魯迅並未將所發文章剪輯保存，也可能是該文終究相當於一篇譯文，也可能是因爲該文原係周作人口述，他筆譯之作，而此時他與周作人已經失和，再收錄之意義已經不大。放棄《破惡聲論》的原因，除了他可能未保存該文之外，可能是因爲該文並未寫完，不能完整地傳達他的心意。當然，也可能如郜元寶先生曾經提醒過的那樣，是因爲上述四篇進入《墳》的論文有著嚴密的內在邏輯，「層層

〔註 238〕魯迅《摩羅詩力說》，《魯迅全集》第 1 卷，前引書，第 68 頁。
〔註 239〕魯迅《摩羅詩力說》，《魯迅全集》第 1 卷，前引書，第 68 頁。
〔註 240〕魯迅《摩羅詩力說》，《魯迅全集》第 1 卷，前引書，第 101 頁。
〔註 241〕魯迅《摩羅詩力說》，《魯迅全集》第 1 卷，前引書，第 102 頁。
〔註 242〕〔日〕伊藤虎丸《魯迅、創造社與日本文學》，孫猛、徐江、李冬木譯，北京大學出版社，2005 年，第 223 頁。

推進，自成一個整體。」〔註 243〕即「以『人』的問題爲起點而以提倡『文藝運動』爲終點的完整的文藝論」〔註 244〕已經完成，而《破惡聲論》雖然與其他四篇文章一樣，都是立足於特殊的「『人學』的文學觀」，但終究已不屬於那四篇文章建構體系的範圍了，所以是「他在完成思想轉變並建立文學觀之後，所創作的第一篇實踐其文學觀並顯示了突出的文學描寫才能的『文章』」〔註 245〕。然而不容忽視的是，《破惡聲論》和《裴彖飛詩論》，都在客觀上起到了深化、具化魯迅此期對個人的重視、呼喚的作用。「今之所貴所望，在有不和眾囂，獨具我見之士，洞矚幽隱，評騭文明，弗與妄惑者同其是非，惟向所信是詣，舉世譽之而不加勸，舉世毀之而不加沮，有從者則任其來，假其投以笑罵，使之孤立於世，亦無懾也。則庶幾燭幽暗以天光，發國人之內曜，人各有己，不隨風波，而中國亦以立」〔註 246〕，正是魯迅呼籲精神界之戰士的慣常聲音。

與魯迅「著重在精神革命」〔註 247〕相呼應，戰鬥在思想文化批判前線的還有周作人和許壽裳。《新生》失敗前僅餘的這三人，從《新生》時代開始，就有著相近的精神追求，到了《河南》雜誌上，他們的努力其實也就形成了三股合力。這合力的最終指向，正是個人的發現。

許壽裳在其《興國精神之史曜》中指出：「佛朗西革命之精神，一言以蔽之曰：重視我之一字，張我之權能於無限爾。易言之曰：個人之自覺爾。」這正與魯迅評價法國大革命的思路相通。又如，他說：「所謂個性者，固非利己之私執，實融化群倫心理之謂也。洞徹夫社會個人之關係，以全群進步之資，厥維個性之發展，個性發展以皇大全群，斯即謂之群德。是故個性皆進，轉而爲之，則新教化之社會於是立矣。」〔註 248〕這正與魯迅對個性與利己的辨析，對個性的發展與社會之立的關係的思考相類似。而許壽裳文章對精神

〔註 243〕郜元寶《魯迅精讀》，復旦大學出版社，2005 年，第 16 頁。
〔註 244〕郜元寶《魯迅精讀》，復旦大學出版社，2005 年，第 17 頁。
〔註 245〕郜元寶《魯迅精讀》，復旦大學出版社，2005 年，第 18 頁。
〔註 246〕魯迅《破惡聲論》，《魯迅全集》第 8 卷，人民文學出版社，2005 年，第 27 頁。
〔註 247〕許壽裳說：「他曾在《浙江潮》和《河南》兩種雜誌上撰文，又翻譯《域外小說集》，都是著重在精神革命這一點。」見許壽裳《我所認識的魯迅》，人民文學出版社，1978 年，第 45 頁。
〔註 248〕許壽裳《興國精神之史曜》，《河南》第 4 期，1908 年 5 月 4 日。

的重視，對內曜的重視〔註 249〕，加上他取的「旒其」的筆名，等等，在在體現了他與魯迅思想的接近。

對精神、內曜、靈明、伏曜非常重視的，還有此期的周作人。在《論文章之意義暨其使命因及近時中國論文之失》中，周作人較全面的展示了他的思想。他將「質體」和「精神」作爲造就「美大之國民」的兩大要素，並且認爲，精神是最重要的，「質體爲用，雖要與精神並尊，顧吾聞質雖就亡，神能再造，或質已滅而神不死者矣，未有精神萎死而質體尚能孤存者也。」〔註 250〕對於中國國民思想體現在文章上，周作人斷言說「中國之思想，類皆拘囚蜷屈，莫得自展。而文運所至，又多從風會爲轉移，其能自作時世者，殆鮮見也。」對於其中的原因，周作人將矛頭指向了孔子：

> 文章首出，厥惟《風》詩。原數三千餘篇中，十三國美感至情，曲折深微，皆於是乎在，本無愧於天地至文。乃至刪《詩》之時，而運遂厄。孔子以儒教之宗，承帝王教法，割取而製定之，曰：「《詩》三百，一言以蔽之，思無邪。」夫邪正之謂，本亦何常？此所謂正，特准一人爲言，正屬王雄主之所喜，而下民之所呻楚者耳！儒者歷世經營，本無當於宗教，然後世強爲之詞，則字之帝王之教可已。覲其稱述周公，上承文、武，以至有堯，素王之號，所有由來。刪《詩》定禮，夭閼國民思想之春華，陰以爲帝王之右肋。推其後禍，猶秦火也。夫孔子爲中國文章之匠宗，而束縛人心，至於如此，則後之苓落又何待夫言說歟！……試觀於此，即知中國思想梏亡之甚，此非逾情之詞矣。〔註 251〕

這是第一次從文章方面斥責孔子之過。而對於文章的趨於實利而失去精神，周作人憤然曰：「迷淪實趣，以自梏亡，思想之翦伐於國民，良較帝力爲宏厲而尤可怖也！」〔註 252〕

在周作人眼裏，所謂文章，有「不可或缺者三狀，具深思（ideal）、能感

〔註 249〕「神思」「內曜」是此期魯迅、許壽裳共同的關鍵字。

〔註 250〕獨應（周作人）《論文章之意義暨其使命因及中國近時論文之失》，《河南》第 4 期。

〔註 251〕獨應（周作人）《論文章之意義暨其使命因及中國近時論文之失》，《河南》第 4 期。

〔註 252〕獨應（周作人）《論文章之意義暨其使命因及中國近時論文之失》，《河南》第 4 期。

興（impassioned）、有美致（artistic）也。」文章的使命在「裁鑄高義鴻思，匯合闡發之地」，在「闡釋時代精神」，在「闡釋人情以示世」，在「發揚深思，趣人生以進於高尚」，但是「吾國之昧於文章意義也，不始今日。」「吾國文風陷爲此狀，所以獨亟於他國而希更始之機者，正以唯吾國有孔子故。……蓋自孔子定經而後，遂束思想於一縛，而文藝之作靡不以潤色鴻業，宣佈皇猷爲用，所謂爲一人者也。」〔註 253〕

周作人對孔子定經之於束縛國民思想的批判，以及他對文章之於個人、國民的意義的闡發，體現了一種全新的個人觀和文章觀，開啓了「五四」重視個人的思想端倪，這與《中國文學之概觀》〔註 254〕之流簡直不可同日而語。

或許正是「鮮明的資產階級革命派立場」和「思想文化批判大旗」的高舉，造就了《河南》的「名震一時」〔註 255〕，而不是僅僅因爲魯迅、周作人或者蘇曼殊。從「個人」在中國思想文化史上的發展脈絡來說，《河南》也處於一個非常關鍵的地位，僅僅在這個意義上，它也該被我們屢屢提起。

二、《甲寅》月刊：一個過渡的思想平臺

（一）

周氏兄弟和許壽裳在《河南》上對「入於自識」的呼喚，終究無法改變此前此後一段時間內留日知識份子國家主義的體驗方式。對個人的重視，對個人與國家關係的重新思考，有待於思想的進一步裂變，而這個裂變，事實上和辛亥革命的勝利與失敗密切相關。

大致說來，「1911 年辛亥革命發生之前，影響中國學界日本體驗的主流政治理念來自維新派與革命派，他們雖然也各有不同，但卻常常又有一個共同的立場，即是從族群的社會的與國家的角度來思考現實，他們相信現代中國民族國家的建設根本就是一個整體利益的問題，而整體目標的解決也就是個

〔註 253〕獨應（周作人）《論文章之意義暨其使命因及中國近時論文之失》，《河南》第 5 期。

〔註 254〕周作人該文就是爲批判陶曾佑的《中國文學之概觀》、金天羽的《文學上之美術觀》、林傳甲的《中國文學史》尤其是陶之文而寫。

〔註 255〕張絳《〈河南〉雜誌簡介》，《河南文史資料選輯》第 6 輯，前引書，第 221 頁。

人的現實要求的達成。」〔註 256〕然而無論如何，辛亥革命的成功，使延續幾千年的封建專制政體終於坍塌。《中華民國臨時約法》的頒佈以及教育部廢除讀經祀孔的相關舉措，體現了對個人、自由的尊重。前面已經論及，蔡元培主持的民國臨時政府教育部，變更了依附於專制思想的教育宗旨，將「忠君」、「尊孔」剔除在新教育宗旨之外，而其理由，正是「忠君與共和政體不合，尊孔與信教自由相違」〔註 257〕，相應地，應該教育學生具有公民道德，「何謂公民道德？曰法蘭西之革命也，所標揭者，曰自由、平等、親愛。」〔註 258〕也就是說，在辛亥革命成功後的短暫時期裏，個人、自由這些概念已經進一步深入知識份子的內心，甚至成爲製定法律法規的重要憑藉。

在此期，我們需要關注「社會改良會」的創建及其主張。創建自蔡元培等迎接袁世凱路途中的這個組織，以「尚公德，尊人權，貴賤平等，而無所謂驕諂，意志自由，而無所謂徼倖」等爲「共和思想之要素」，以「以人道主義去君權之專制，以科學知識去神權之迷信」〔註 259〕爲目標，而其成員入會的條件如「提倡個人自立不依賴親朋」、「實行男女平等」、「提倡自主結婚」、「承認離婚之自由」、「承認再嫁之自由」、「戒除供奉偶像牌位」〔註 260〕等等，在在體現了他們對「個人」、「自由」的重視，對具有這些精神的適應共和政體的新國民的期待。而在 1912 年 8 月的張振武事件和 1913 年 3 月的宋教仁事件〔註 261〕中，參議員等與大眾媒體的參與姿態，已經體現出重「個人」與「自由」思想在國民中運用的普遍性，「這兩大案件留下的文字材料表明人身的自由不容侵犯，任何公民都是平等的，三權分立、法治和司法獨立是神聖的，輿論獨立和言論自由是理所當然的……諸如此類的現代觀念開始滲入

〔註 256〕李怡《日本體驗與中國現代文學的發生》，前引書，第 144 頁。

〔註 257〕蔡元培《對於新教育之意見》，沈善洪主編《蔡元培選集》（上），前引書，第 401 頁。

〔註 258〕蔡元培《對於新教育之意見》，沈善洪主編《蔡元培選集》（上），前引書，第 396 頁。

〔註 259〕蔡元培等《社會改良會宣言》，沈善洪主編《蔡元培選集》（下），前引書，第 986 頁。

〔註 260〕蔡元培等《社會改良會宣言》，沈善洪主編《蔡元培選集》（下），前引書，第 987～988 頁。

〔註 261〕1912 年 8 月，黎元洪與袁世凱合謀，未經正規審判程式，以莫須有的罪名捕殺武昌起義重要領袖張振武。1913 年 3 月，國民黨代理理事長宋教仁在上海火車站被暗殺身亡。參見袁偉時編著《告別中世紀：五四文獻選粹與解讀》，前引書，第 41 頁。

主流文化，越來越多的人視之爲不容懷疑的是非標準」〔註 262〕。這樣的現狀，使得相當一部分關心民族命運的人對共和政體的中華民國的未來充滿了信心。

但正如前此曾經描述過的，辛亥革命成功後的反孔高潮僅是曇花一現，隨後就有袁世凱的登場，以及他對尊孔讀經的再度強制性提倡，而這種逆流伴隨著袁世凱建構洪憲帝制的陰謀，帝制與孔教之間的關聯被有識之士看得更爲清楚。隨著倒袁運動的展開和失敗，一大批知識份子不得不再次流亡。痛定思痛，這批「遭遇了變亂又敏於思考的知識份子不得不承認，那種將個人幸福寄託於國家政治整體追求的理想無疑是失敗了，現代中國文化的發展絕非是一個民族與群體的籠統問題，它必須要切實地返回到對個人權利、地位與民主自由的實現中去。」〔註 263〕由此，他們開始重審個人與國家的關係問題，並最終「完善了以個人獨立自由爲核心的現代性的思想方案」〔註 264〕，「爲確立未來五四新文學的基礎立場——個人主體立場從現實政治思想的意義上打開了通道。」〔註 265〕

由此，我們需要重新審視《甲寅》月刊的思想史意義。

（二）

對 1914 年前後的局勢，《甲寅》月刊的兩位讀者曾如是說：「旬日以還，國事敗壞，不可收拾，而所演之活劇，則愈出而愈奇，光怪陸離之象，幾令人不可思議」〔註 266〕，「邇來政象，光怪陸離。內而政府，外而疆吏，無不視前清爲唐虞之治，疾共和爲桀紂之世，行政用人，必反舊觀，意若以爲中國苟能急流勇退，力復前清之規模，遂能與英美馳騁於大洋，與日俄頡頏於東陸也者。此非吾故爲過當之詞，有事實足證也。」〔註 267〕這正是對「二次革命」失敗後的中華民國最眞實一面的描述。正是在這樣的情境中，章士釗等反袁志士不得不再次開始流亡生涯。但是，由於章士釗已有的日本、英倫留學經歷，以及他辦《蘇報》、《國民日日報》、《民立報》、《獨立周報》的成功經驗在前，此次流亡的章士釗開始深入反思自己前此秉持的思想，最終決定

〔註 262〕袁偉時編著《告別中世紀：五四文獻選粹與解讀》，前引書，第 38 頁。
〔註 263〕李怡《日本體驗與中國現代文學的發生》，前引書，第 144 頁。
〔註 264〕李怡《日本體驗與中國現代文學的發生》，前引書，第 149 頁。
〔註 265〕李怡《日本體驗與中國現代文學的發生》，前引書，第 145～146 頁。
〔註 266〕詹瘦《復舊》二首之第一首，《甲寅》1 卷 3 號。
〔註 267〕韓伯思《復舊》二首之第二首，《甲寅》1 卷 3 號。

以辦刊物的形式將自己反思的成果貢獻於同道之前，試圖邀集同道，進一步進行反袁的鬥爭。

於是，1914 年 5 月 10 日，在黃興的支持下，《甲寅》月刊創刊於日本東京。由章士釗一手創辦的這個雜誌，其誕生本身，從大的方面來看，就是章士釗既反抗孫中山對中華革命黨的入黨人員必須打上手印的專制政策，也反抗國內袁世凱的專制統治的結晶，從小的方面來看，也極大地體現了這份雜誌必然具有的章氏色彩。比如其「甲寅」的命名過程。「愚違難東京，初爲雜誌時，與克強議名，連不得當。愚倡以其歲牒之，即曰《甲寅》。當時莫不駭詫，以愚實主此志，名終得立。」〔註 268〕而且，這份雜誌的封面下部，赫然就有一隻奔跑著的、威風凜凜的老虎。這正與寅年屬虎相應，但我們也必然會聯想到，這隻老虎的姿態，其實也表徵著章士釗作爲主持者的心態：獨立、冷峻、警覺。或許正是因此，這份「老虎報」才在創刊後不久就得到讀者的讚譽，被說成是唯一不受政府或某一政黨控制的論壇，是二次革命至新文化運動前的邊緣知識份子們反思個人與國家關係的重要的公共話語空間。

這種獨立性的由來，與章士釗的個性關係非常密切。章氏曾自我描述道：「章士釗者，一篤於個性，不存機心，情理交戰，迭爲勝負之人也。惟篤於個性也，故其行動，不肯受黨派之羈絆，而一生無黨。」〔註 269〕事實上，主持《甲寅》月刊之前，章士釗已經走過了漫長的一段政治、思想歷程：1902 年春，章士釗於南京求學時已經認識了從日本歸國的陳獨秀。後來留學日本、英國的經歷，讓他對西方尤其是英國的政治體制與政治學說深有感悟，這些感悟，在他先後擔任《蘇報》《民立報》的主筆，以及「蘇報」案之後，他與陳獨秀合作創辦《國民日日報》，後來又創辦《獨立周報》等等時，都有體現。辛亥革命的勝利讓章士釗興奮，而辛亥革命的失敗讓章士釗憤慨。和陳獨秀一樣，章士釗也投入到了反袁的「二次革命」中，而該次革命的失敗，終使得他再次流亡日本。重新反思過往的章士釗，改變了《民立報》時期倡導國權大於民權的思想傾向，而開始對國家主義進行批判，對民權進行提倡。他說，「行私者每得託爲公名以相號召，抹殺民意以行己奸，毀棄民益以崇己利」〔註 270〕，「中國之大患在不識國家爲何物，以爲國家神聖不可瀆。」〔註 271〕

〔註 268〕章士釗《甲寅周刊》1 卷 10 號，第 15 頁。
〔註 269〕章士釗《答稚暉先生》，《甲寅》周刊 1 卷 22 號，1925 年 12 月，第 6 頁。
〔註 270〕秋桐（章士釗）《自覺》，《甲寅》月刊 1 卷 3 號，1914 年 7 月 10 日。

在彼時的他看來，「凡關於權利欲望之種種主張，直主張之，無所容其囁嚅，無所容其消阻」〔註 272〕，這些言論及其《讀嚴幾道民約平議》〔註 273〕、《國家與責任》〔註 274〕、《復辟平議》〔註 275〕、《國民心理之反常》〔註 276〕、《愛國儲金》〔註 277〕等文，都是此期他對個人與國家關係重新思考所獲得的重要成果。

《讀嚴幾道民約平議》是創刊號「論著」欄的第二篇文章，緊隨表明章士釗此期政治主張的《政本》之後。如果說，「爲政有本，本何在？曰在有容。何謂有容？曰不好同惡異」〔註 278〕的宣揚，既是《政本》一文的論說中心，又是此期章士釗的調和論的最早之論的話，那麼，《讀嚴幾道民約平議》一文，則是首次揭示章士釗此期對盧梭自由平等之說的新思考。在這之前，章士釗曾對盧梭的學說頗有懷疑：「愚非醉心於盧梭之共和者也，且慮國人過信此物，馳於空想，而因隳其所以立國之基，恒爲稱述西哲名言，謂自專制以至共和，乃有共通要素，非此不足以圖存。而立憲之國，民意流通，有時且較之共和，愈形活潑。是故平等自由者，非共和國之特產，而盧梭之所能發明也。此立憲國有之，即專制國亦不能謂其無有。自是吾人之於盧梭亦證其所持之理爲何如耳」〔註 279〕，但到了 1914 年 2 月，嚴復在天津《庸言》報上發表《民約平議》之後，章士釗基於對當時「居反動時代，名爲共和，一切惟還乎專制是務」的感知，認爲在當時，「有無論何國所不能不備之質，而以爲貌似共和，不免挾其雷霆萬鈞之力以擠而去之者焉」，而嚴復對盧梭自由平等之說的批駁，就是這種之一。事實上，嚴復對自由平等之說的批駁，是因爲他認爲，「今之所急者，非自由也，而在人人減損自由，而以利國善群爲職志」〔註 280〕，「當時，正是『二次革命』失敗不久，……嚴復的

〔註 271〕秋桐《國家與我》，《甲寅》月刊 1 卷 8 號，1915 年 8 月 10 日。
〔註 272〕秋桐《自覺》，《甲寅》月刊 1 卷 3 號，1914 年 7 月 10 日。
〔註 273〕署名秋桐，載《甲寅》月刊 1 卷 1 號，1914 年 5 月 10 日。
〔註 274〕署名秋桐，載《甲寅》月刊 1 卷 2 號，1914 年 6 月 10 日。
〔註 275〕署名秋桐，載《甲寅》月刊 1 卷 5 號，1915 年 5 月 10 日。
〔註 276〕署名秋桐，載《甲寅》月刊 1 卷 6 號，1915 年 6 月 10 日。
〔註 277〕署名秋桐，載《甲寅》月刊 1 卷 8 號，1915 年 8 月 10 日。
〔註 278〕秋桐《政本》，《甲寅》月刊 1 卷 1 號，1914 年 5 月 10 日。
〔註 279〕秋桐《讀嚴幾道民約平議》，《甲寅》月刊 1 卷 1 號，1914 年 5 月 10 日。
〔註 280〕嚴復《民約平議》，王栻編《嚴復集》第 2 冊，中華書局，1986 年，第 337 頁。

文章顯然是針對著人們的反袁鬥爭而發的」〔註 281〕。正是在維護共和，反對袁世凱的專制統治這個意義上，章士釗要反對嚴復，起而捍衛盧梭的民約論和天賦人權說。他爲文與嚴復商兌，其實表徵著民國成立後他的生命體驗幫助他完成了從維護國權到維護民權的重大思想轉型，而且標誌著「新一代的中國知識份子已經從自己的現實體驗出發劃開了與前一代思想家的距離。」〔註 282〕

以章士釗的這篇文章開其端，這批站在邊緣的獨立知識份子，以盧梭「天賦人權說」和自由主義思想（19 世紀）爲武器，從四個方面捍衛人權說：「人生而具有自由、平等的權利，從而贊同『天賦人權說』」；「主張『約以意不以力』，凡是以強力奪取的權利，不是眞正的權利，人民有權奪回來」；「一方面堅持『天賦人權說』，一方面大力宣傳功利主義的最大幸福原則」；「他們提倡人權說的重點，是要從理論上說明個人與國家關係，解決個人權利在國家中的地位。」〔註 283〕

《甲寅》月刊重人權而輕國權的觀念，在當時的陳獨秀那裡，獲得了認同。陳獨秀說：「爛柯山人素惡專橫政治與習慣，對國家主張人民之自由權利，對社會主張個人之自由權利，此亦予所極表同情者也。團體之成立，乃以維持及發達個體之權利已耳，個體之權利不存在，則團體遂無存在之必要。」〔註 284〕在這個意義上，《愛國心與自覺心》一文中陳獨秀對人民權利重於國家的強調，是與之一脈相承的。而陳獨秀的這一認識，在他創辦《青年》雜誌時得到了重要體現。「歐美現今一切之文化，無不根據於人權平等之說」，「乃自法蘭西革命以還，人權說大唱，於是對於人生之觀念，爲之大變。人生之觀念既變，於是對於國家之觀念，亦不得不變。人生之觀念變，於是乎尊重自由，而人類之理性，始得完全發展。……於是乎剷除專制，而憲政之精神，始得圓滿表見。」〔註 285〕《新青年》派鼓吹個人主義也因此順理成章。

〔註 281〕岳升陽《〈甲寅〉月刊與〈新青年〉的理論準備》，《清華大學學報（哲學社會科學版）》1989 年第 1 期，第 25 頁。

〔註 282〕李怡《日本體驗與中國現代文學的發生》，前引書，第 147 頁。

〔註 283〕岳升陽《〈甲寅〉月刊與〈新青年〉的理論準備》，《清華大學學報（哲學社會科學版）》1989 年第 1 期，第 27 頁。

〔註 284〕陳獨秀《〈雙枰記〉序》，《甲寅》1 卷 4 號，1914 年 11 月 10 日。

〔註 285〕汪叔潛《新舊問題》，《新青年》1 卷 1 號，1915 年 9 月 15 日。

（三）

《甲寅》月刊的作者們對於人權說的主張，在當時還遭遇到國教運動〔註 286〕。該刊創刊之時，正處於第一次國教運動期間，陳煥章等人上書要求以法律的形式定孔教爲國教所引起的支持和反對之聲，都不絕於耳。事實上，在章士釗主持《獨立周報》時，就發表了駁斥陳煥章《論中國今日當倡明孔教》的《論國家與宗教宜分不宜合》這篇文章。文章以《中華民國臨時約法》與美國憲法修正案中均有「信教自由」之說爲依據，認爲「教育本團結人民之利器，今以宗教妨其進行，影響漸及人心，宗教之爭，乃爲國家病矣」，並且指出，孔教在中國素無基礎，從來沒有人將孔子作爲教主看待，說「今遽遍祀上帝以孔子配，而使學校皆祀孔子，謂學校皆孔子教堂，一改歷史上之習慣，必有大多數起而反對之。反對之餘，苟不幸而敗，則信教自由權利掃地以盡。」此外，「釋孔者」「其詮注偏於尊君一方面」，故而認爲「孔教必不可爲國教」〔註 287〕。這正可代表章士釗對第一次國教運動的觀點。故而，從《甲寅》月刊的創刊號到終刊號，章士釗們始終對國教運動保持了辯論的姿態，並且，他們對孔教的討論，由是否應該尊孔教爲國教開始，而日漸發展到縱深。

查該雜誌，關於孔教問題的討論首先由章士釗發起。就在 1 卷 1 號的「評論之評論」欄，他以秋桐之名發表了《孔教》一文。文章一開始，章士釗就亮出了他的觀點：「吾國之尚孔，本班固所爲利祿之途使然。今者素王之運乍衰，科第之廢未久，上之湛深經術之士，下之誦習講章之徒，其欲用其所學，以鳴於世，宜也。惟今之尊孔者，捨其所習，喪其所守，離學而言教，意在奉孔子以抗耶穌，時中華之教，定於一尊，則甚矣，其無當也」。「孔子之不得爲教主，其義至顯，其例至明。吾家太炎先生有駁建立孔教議一首，其言雖非愚所盡取，而要足以破倡孔教會者之迷夢。」〔註 288〕隨後，章士釗大段引用了章太炎的《駁建立孔教議》中的文字，並進行了詳細的辨析。

〔註 286〕韓華在其論著《民初孔教會與國教運動研究》（北京圖書館出版社，2007 年）中，認爲民初有兩次國教運動，1913～1914 年爲第一階段，主要圍繞著「天壇憲法草案」的制定而展開；1916～1917 年爲第二階段，重開恢復之國會，主要圍繞第一屆國會制憲爲中心而展開（參見該書第 87 頁）。

〔註 287〕知難《論國家與宗教宜分不宜合》，《獨立周報》第 2 年第 5 期，1913 年 10 月。

〔註 288〕秋桐《孔教》，《甲寅》月刊 1 卷 1 號，1914 年 5 月 10 日。

在該文結尾部分，他說孔教問題，至爲複雜，他日當再論之，表明了他對這一重要問題的理性認知。

一石激起千層浪。章士釗《孔教》一文的發表，引來了與之商榷、對其進行質問的信件，也引來了對其主張的某一側面進行闡釋的文章。僅從發表的文章來看，直接與之相關的計有以下十篇：1 卷 3 號（1914 年 7 月 10 日）「通訊」欄的《孔教一、二、三、四》（張爾田）、《孔教五》（梁士賢）、《宗教與事業》（陳敏望），「論壇」欄的《孔教與耶教》（陶庸）；1 卷 4 號（1914 年 11 月 10 日）「通訊」欄的《宗教問題》（高一涵）、《孔教》（梁天柱）、《國學》（孫叔謙）；1 卷 6 號（1915 年 6 月 10 日）的《宗教論》（CZY 生）〔註 289〕和《改良家庭制度劄記》（CZY 生）；1 卷 10 號（1915 年 10 月 10 日）「通訊」欄的《宗教》（王九齡）。

孔教會內的活躍者張爾田首先發難。在四封致《甲寅》記者的信中，他對章士釗的《孔教》一文進行了思想轟炸。

「比者言界鉤釽析亂極矣，得繹大報，震東啓明，曙光一鋋，輓近何易多覯。休甚休甚。」之後，張爾田筆鋒一轉，「惟中評孔教，有不能釋然於心者。太炎文梟，陳誼高簡，渾渾圓矣。雖然，眞理之在天壤，如水銀洩地，未必太炎爲是，而溝猶瞀儒爲非，兒啼婦嗟，足以譣玄機，而謂醉孔教者，智出兒婦下耶？」所以，儘管他信末說「仇孔媚孔，兩無容心」〔註 290〕，但他對尊孔、醉孔者的維護態度，是顯而易見的。如果說此信的重點在於闡說他關於尊孔者的言說亦有其價値的觀點的話，那麼，接下來他要論說的是現在流行的關於共和的觀念，其胚胎古已有之：「今之竺舊者，輒謂堯舜之治即共和，吾不敢知。然進而言之，所謂社會主義者，稽諸禮運，我先民固早有此胎觀矣。孔演五經，微言所繫，志蓋有在，恨今尙非其時，然終有達之之一日。」第三封信中，他對當前局勢進行掃描，最後認爲，即便尊孔者有過激之說，其責任也應該部分歸咎於廢孔者：

> 孔教爲宗教與否，此問題竊謂當聽後世裁判，無庸我輩斷斷。惟尊評引班固語，此則局於漢時，非所論於今日。……近時主張孔教者，誠不無過激之譚，此其咎，當與廢孔者分任之，非片面證據所能斷斯獄也。

〔註 289〕論者多有將「CZY 生」誤作「CYZ 生」或者「CCY 生」者。

〔註 290〕張爾田《孔教》，《甲寅》1 卷 3 號（1914 年 7 月 10 日）之「通訊」欄。

寫完第三封信之後，張爾田意猶未盡，又寫了第四封：「宗教者一群人心之最高吸引力也。一群有一群所奉之教，不必與異群盡同。孔教是否宗教問題，當視一群信仰者之多寡爲衡。夫孔子布衣耳，二千年之經典，誠不適時，然而民國創建以來，上自開國鉅工，下至販夫騶卒，無一人敢以非聖詆孔子者。此心同，此理同也。即太炎先生不欲奉孔子以教主徽稱，而不能不崇拜其文治之功，豈冥冥中有迫之使云然耶？毋亦有不忍不然者耶？」最後說「水靜者也，激之可使在山。今爲吾民敵者誰乎？不此之務，而日與人心挑戰，吾恐資寇兵齊盜糧，必有兩承其害者。吾思之，吾欲爲吾同胞涔涔淚下矣。」可見，張爾田在這四封信裏，完美地完成了其起承轉合的全過程，其最終的觀點，就是孔教是值得尊的，尊孔者是正確的。

面對這一次強有力的挑戰，章士釗作了答覆，但是他的回覆堪可玩味。他首先申明「愚之不滿意於今之倡導立孔教者，非於孔子之道有所非難，特謂彼等之意，確以耶教入據中華漸爲上流人士所歸，而因假藉孔學樹爲宗教以相抵抗，且憑政治強橫之力號稱國教，籠罩全邦，加異教者以無形之壓迫，甚且亂其已堅之信仰，是則期期以爲不可也。」稱讚對方對「平等」的界定「立義之精，可稱獨到」，然後說假孔子以排耶穌者不合平等之義，認爲他與張爾田的主張沒有根本衝突之處〔註291〕，並舉耶教使民俗向善的例子，證明耶教遠甚於儒教之功能。也就是說，章士釗主張孔教不應立於國教，是從尊耶的角度做出的判斷，而絕非後來的陳獨秀、吳虞等，從孔教本身的錮弊出發而對孔教進行攻擊。

《孔教五》爲梁士賢所寫。從其行文看，他表面上是對排孔、尊孔者各打五十大板，事實上，他還是傾向於認爲應該以尊孔爲上，現在的問題只在於怎麼尊孔，怎樣才是眞尊孔。

該文之後有《宗教與事業》（陳敏望），其中側重於對章士釗對歐教的肯定而發。附有他所寫的《致留東同學書》，文中說，「予謂富強有道，在乎精神，精神誠於專一，專一起於禮禱上帝。」對此，章士釗未加一語，因爲這正與他的主張相應。

陶庸所著《孔教與耶教》，闡發的是耶教在當時中國救治人民道德的正當性，「友人頗言吾國道德之澆漓，非倡奉耶穌，莫能挽救，余心識之。及讀

〔註291〕在這個意義上，《甲寅》1卷5號刊「文苑」欄刊登張爾田的詩《癸丑九月十日感事》《閏月五日夢後作》，可謂一個象徵。

甲寅雜誌首卷孔教篇，見其駁章太炎先生宗教至鄙之說，引林樂知之言曰：『支那人偶有知識，於立身行己之道，能得其正者，皆耶穌之徒教之使然。』初聞之而驚，繼思之，亦未嘗不然其說。」「漢武帝董仲舒之徒實不知孔，妄以孔教爲一尊之主，而孔子之道湮沒不彰，僅爲專制之符瑞而已。」認爲將孔子認爲是宗教的言論，是「牽引附會，不成意義，是又安有辯論之價值也哉？」

> 孔子不以宗教名，惟以政學顯。其道廣大，以治國平天下爲極，不專事於心身，專制君主亦利用之，堵絕天下之思想，鋤除個人之氣節，懸利祿名位，以驅策士類，天下亦奔走，惟恐或後。〔註 292〕

1 卷 4 號（1914 年 11 月 10 日）「通訊」欄有《宗教問題》（高一涵）、《孔教》（梁天柱）《國學》（孫叔謙），這三篇文章將孔教問題的討論推向了深入。

高一涵首先聲明說「顧余所欲就正者，非尊孔尊耶之執，乃人類應否終有宗教問題也。」對於人類應否有宗教，大約有兩種看法，一種認爲宗教與民質爲相對者，一種認爲宗教爲絕對者，認爲這二者是唯心唯物之爭，認爲人類應否有宗教是根本問題，「尊孔尊耶爲枝葉。而某教挾門戶之爭，某教作事功之梗，某教嗜於利祿，某教流於僞妄，舉爲教徒之罪，又下此而爲枝葉之枝葉矣。」最後說，「君唱尊耶，愚又問鼎於宗教，擠吾等於地獄，儕吾等於名教罪人之列者，必紛然放矢矣。」這是從哲學根本上來審視尊孔尊耶之爭，並且不憚於作名教罪人。對此，章士釗在回覆中肯定了高一涵從哲學入手來解決問題的方式，但他以爲高的言論存在偏差。

梁天柱寫信談《孔教》，「讀大著，見足下頗致力於宗教，故爲之溯其淵源，指其奧蘊，其用心最苦立意獨眞之處，乃在爲耶教謀發展之地，以挽頹俗，而又不欲於孔子之道，故肆觝排，識邃旨嚴，洵吾黨之河山。甚佩甚佩！惟是言激失當，事所恒有。質疑者紛至沓來，頗復以足下之說爲不然。柱平心察之，言者固失之偏與苛，而足下似亦未能辭其責也。夫孔子老安少懷友信之旨，耶穌化人救世之經，雖地異言殊，而其仁覆天下利濟萬物之心則一。世人不察，或軒孔而輊耶，或是耶而非孔，此非墮於深閉固拒之識即中於舍己芸人之說，其陋惟均。西人且笑之矣。是故一偏之士，見耶穌流行中國，因思立孔子爲教主以敵之，此固爲失，悲觀之徒，輒至妄自菲薄，謂孔教無益於人心世道，又焉爲得？足下所論，微有後者之趣，柱殊爲足下惜之。名

〔註 292〕陶庸《孔教與耶教》，《甲寅》1 卷 3 號，1914 年 7 月 10 日。

教罪人自多有之，然懲罪人遂至病名教，揆之邏輯者，有是理乎？以事實言，口耶穌而躬盜賊者，世豈無有？足下又何以爲辭？杜恒與人言，足下議評孔教，至謂蘇張復生，亦艱作辯。」總體來說，這是對章士釗的批評。他認爲，孔教與耶教有相通之處，不應非孔，也不應非耶。

孫叔謙的《國學》中，對獨尊孔子而對學術造成的影響有一些反思。這開啓了「五四」時期對孔教進行反思的另一向度。

1 卷 6 號（1915 年 6 月 10 日）有《宗教論》（CZY 生）和《改良家族制度箚記》〔註 293〕（CZY 生）。

《宗教論》中，CZY 生的看法是，廣義而言，儒術可稱爲教，狹義而言，則不可，「儒術之是教非教，亦不必爭之事」，但是他「不以定爲國教載於憲法爲然」。這是因爲，從狹義而言，儒術與佛耶回三教不同，孔子不被人視爲神而爲人，儒術沒有普通人禮拜之所，且儒術沒有專門的傳教者，從事實上來看，佛耶回教排外，而信儒術的人兼收並蓄，所以儒術非教。

他的態度是「余承認宗教之有益於人心而不滿足於其教育專制門戶紛爭之弊，欲以耶教救中國者，吾固不甚贊成，欲以孔教抗耶教者，吾尤覺其多事。至儒術是教非教之爭，要由各人下宗教之定義有所異同，所爭乃在虛名，於事實固無甚關係。」最後說「要之，吾不尙迷信而不欲強拂他人之信仰，孔子之道，本爲吾所服膺，固無論矣。他教之流行，亦僅可聽其自由。爲國者，對於民間之信仰，義在放任，無取干涉。建立國教，無益事實，徒召政爭。」

《改良家族制度箚記》中說：「個人受家族之輔助，亦受家族之脅迫，個人之自由被侵害者甚多，而法律不加以保護，此亟宜改變之事也」。

1 卷 10 號的《宗教》（王九齡）中論及孔教、耶教、佛教等問題。關於孔教，其中說「若夫孔子之教，自漢以後，在中國有特殊之地位焉？然所葆者，僅君臣之義，至於微言大義，蓋早息絕矣。綜而論之，今之中國，實一無教之國也。歐風東漸，景教西來，吾國人始憬然於宗教與國家之關係也，而相率昌之，若餘杭之於佛，南海之於孔是也。而南海於孔則昌之較早，及於民國，風從甚盛，至眾議淆然，事乃中止。」這相當於是對第一次國教運動的總結。

〔註 293〕目錄中爲「改良家庭制度箚記」，正文中題目爲「改良家族制度箚記」，此以正文題目爲準。

章士釗等人對孔教的批判，屬於他們對思想的重新建構範圍。而他們與尊孔論者的交鋒，始於民國之後的現狀，以及孔教會的出現。他們的主要關注點有二：

1. 孔教是否宗教？

2. 孔教與耶教誰更適合中國？

在這些文章裏，已有對孔教的反思，對封建綱常倫理的批判，但毫無疑問，「以人權說為依據對封建綱常倫理進行批判的任務是由新文化運動承擔起來的。」〔註 294〕

（四）

與人權／國權相對應，個人／國家也是《甲寅》月刊作者們思考和論述的重點。「《甲寅》上先後發表了章士釗的《國家與責任》、《自覺》、《國家與我》，高一涵的《民福》，陳獨秀的《自覺心與愛國心》，李大釗的《自覺心與厭世心》，張東蓀的《制治根本論》、《行政與政治》等多篇文章，從不同方面展開論述，把個人與國家的關係建立在新的基礎之上。」〔註 295〕這個新的基礎，就是個人本位。

可以這樣說，《甲寅》雜誌是在當時「通國無一獨立之人，到處無一敢言之報，人人皆失其我」〔註 296〕的情況下的一聲聲警鐘，它對人權、個人的重視，與此期的國權、國家主義者的主張針鋒相對，而其效果，無異於是一副拯救時弊的良藥。對此，我們可以從常乃悳的下述說法中窺見一斑：「《甲寅》也是談政治的刊物，但是他的談政治和當時一般的刊物不同，他是有一貫的主張，而且是理想的主張，而且是用嚴格的理性態度去鼓吹的。這種態度確是當時的一付救時良藥。在當時舉國人心沈溺於現實問題的時候，舉國人心悲觀煩悶到無以復加的時候，忽然有人拿新的理想來號召國民，使人豁然憬悟現實之外尚復別有天地，這就是《甲寅》對於當時的貢獻。」〔註 297〕

〔註 294〕岳升陽《〈甲寅〉月刊與〈新青年〉的理論準備》，《清華大學學報（哲學社會科學版）》，1989 年第 1 期，第 28 頁。注意，此處所言陳獨秀的《自覺心與愛國心》係引用《甲寅》月刊該期目錄中的文章名，在正文中，該文名為《愛國心與自覺心》。

〔註 295〕岳升陽《〈甲寅〉月刊與〈新青年〉的理論準備》，《清華大學學報（哲學社會科學版）》1989 年第 1 期，第 29 頁。

〔註 296〕秋桐（章士釗）《國家與我》，《甲寅》月刊 1 卷 8 號，1915 年 8 月 10 日。

〔註 297〕常乃悳《中國思想小史》，中華書局，1922 年，第 180 頁。

其實，《甲寅》月刊不僅貢獻於當時，對於隨後的思想界，它也提供了足夠憑藉的資源，所以，我們將《甲寅》月刊稱爲新文化運動的「思想策源地」〔註298〕，是毫不爲過的。

〔註298〕李怡《日本體驗與中國現代文學的發生》，前引書，第147頁。

第二章　新文化運動背景下的「打孔家店」

第一節　《甲寅》月刊·《青年》·《新青年》：兩次嬗變

現有論述《新青年》對孔教、儒家的批判的文字有一個傾向，即將這個起始之點確定在《新青年》雜誌更名前的《青年》的一卷六號，而其理由，無外乎這一期上發表了易白沙的《孔子平議》（上）〔註 1〕。但事實上，如前所述，《新青年》的批孔有著從晚清開始就日漸集中起來的思想資源，而且，我們必須注意到，在《甲寅》月刊、《青年》雜誌與《新青年》這三者之間，有著複雜幽微的關係。仔細考察這種嬗變歷程中的承傳與變異，或許能有助於我們更好地理解《新青年》反孔之所由來。

一、《甲寅》月刊／《青年》：政治／倫理

對於《甲寅》月刊與《新青年》的關係，目前已有不少精彩的論析。代表性觀點有：「《新青年》早期的大部分作者，大都是前此的《甲寅雜誌》的

〔註 1〕李玉剛在《反孔非儒兩鬥士》中說：「在當年的《新青年》雜誌上，《孔子平議》是第一篇指名道姓地向孔子發出激烈挑戰的戰鬥檄文，從而擂響了新文化啓蒙運動五四時期『打倒孔家店』的戰鼓。」見李玉剛編《五四風雲人物文萃：吳虞　易白沙》，人民日報出版社，1999 年，第 10 頁。又如胡明在《陳獨秀與「孔家店」》（《南通師範學院學報（哲學社會科學版）》2003 年第 4 期，第 87 頁）中說，「《新青年》從最早易白沙的《孔子平議》（1 卷 6 號）起至陳獨秀的《復辟與尊孔》（3 卷 6 號）止，轟轟烈烈討論了一年半。——1917 年夏張勳復辟失敗，康有爲等吹嗽叭擡轎子的醜行暴露於天下，他們的尊孔復辟醜劇爲現實的反孔輿論運動加了一條實實在在的注腳。」

編者和作者。就這一點，已可窺睹兩種雜誌承傳關係。」〔註2〕「五四新文化運動的指導勢力不僅不是辛亥革命之外的力量，而應是辛亥革命力量的一部分。換句話說，五四新文化運動的指導勢力與辛亥革命運動也不是兩個世代，而是同一世代的人；兩個運動在人物譜系上有一種承接的淵源。」〔註3〕「《甲寅雜誌》與《青年雜誌》在人員和思想上有相當的淵源關係，它對於新文化運動核心人物群體的形成及其政治和文化取向的發展，起了關鍵作用，並且爲新文化運動作了理論上的準備。」〔註4〕「《甲寅》月刊是1914年5月由章士釗在日本東京創辦，它與新文化運動的關係與周刊迥異。它不僅在組織上同《新青年》有著密切聯繫，而且，更爲重要的是，它在思想上對於《新青年》和新文化運動有著很大影響，《新青年》的許多思想都可以在《甲寅》月刊中找到它的原型。」〔註5〕有人將《甲寅》稱爲「新文化運動的鼻祖」〔註6〕，或者「新文學運動的思想先聲」〔註7〕，這些無疑都是值得重視的判斷。

但當論者都將注意力集中到二者在諸多方面的相似性上時，我們必須警惕這樣一個傾向：「不但思想一線延續，連人物也相重疊，使得人們不自覺地要認爲晚清思潮與新文化運動時期沒有什麼改變。」〔註8〕事實上，無論我們怎樣梳理並證明《甲寅》月刊與《新青年》的密切聯繫，我們都無法忽略這樣一個基本的事實：兩個刊物都是非常複雜而豐富的研究對象，它們內部的多重指向，注定這兩個刊物有著不能輕易被忽視掉的差異。所以，我們將《甲寅》月刊稱爲「孕育《青年雜誌》的母體」〔註9〕也罷，「新文化運動的鼻祖」〔註10〕也罷，「新文學運動的思想先聲」〔註11〕也罷，認爲「《甲寅雜誌》爲

〔註2〕陳萬雄《五四新文化的源流》，前引書，第169頁。

〔註3〕陳萬雄《五四新文化的源流》，前引書，第57頁。

〔註4〕閔銳武《〈甲寅雜誌〉與〈新青年〉的淵源關係》，《河北師範大學學報》2001年第3期。

〔註5〕岳升陽《〈甲寅〉月刊與〈新青年〉的理論準備》，《清華大學學報（哲學社會科學版）》1989年第1期。

〔註6〕常乃悳《中國思想小史》，前引書，第181頁。

〔註7〕李怡《〈甲寅〉月刊：五四新文學運動的思想先聲》，《中國現代文學研究叢刊》2003年第4期。

〔註8〕王汎森《中國近代思想與學術的系譜》，前引書，第232頁。

〔註9〕胡峰《〈甲寅雜誌〉（月刊）：孕育〈青年雜誌〉的母體》，《齊魯學刊》2009年第6期。

〔註10〕常乃悳《中國思想小史》，前引書，第181頁。

新文化運動搭起了知識份子活動的舞臺，而《新青年》則隨之唱起了主角，領導了新文化運動」〔註 12〕也罷，我們必須承認的是，《甲寅》月刊與《新青年》（此指四卷前的《新青年》）各由思想同樣複雜的文化人物章士釗與陳獨秀主筆，他們思想傾向的巨大差異，導致這兩種雜誌的面貌、旨趣很不相同。「對於辛亥革命後民主政治失敗的普遍反思，已經把人們帶到了一場文化運動的大門之前，《甲寅》月刊爲運動的興起，提供了理論的契機。但它本身並沒有能轉向新文化運動。《新青年》的作者們，在此基礎上，順應了時代的需要，提出『倫理的覺悟』的響亮口號，舉起民主和科學的大旗，掀起了新文化運動。」〔註 13〕也就是說，從《甲寅》月刊到《新青年》，新集結的知識份子在新的平臺上，重點關注了不同的問題。考察這個嬗變過程中的變異，也許是我們進一步推進二者關係研究的重要方面。

《新青年》較之《甲寅》月刊，在思想上的重點不同，前者更多偏向於政治，而後者偏向於倫理，這一點已爲多數論者指出〔註 14〕，此不贅述。這裡想花筆墨加以討論的是兩個細節：關於《愛國心與自覺心》，以及發生於黃遠庸與章士釗之間的討論。

（一）章士釗與陳獨秀：如何愛國？

前已論及，《甲寅》月刊的諸多政論文章，已經體現了重人權而輕國權的新觀念。但很顯然，在論及個人與國家的關係問題時，不同人士的觀點並不全然相同。發生於章士釗與陳獨秀之間的關於如何愛國的討論，就是案例之一。

《愛國心與自覺心》〔註 15〕一文，是陳獨秀以「獨秀」之名〔註 16〕，發

〔註 11〕李怡《〈甲寅〉月刊：五四新文學運動的思想先聲》，《中國現代文學研究叢刊》2003 年第 4 期。

〔註 12〕閔銳武《〈甲寅雜誌〉與〈青年雜誌〉的淵源關係》，《河北師範大學學報》（哲學社會科學版）2001 年第 3 期，第 68 頁。

〔註 13〕岳升陽《〈甲寅〉月刊與〈新青年〉的理論準備》，《清華大學學報（哲學社會科學版）》1989 年第 1 期，第 36 頁。

〔註 14〕如岳升陽《〈甲寅〉月刊與〈新青年〉的理論準備》，《清華大學學報（哲學社會科學版）》，1989 年第 1 期。

〔註 15〕《甲寅》月刊 1 卷 4 號的目錄上該文名爲《自覺心與愛國心》，正文名爲《愛國心與自覺心》，據正文所述，應以正文題目爲是。值得一提的是，由於該題目在目錄與正文中的不同，導致有些學者在引述時各執一詞，李龍牧在其《五四時期思想史論》（復旦大學出版社，1990 年）中就認爲文章名爲《自覺心與愛國心》（見該書 12～19 頁），絕大部分學者則認爲其名字爲《愛國心與

表於《甲寅》月刊 1 卷 4 號「論著」欄內的文章，僅排於章士釗的《調和立國論》之後。陳、章之文，雖同談國家問題，而立場、觀點有著太大的差異，也許是在章士釗「有容」、「調和」的理念之下，陳獨秀在《甲寅》月刊上發表的這唯一一篇論文雖「好像一顆炸彈放在甲寅雜誌中間，震動了全國論壇」〔註 17〕，但終究與《調和立國論》作為對當時政治現象進行主觀干預的兩種向度，一起面世了。

陳獨秀該文，頗具有章士釗所提倡的「邏輯」文的風範，從始至終，有著嚴密的邏輯觀念的冒險。

文章伊始，陳獨秀指出「範圍天下人心者，情與智二者而已」，但在當今的中國，「人心散亂，感情智識，兩無可言」。國人已經陷入了既無愛國心也無自覺心的境界中，而這將導致「國必不國」。

那麼，愛國心為何？陳獨秀重點對比了中國語言中所謂的「忠君愛國之說」與歐洲各國所謂的「愛國心」之根本差異，指出，「中國人之視國家也，與社稷齊觀，斯其釋愛國也，與忠君同義。」這樣的觀念之下的國家與人民的關係是：國家是國君及其後世子孫的，而人民，「惟為締造者供其犧牲，無絲毫自由權利與幸福焉」，「凡百施政，皆以謀一姓之興亡，非計及國民之憂樂，即有聖君賢相，發政施仁，亦為其福祚攸長之計，決非以國民之幸福與權利為準的也」。而歐洲各國的憲章中明確記載了人民的權利，成立國家的精神在於「保障權利，共謀幸福」。既然歷來的當政者都未重視個人的權利與幸福，那麼中國人愛國與否根本就不重要了，因為這國本就不是為個人而存在的，何愛之有？

由此，陳獨秀認為，不能盲目地談愛國，「愛國心雖為立國之要素，而用適其度，智識尚焉」，而這個「智識」，就是自覺心，即「覺其國家之目的與情勢也」。事實上，不知國家之目的而愛之者，已經有德、奧、日等之國民，

自覺心》。

〔註 16〕這是「獨秀」作為陳獨秀的筆名的第一次公開亮相。此前，他在《甲寅》上發表了一封來信，署名 CC 生；發表了七首詩，署名陳仲。而就在《甲寅》月刊此號的《雙枰記》一文中，多有「獨秀」「獨秀山民」的說法，而其作序人之一，就是「獨秀山民」，可以說，正是在這一期中，「獨秀」登場了。

〔註 17〕鄭超麟《陳獨秀與〈甲寅雜誌〉》，《安徽史學》2002 年第 4 期，第 66 頁。該文寫於 1946 年，但一直沒有機會發表，後由中國社科院近代史所唐寶林研究員偶然發現，才浮出歷史地表。但從發現的 1981 年 5 月，到文章終於發表的 2002 年，又是二十餘年過去了。

他們被其君相利用，而侵犯他人之自由，發動戰爭，這就是帝國主義。不知國家之情勢而愛之者，已經有朝鮮、土耳其、日本、墨西哥及中國。在這種情況下，「愛國適以誤國」。

基於前面的論述，陳獨秀對當時中國人應該如何自處，做了精闢分析。他分析了存在的幾種謬說，如中國地大物博，「物阜民稠，人謀不乖，外患立止」說；如「神州不振，將下等於印度、朝鮮之列」說；如「鋤而去」當今之國說；如「吾民德薄能鮮，共和不便，仍戴舊君，或其寧一」說。陳獨秀認爲，亡國並不可怖，因爲「國家者，保障人民之權利，謀益人民之幸福者也。不此之務，其國也存之無所榮，亡之無所惜。」而當時的中國之爲國，「外無以禦侮，內無以保民，不獨無以保民，且適以殘民，朝野同科，人民絕望。如此國家，一日不亡，外債一日不止；濫用國家威權，斂錢殺人，殺人斂錢，亦未能一日獲已；擁眾攘權，民罹鋒鏑，黨同伐異，誅及婦孺，吾民何辜，遭此荼毒！」所以陳獨秀預言「海外之師至，吾民必且有垂涕而迎之者矣。」他甚至認爲「惡國家甚於無國家」，「國家國家，爾行爾法，吾人誠無之不爲憂，有之不爲喜」。文末，陳獨秀說「吾人非咒爾亡，實不禁以此自覺也。」〔註 18〕

這是陳獨秀此期政治思想的一次較爲全面的展示。他秉持歐洲近代以來的新國家、人民關係觀——人民的利益、幸福至上，認爲當時的中國實在不值得愛，並認定這個國家亡不亡與他都沒有什麼關係，他甚至期待著海外之師的來臨，等著被分割的結局。

值得注意的是，就在這一號上，陳獨秀以「獨秀山民」的筆名，寫有《〈雙枰記〉敘》這篇可以作爲《愛國心與自覺心》的互文來看待的文章。在該文中，陳獨秀談到了他對爛柯山人該文之立意的理解。他說，「爛柯山人素惡專橫政治與習慣，對國家主張人民之自由權利，對社會主張個人之自由權利，此亦予所極表同情者也。團體之成立，乃以維持及發達個體之權利已耳，個體之權利不存在，則團體遂無存在之必要。必欲存之，是曰盲動。爛柯山人作此書，非標榜此義者也，而於此義有關係存焉。」承接前文，我們可以看到，陳獨秀所理解的爛柯山人即章士釗的觀念，其實正是他在《愛國心與自覺心》一文中的觀點的復現。他認爲章士釗的觀點與他的接近，而事實如何呢？

〔註 18〕前所引皆見獨秀（陳獨秀）《愛國心與自覺心》，《甲寅》月刊 1 卷 4 號。

事實是，章士釗與陳獨秀的的觀點，一直有不可忽視的差異。

章、陳二人，早在 1902 年就相識，共同的革命歷程讓二人對於革命、國家、個人有著共同的興奮點。1913 年，二人共同參加反袁的二次革命，失敗後，陳獨秀暫居國內，而章士釗本擬去歐洲，終在日本流亡，並創辦《甲寅》雜誌。在《甲寅》1 卷 2 號上，刊發了署名「CC 生」的信《生機》，通篇文字，滿是對「生機斷絕」之後的灰色心理的描繪。他描述自己的境況是：「僕本擬閉戶讀書，以編輯爲生。近日書業，銷路不及去年十分之一，故已閣筆，靜待餓死而已。」他所處的行業的情況是「雜誌銷行，亦復不佳。人無讀書興趣，且復多所顧忌，故某雜誌已有停刊之象。」因此他擔心《甲寅》月刊「能否持久」，「《甲寅雜誌》之運命，不知將來何如也？」對於國家，他的描述是「自國會解散以來，百政俱廢，失業者盈天下。又復繁刑苛稅，惠及農商。……生機斷絕，不獨黨人爲然也。國人唯一之希望，外人之分割耳。」可以說，這體現出作者從自身生計很成問題的事實，進而觀察到整個國家的生機都斷絕的思想軌迹。信末，他希望能學世界語，以爲將來的謀生計，而這背後，正是對中國將遭他國瓜分的擔憂。

這封信正是陳獨秀所寫。此期陳獨秀的心境，可從他發於《甲寅》1 卷 3 號的七首詩看出。他「本有沖天志」，在當時卻只落得「飄搖湖海間」的命運（《詠鶴》），他感到自己「有天留巨眚，無地著孤身。」而「清涼詩思苦，相憶兩三人」（《杭州酷暑寄懷劉三沈二》）。

對此，章士釗亦有所感，他以雜誌記者身份對陳獨秀之信進行了公開回覆。其全文如下：

> 捧書太息！此足下之私函，本不應公諸讀者。然以寥寥數語，實足寫盡今日社會狀態。愚執筆終日，竟不能爲是言。足下無意言之，故愚寧負不守秘密之罪，而妄以示吾讀者。嗚乎！使今有賈生而能哭，鄭俠而能繪，不審所作較足下爲何如？然曰國人唯一之希望在外人之分割，又何言之急激，一至於斯也。至《甲寅雜誌》，當與國運同其長短，己身無所謂運命也。有友魯莽不文，貽愚書曰：「趁國未亡，爾有什麼說，儘管說出來，免得國亡，爾有一肚皮話未說，要叉氣悶。」如此君言，則國亡時，《甲寅雜誌》將不作矣。換位而言，《甲寅雜誌》不作，或有他力使《甲寅雜誌》不能更作，亦必國亡時矣。折柬邀愁人，相逢只說愁。以語足下，其信然否？

《生機》本係陳獨秀作覆章士釗之函，章士釗見其以自己所寫不出的寥寥數語寫盡社會情態，故而甘冒不守秘密之罪而將之公諸於眾。這表示章士釗非常認同陳獨秀對國是的看法。但另一方面，他對《甲寅雜誌》能否持久這一問題的回覆中，明顯透出該刊與國家存亡相聯繫的看法，這也就是章士釗始終沒有抹掉的國家主義思想的體現。與此相關，他自然會將陳獨秀所言「國人唯一之希望在外人之分割」一語看作是急激。而從這後兩條看來，就在此處，章、陳二人的看法已經存在分歧，對於國家與自己、對於國家的前途已經有不同的設想與準備。

如果說，在 1 卷 3 號刊出的 1914 年 7 月 10 日，章士釗還順帶指出陳獨秀關於「國人唯一之希望在外人之分割」的言論乃「言之急激」者的話，陳獨秀的《愛國心與自覺心》一文，可能讓他對個人與國家的關係進行了更深入的思考，所以，到了 1 卷 8 期刊出的 1915 年 8 月 10 日，章士釗寫出了《國家與我》這篇重要文章，對他前此委婉批評陳獨秀「急激」的觀點進行了部分修正，並全面回覆了叱責陳獨秀的來信。

《國家與我》首先談到了陳獨秀之文發表後的巨大反響：「往者同社獨秀君作《愛國心與自覺心》一文，揭於吾志，侈言吾國不足愛之理。……斯言一出，讀者大病。愚獲詰問叱責之書，累十餘通，以為不知愛國，寧復為人，何物狂徒，敢為是論。」但是，在「政象日棼，人心日死，偕亡之歎，聞諸道途，暮氣之深，淪於無底。蓋國家將亡國家將亡云者，今固已萬口同聲，有不期然而然者矣」的現狀之下，章士釗雖「竊幸國中自奮之氣尚富，而亦不願作者談言之微中也。」然而，幾個月之後，經歷了「二十一條」事件的他，卻不得不悲哀地發現，「愛國心之為物，不幸卒如獨秀君所言，漸次為自覺心所排而去。」故而，陳獨秀成了「汝南晨雞，先登壇喚耳」。尤其是梁任公在《痛定罪言》中，說國中有這種思想的人占了十之八九。章士釗因此感慨於梁的言論與「舉世怪罵之獨秀君合轍」，「而詳盡又乃過之」，認為這種合轍正是所謂「聖者因時制宜之道」，英雄所見略同的意思。

接下來，章士釗先論述了國人對國之為何物的認識上的偏差，主張要有自覺心，應有「真覺」，認為「無此真覺，故數千年只有君史而無民史，展轉桎梏於獨夫民賊之下，至今日無少」。但他後面的大段論述，很快偏離了陳獨秀所論。他說「覺矣，徒覺其有奚益？」認為如果真有「翻各色之降幡，迎海外之湯武，遠宗邦昌」者，「舉目曠觀」也找不到，故這些言論是「苟非精神瞀亂之極，或偶爾激刺之談，」「吾未見有心者果能作此想也。」解決之道，章士釗認爲是在我自身。那些憤激之談，固然「一針見血」，可以「蘇其冥頑」，但一旦已經讓他們蘇醒，就應該「愼用其感情，勿使國人之純正心理轉而趨於潦倒沈廢之域，一往而不可救」。他運用盧梭的解散國家之說和民族之義，進行了辨析，說「言國不足愛，愚亦不強其愛，惟請從盧梭之言，視國家爲已解散，民族之自由已經回覆，則第二步，當復何如？如以愚觀之，國家解散可矣，民族終不能解散，」所以「前已解散之國家不愛可也，今復建設之國家不愛不可也，而欲愛之，……解決之道曰，儘其在我」〔註 19〕，而且他希望那些聲言國不足愛，國亡不足懼的人先實行之。

也就是說，章士釗認爲陳獨秀《愛國心與自覺心》之文有先見之明，而且有其合理性，這與當時的國勢、政勢相合，且與梁啓超英雄所見略同，但他認爲，有了自覺之後還不夠，還必須有解決之道，而解決之道不是歡欣鼓舞於外人之分割，國之滅亡，而是從我做起，將國家理解爲已經解散了因此正需建設者，努力去建設之、愛之，因爲沒有國家，就沒有我的存在，「我生於斯，長於斯，族聚於斯，斯之不存，我即無所傳以自立於世耳」〔註 20〕。可見，章士釗雖在該文中批駁僞國家主義，但是他的立場依然與陳獨秀重在人民權利、幸福的民主立場不同，他的判斷標準，依然是將個人依附於國家，而非眞正獨立的個體。

章士釗與陳獨秀的這種差異，預示著二人後來會走上不同的道路。我們常常認爲，《甲寅》月刊時期對於陳獨秀而言是非常重要的，「《甲寅》月刊在陳獨秀思想發展上是一個重要的環，他開始從政治的改革走向深刻的文化和社會的改革，彰顯了陳獨秀對民初社會現實和國人心理有著清晰的認識並做出深刻的判斷。」〔註 21〕但是，對於這個轉變的發生過程，我們往往缺乏梳理、辨析。筆者認爲，《甲寅》時期，陳獨秀參與編輯《甲寅》月刊，結識了一大批後來的作者，領略了章士釗的思想，學習了《甲寅》的編輯體例，等等，這些都固然重要，但更爲重要的或許在於，就在這一時期，陳獨秀由《生機》開始，就已經從自己的自身體驗出發，對個人與國家之關係，獲得了與章士釗不同的認知，而經由《愛國心與自覺心》的討論，或許陳獨秀更深刻

〔註 19〕秋桐《國家與我》，《甲寅》月刊 1 卷 8 號，1915 年 8 月 10 日。

〔註 20〕秋桐《國家與我》，《甲寅》月刊 1 卷 8 號，1915 年 8 月 10 日。

〔註 21〕趙亞宏、郝福華《同爲公共話語空間的〈甲寅〉月刊與〈新青年〉研究》，《通化師範學院學報》2009 年第 11 期，第 53～54 頁。

地認識到了這種差異性如梗阻般的存在，所以才在 1915 年的 6 月，離開江戶回到上海，下決心開創自己的文化事業：「他明白，他的文章不合於甲寅的作風。人家談法理，論政制，他則要超出法理政制以上；人家始終把『愛國』置於一切之上，他則認爲必須敢說『瓜分之局何法可逃，亡國爲奴何事可怖』的話，中國才有出路。此時這話，雖然私人談論時十人八九不以爲怪，但出版物的編輯人究竟不願意發表出來的。他也必須有自己主編的雜誌。從發表那篇文章時起，他就積極計劃著自己辦雜誌了。」〔註 22〕「這次回國，他（指陳獨秀，引者注）是立意要獨立地去開展思想文化運動、并由此另闢蹊徑的。從悲觀失望到認爲『亡國爲奴、何事可怖』的程度，轉而奮起走上思想文化的戰場，這應看作一個重大的轉變。」〔註 23〕而饒有意味的是，就在這一號明確宣示章、陳之別的《甲寅》月刊之的封底頁，刊登了《青年》雜誌的出版預告。或許，這是一種章、陳選擇好的方式？

（二）章士釗與黃遠庸：政論救國還是文學救國？

《甲寅》月刊是主張政治救國的章士釗所主辦〔註 24〕，此一時期，以他爲首的一批人，甚至創造了所謂的「政論文學」：「章士釗同時的政論家——黃遠庸，張東蓀，李大釗，李劍農，高一涵等，——都朝著這個趨向做去，大家不知不覺的造成一種修飾的，謹嚴的，邏輯的有時不免掉書袋的政論文學。」〔註 25〕在章士釗此期所作的政論文章中，我們能明顯看到他有容、調和的政治立場，以及將個人置於國家之下的國家主義立場，所以儘管《甲寅》上已經有個人主義的集中展現，但對於中國近代的個人主義流變來說，這最多相當於含苞時期，眞正的開花乃至結果，尙需時日。

但《甲寅》終究是一個開闊的公共空間，在這上面發言、討論的問題，往往並不全受章士釗個人觀點的拘囿，甚至，從現在看來，章士釗發表有些文章的目的與我們今天看過去所獲得的，剛好相反。黃遠庸在《甲寅》上發表的兩封信，就是這樣的情況：在現在的我們看來，黃遠庸的來信引發了一個值得關注的深層次問題——到底根本救濟之法，在政治還是文學？這是從

〔註 22〕鄭超麟《陳獨秀與〈甲寅雜誌〉》，《安徽史學》2002 年第 4 期，第 70 頁。

〔註 23〕李龍牧《五四時期思想史論》，復旦大學出版社，1990 年，第 21 頁。

〔註 24〕在《甲寅》月刊第五～十號的封面右上部，均有「秋桐先生主撰」幾個大字。

〔註 25〕胡適《五十年來中國之文學》，沈寂編《胡適學術文集·新文學運動》，中華書局，1993 年版，1998 年第 2 次印刷，第 132 頁。

文學與倫理進行變革以開啓中國現代思想與文化的思路的可貴萌芽，而章士釗當時的反應爲何，在這反應背後，又有什麼遺憾呢？

曹聚仁曾經這樣評價過黃遠庸的地位：「過去五十年中，以新聞記者露頭角，而一直爲當代史家們稱引的民初朝野動態，自以黃遠生爲第一人。」〔註 26〕其實，對於黃遠庸的價值，早在 1919 年他被暗殺之後，搜集整理其遺稿的林誌均就已經從政治、新文藝和人生三大方面，試圖全面、中肯地作出評價〔註 27〕。後來，在《新青年》和《新潮》上提到黃遠庸的文章就不下三十篇。胡適在 1922 年所寫的《五十年來中國之文學》這篇重要文獻中，高度評價了黃遠庸的意義所在：

> 當日的政論家苦心苦口，確有很可佩服的地方。但他們的大缺點只在不能「與一般之人生出交涉」。這一句話不但可以批評他們的「白芝浩——戴雪——哈蒲浩——蒲徠士」的內容，也可以批評他們的精心結構的政論古文。黃遠庸的聰明已先見到這一點了，所以他懸想將來的根本救濟當從提倡新文學下手，要用淺近文藝普遍四周，要與一般的人生出交涉來。……他這封信究竟可算是中國文學革命的預言。他若在時，他一定是新文學運動的一個同志，正如他同時的許多政論家之中的幾個已做新文學運動的同志了。〔註 28〕

黃遠庸曾和藍公武、張東蓀一起，被人稱爲民國時期的「新中國三少年」。黃遠庸逝世後，藍公武曾致信給胡適，指出《新青年》所提出的文學革命、思想革命正是黃遠庸的未竟事業，胡適將此信發表於《新青年》。《中國近代文學之變遷》〔註 29〕、《現代中國文學史》〔註 30〕、《新文學運動史講義提綱》〔註 31〕等論著，都曾對黃遠庸的價值作出過肯定。而他們的肯定之點中，都

〔註 26〕曹聚仁《「舊」聞記者——從黃遠生到陶菊隱》，曹聚仁《聽濤室人物譚》，生活·讀書·新知三聯書店，2007 年，第 338 頁。

〔註 27〕參見林志鈞《遠生遺著·序》，黃遠庸《遠生遺著》第 1 冊，商務印書館，1924 年。

〔註 28〕胡適《五十年來中國之文學》，沈寂編《胡適學術文集·新文學運動》，前引書，第 133～134 頁。

〔註 29〕陳子展《中國近代文學之變遷》，中華書局，1929 年，第 129～132 頁。

〔註 30〕錢基博《現代中國文學史》，上海書店出版社，2004 年，第 382～383 頁。

〔註 31〕周揚在延安魯迅藝術文學院任教的 1938～1940 年間所編，未曾發表。1986 年《文學評論》上發表了講義的引言、和第 1～2 章原稿。見《文學評論》1986 年第 1 期，第 28 頁。

偏重於黃遠庸之於中國新文學的先聲這一點。在當代，對黃遠庸進行專題研究的論文有八十餘篇，論述其與新文學運動關係的文章有以下四篇：《新文學史應該有黃遠生的名字》〔註32〕、《〈文學改良芻議〉探源——胡適與黃遠生》〔註33〕、《陳獨秀與黃遠生：〈文學革命論〉來源考》〔註34〕、《黃遠生：五四之前的新文化先驅者》〔註35〕。《〈甲寅〉月刊與中國新文學的發生》〔註36〕一文中也多有論述。上述研究成果均關注到了黃遠庸發表在《甲寅》月刊上的兩封信。

這兩封信在《甲寅》月刊第10期的「通訊」欄中刊出，題目是《釋言·其一》、《釋言·其二》。二者是一個整體，完整地體現了黃遠庸從政治向文學的轉變。

黃遠庸本係法科出身，1909年從日本中央大學法科畢業後歸國，在清政府郵傳部任職，辛亥之後，他脫離官場而從事於新聞事業，成爲第一個以新聞採訪和寫作聞名於世的人。他的大量政論文章，和章士釗、張東蓀、高一涵等一起，被胡適稱爲獨特的「政論文學」。但由於他在辛亥後的北京，不得不做諸多唯心之論，時時有人格分裂的痛苦，以致他將自己在京新聞界的幾年稱之爲「數年墮落」〔註37〕，其懺悔之情，在他離開中國後寫作的名篇《懺悔錄》〔註38〕中有透徹的表現。他的離京至滬，和他對數年的「墮落」的警惕密切相關，但更和他在袁世凱稱帝事件中的遭遇密切相關：這年秋天開始，袁世凱稱帝鬧劇開啓，他有意藉重黃遠庸的名聲爲其復辟大張聲勢，於是命他寫一篇讚助帝制的文章。黃遠庸拖延了多天沒寫，後禁不起袁氏的催逼，寫了一篇「似是而非」，「並非怎樣贊成」的文章加以搪塞。袁世凱看了當然不滿意，命其重作。値此，在這「人格上爭死活的最後一關」〔註39〕，他決然逃離北京到了上海，準備一二個月後去美國，並說「此後當一意做人，以求懺悔居京數年墮落之罪。」〔註40〕

〔註32〕沈永寶作，刊於《讀書》1998年第10期。
〔註33〕沈永寶作，刊於《上海社會科學院學術季刊》1995年第2期。
〔註34〕沈永寶作，刊於《復旦學報（社會科學版）》1992年第3期。
〔註35〕張光芒作，刊於《東方論壇》2001年第4期。
〔註36〕趙亞宏《〈甲寅〉月刊與中國新文學的發生》，吉林大學2008年博士論文。
〔註37〕黃遠庸《釋言·其一》，《甲寅》月刊1卷10號，1915年10月10日。
〔註38〕刊於《東方雜誌》12卷11號，1915年11月10日。
〔註39〕林志均《〈遠生遺著〉序》，黃遠庸《遠生遺著》第1冊，前引書，第2～3頁。
〔註40〕黃遠庸《釋言·其一》，《甲寅》月刊1卷10號，1915年10月10日。

由此，我們能更深入地理解他在《釋言・其一》中對自己角色的反省。在該信之首，黃遠庸描述了他當時的心境：「自讀《甲寅》，佩恨交集。佩者以今日號稱以言論救世者，惟足下能副其實；恨者如遠之徒，乃亦列身言論之界，以玷辱公等耳」。他的所恨當然存在很大的自謙成分，這與其後的經典表述一脈相承：

遠本無術學，濫廁士流，雖自問生平並無表見，然即其奔隨士夫之後，雷同而附和，所作種種政談，今無一不為懺悔之材料。蓋由見事未明，修省未到，輕談大事，自命不凡；亡國罪人，亦不能不自居一分也。此後將努力求學，專求自立為人之道，如足下之所謂存其在我者，即得為末等人，亦勝於今之一等腳（原文如此，引者注）色矣。〔註 41〕

但我以為，他對自己的貶損和對章士釗的推崇，其實都意在為後面的論述做鋪墊。也就是說，不管是他，還是章士釗，面對當時黑暗的社會現實，都是相當無力的存在。「愚見以為居今論政，實不知從何處說起。洪範九疇，亦只能明夷待訪。果爾，則其選事立詞，當與尋常批評家專就見象為言者有別。」〔註 42〕那麼，根本的出路在哪裡呢？

至根本救濟，遠意當從提倡新文學入手，綜之，當使吾輩思潮如何能與現代思潮相接觸，而促其猛醒。而其要義，須與一般之人生出交涉。法須以淺近文藝普遍四周。史家以文藝復興為中世改革之根本，足下當能語其消息盈虛之理也。〔註 43〕

期待著民國即一個共和、民主、自由的法治國家出現的黃遠庸，經過民初數年在新聞界的摸爬滾打，得到的是法治不可能在當時的體制下出現，共和很快會成為虛無，專制的袁氏政權將會成立的殘酷結果。他意識到自己數年以來的激揚文字，那些洋洋灑灑的政論文章，都絲毫無力扭轉當前的局勢，於是，他從 1914 年就開始有的改革文藝以改革思想的想法，在他逃亡於滬之時重新浮現了出來，使得他提出了「根本救濟」之法「當從提倡新文學入手」的重要觀點。這在當時固然是石破天驚，「可算是中國文學革命的預言」〔註 44〕，但在黃遠庸的認知體系裏，卻早已有端倪。「自今以後，將撰述西洋

〔註 41〕黃遠庸《釋言・其一》，《甲寅》月刊 1 卷 10 號，1915 年 10 月 10 日。
〔註 42〕黃遠庸《釋言・其一》，《甲寅》月刊 1 卷 10 號，1915 年 10 月 10 日。
〔註 43〕黃遠庸《釋言・其一》，《甲寅》月刊 1 卷 10 號，1915 年 10 月 10 日。
〔註 44〕胡適《五十年來中國之文學》，沈寂編《胡適學術文集・新文學運動》，前引

文學的概要，天才偉著所以影響於思想文化者何如，冀以篳路藍縷，開此先路」。這是 1914 年他在接替梁啓超編輯《庸言》時所寫的《本報的新生命》中就有的認識，此後，他成功翻譯了法國梅里美的小說《韃蠻歌傳》，在戲劇等方面也做了嘗試，眞可謂是在以個人的努力，從事中國的文藝復興運動，堪稱新文學的先驅者。

可以說，現實的刺激、強烈的反省意識，已促使黃遠庸完成了從政論大家到新文學的提倡者的重要轉變。正是在這個意義上，胡適的慨歎是眞切的：「黃遠庸那年到了美國，不幸被人暗殺了，他的志願毫無成就」〔註 45〕，而他的預計也具有非常合理的成分：「他若在時，他一定是新文學運動的一個同志，正如他同時的許多政論家之中的幾個已做了新文學運動的同志了。」〔註 46〕

然而，儘管章士釗一直很看重黃遠庸〔註 47〕，但黃遠庸的《釋言・其一》與《釋言・其二》這代表「一個政論大家的最後懺悔」的文字，卻並未得到作爲政論大家的他的全部認同，對於「根本救濟」「當從新文學入手」的說法，章士釗的反應簡直是全然相反的——

> 提倡新文學，自是根本救濟之法。然必其國政治差良，其度不在水平線下，而後有社會之事可言，文藝其一端也。歐洲文事之興，無不與政事並進。古初大地雲擾，梟雄竊發，躪蹂黌舍，僇辱儒冠，幸其時政與教離，教能獨立，而文人藝士往依教宗，大院宏祠變爲學圃，歐洲古文學之不亡，蓋食宗教之賜多也。而我胡望者以知，非明政事，使與民間事業相容，即莎士比囂俄復生，亦將莫奏其技矣！〔註 48〕

書，第 133 頁。

〔註 45〕胡適《五十年來中國之文學》，沈寂編《胡適學術文集・新文學運動》，前引書，第 133 頁。

〔註 46〕胡適《五十年來中國之文學》，沈寂編《胡適學術文集・新文學運動》，前引書，第 133～134 頁。

〔註 47〕在 1 卷 3 號的《政力向背論》中，章士釗探討中國人爲何這麼恐慌於革命的原因，爲批駁他人所說「中國乃特別國家，非可以政治常道論也」時，引用了黃遠庸的話，說外人之爲此言，乃「中國之大恥，不當引爲佐證……斯言果信，即等於謂吾中國人在天演上當永劫爲奴。惟治奴當以特別法耳」（這是黃遠庸在《庸言》第 29 期所發文字）。章對黃的「永劫爲奴」很有同感，並由此生發出後面的議論。

〔註 48〕章士釗對黃遠庸兩封來信的回復，見《釋言》，《甲寅》月刊 1 卷 10 號，1915

也就是說，章士釗雖然承認新文學的提倡是根本救濟之法，但他認爲，現在還不是提倡新文學的時候，因爲新文學依賴於政治的良明。表面看來，這是關於什麼時候提倡新文學的差異，但實質上，是關於救濟中國這個宏大問題的兩種選擇、兩條路徑的分歧。章士釗依然沒有放棄他的政治救國的主張。而他之所以在《甲寅》月刊上刊發黃遠庸的這兩封來信，是將這種刊登行爲作爲一種有容觀點的體現，是爲了他與黃遠庸的文字因緣，而絕不是爲了提倡新文學。我們今天將章士釗刊發黃遠庸的信坐實爲《甲寅》月刊提倡新文學的表現，這多少有點差強人意，畢竟章士釗在其回覆裏是持辯駁意見的，而且其語氣是那麼不容置疑。

但《甲寅》月刊與新文學的關係，還沒有這麼簡單。事實上，就在《甲寅》月刊 1 卷 10 號上，刊發了關於胡適的《非留學》的通信〔註 49〕，而且此前胡適已經在美國幫助銷售《甲寅》月刊，並且已經與章士釗取得過聯繫。我們有理由相信，胡適會看到黃遠庸的這兩封信，而且，對於正探索中國之前途的迷茫的胡適而言，它們會給他以深刻的啓迪。在這個意義上，胡適提出「文章八事」受到黃遠庸的觸動，是合理的一個推測〔註 50〕。此外，「文苑」、「詩錄」以及小說這三個欄目，在《甲寅》月刊上雖然佔據的是並非重要的地位，但是，這三個欄目，尤其是其小說一欄，畢竟出現了因個人、自由觀念的滲透而帶來的新氣象。這既體現於章士釗的《雙枰記》，蘇曼殊的《絳紗記》、《焚劍記》等文學作品中，也體現於陳獨秀、蘇曼殊爲其所作的序言中——個人、情感、生與死，在作品中得到了體現，而在序言中得到了提煉和認同。這本身就預示著一個變化：從文以載道到以文傳達自己在人世間的諸多繁複的情感體驗，文學日漸在朝發現個人的路途上行進，而這似乎無意間開啓的文學新動向，與黃遠庸在《甲寅》月刊上的臨終一呼，遙相契合。或許正是這種契合，終於導致了《甲寅》月刊的政論健將們，如陳獨秀、高一涵等，開始更慎重地考量根本救濟中國之道，到底是政治、倫理還

年 10 月 10 日。

〔註 49〕胡適的《非留學》一文本隨信附上，呈交甲寅記者章士釗，章士釗本「亟欲轉載本誌，以餉讀者，而其稿爲一友人假去，展轉傳閱，竟至紛失，良用慨然。當俟函請胡君補寄，始能發表。特書數語，以志歉懷。」（見胡適來信《非留學》後章士釗的答覆）

〔註 50〕沈永寶《〈文學改良芻議〉探源——胡適與黃遠生》，《上海社會科學院學術季刊》1995 年第 2 期。

是文學？

在很大意義上，扭轉了這種考量的方向，決定了考量的結果的，是袁世凱稱帝浪潮的風起雲湧以及洪憲帝制的終於成功。對於那一代先進的知識份子來說，後者是一個太大的刺激。借用王汎森先生的觀點，這樣一個社會政治條件，是一個非常重要的「轉轍器」。正是它與隨後的張勳復辟事件等一起，將這一時期的社會思潮這列火車，引向了新的軌道。「民國元年以後的幾個政治事件，尤其是舊文化勢力的回流、袁世凱稱帝以及張勳復辟事件，也發揮了『轉轍器』的功能。它們逼出了一種深刻的心理變化，使得晚清以來批判傳統與引介新事物的軌道有了微妙的改變，它們使得新文化運動能擴大它在新知識份子中的影響，說服了一些持不同意見或遲疑的人。」〔註 51〕這種被逼著改變心理的人中，就有陳獨秀、錢玄同、魯迅、周作人等。

> 若玄同者，於新學問、新智識，一點也沒有；自從十二歲起到二十九歲，東撞西摸，以盤爲日，以康瓠爲周鼎，以瓦釜爲黃鍾，發昏做夢者整整十八年。自洪憲紀元，始如一個響霹靂震醒迷夢，始知國粹之萬不可保存，糞之萬不可不排泄：願我可愛可敬的支那青年做二十世紀的文明人，做中華民國的新國民……〔註 52〕

錢玄同的這段話，可以作爲當時非常有代表性的思想轉變歷程來看待。洪憲鬧劇的登場，促使思想界人士警醒，於是，他們中的絕大部分開始轉向：不再虛幻地談論政治，寫謹嚴的邏輯的、讀者讀來費力的政論文章，而是開始將根本救濟之道轉到倫理革命上去，轉到文學革命上去。由此，「連篇累牘的政論卻退潮了，許多政論機關也煙消雲散。」〔註 53〕當時的親歷者胡適也曾說，「民國五年（1916）以後，國中幾乎沒有一個政論機關，也沒有一個政論家；連那些日報上的時評也都退到紙角上去了，或者竟完全取消了。這種政論文學的忽然消滅，我至今還說不出一個所以然來。」胡適敏銳地觀察到了政論文在 1916 年走向末路的事實，而其所言的「說不出一個所以然」，實在是自謙之詞。因爲在此表述之前，他說「當他們引戴雪，引白芝浩，引哈蒲浩，引蒲徠士，來討論中國的政治法律的問題的時候，梁士詒楊度孫毓筠們早已把憲法踏在腳底下，把人們玩在手心裏，把中華民國的國體完全變換過

〔註 51〕王汎森《中國近代思想與學術的系譜》，前引書，第 222 頁。
〔註 52〕錢玄同《保護眼珠與換回人眼》，《新青年》5 卷 6 號，1918 年 12 月 15 日。
〔註 53〕王汎森《中國近代思想與學術的系譜》，前引書，第 232 頁。

了！」〔註 54〕這揭示了政論家們改變思想的現實背景。而此後他就舉了黃遠庸發於《甲寅》上的那兩封信，將之稱爲「政論大家的最後懺悔」〔註 55〕，換句話說，黃遠庸的信，實在是一個政論家們內部轉向的標誌。外與內，正好可以成爲政論文學退潮的有力注腳。

但是，黃遠庸、陳獨秀、李大釗、高一涵實現了轉變，而章士釗卻終於沒有。《甲寅》月刊終止於發表了黃遠庸的信的第十號，這個象徵並沒有被章士釗重視，他依然行走在政治救國的路上。但是，《甲寅》月刊所無意間開啓的這條重個人的路，以及政論家們自身的體驗導致的轉向，最終促成了《青年》雜誌的創刊，以及《青年》向《新青年》的嬗變。

二、《青年》／《新青年》：思想的遞嬗

從《青年》雜誌到《新青年》雜誌的出現，其實又是一段不短的思想歷程。

考察《青年》雜誌創刊時陳獨秀的辦刊思想，首先有必要關注到其出版預告；其次，有必要細讀這份雜誌被命名爲《青年》時所發的文章，從而得出陳獨秀等當時的思想趨向；最後，還必須關注到《新青年》面世時對自我形象的塑造方式。

（一）《青年》的出版預告

前已提及，《青年》的出版預告在《甲寅》月刊的 1 卷 8 號上就出現了。事實上，這份出版預告還出現在了《甲寅》月刊 1 卷 9 號上。該號出版於 1915 年 9 月 10 日，正是《青年》1 卷 1 號出版的 1915 年 9 月 15 日之前，而《甲寅》月刊在再出一期後就終刊了。即是說，《青年》恰到好處的出現可能填補了《甲寅》退場而可能出現的言論空白。而事實上，從《青年》雜誌中陳獨秀多次提及《甲寅》，我們正可看出他對《甲寅》這份思想資源的重視甚至「假借」程度〔註 56〕。

〔註 54〕胡適《五十年來中國之文學》，沈寂編《胡適學術文集·新文學運動》，前引書，第 133 頁。

〔註 55〕胡適《五十年來中國之文學》，沈寂編《胡適學術文集·新文學運動》，前引書，第 133 頁。

〔註 56〕《新青年》2 卷 1 號「通信」欄中，有「貴陽愛讀貴誌之一青年」的讀者來信，2 卷 2 號「通信」欄中，有署名王醒儂的讀者來信，3 卷 3 號的「通信」欄中，有「安徽省立第三中學校學生余元浚」的讀者來信，均強調《新青年》（《青年雜誌》）乃繼《甲寅》雜誌而起者。王奇生關注到這些事實，認爲「陳獨秀

最早關注到《青年》出版預告的是李永中〔註57〕。其《〈甲寅〉上的〈青年雜誌〉廣告》〔註58〕一文提醒我們，這份廣告的存在「填補了目前學界研究《新青年》雜誌相關史料的不足」〔註59〕，爲我們「研究《青年雜誌》的思想源流及其與《甲寅》的差異等帶來多方面的啓示」〔註60〕。李永中對出版預告的關注，誠然已經部分地回答了「截至今日的史料，未見陳獨秀創辦《青年雜誌》指導思想的第一手材料」，因而，陳獨秀創辦《青年》時「極爲急促，沒有思想上的充分醞釀與準備，更沒有成熟的辦刊思想」〔註61〕的問題，但我以爲，對於這份出版預告的意義，我們還有必要做出更周全的分析。

現有的研究成果已經表明，陳獨秀於1915年6月回到國內，暫住於上海的法租界嵩山路吉誼里21號，這源於亞東圖書館老闆汪孟鄒的特意安排。就在這裡，他向汪孟鄒重提辦雜誌的事情〔註62〕，「精明的『亞東』老闆實在看不出陳獨秀醞釀的《青年雜誌》會有多少經濟效益與文化價值，當時也實在拿不出開辦經費，他把這份計劃藍圖介紹給了『兄弟單位』群益書社。……他們（指群益書社的陳子沛、陳子壽兩兄弟，引者注）接受了汪孟鄒與陳獨秀的建議：決定承辦發行《青年雜誌》」〔註63〕。此處所說亞東主要是因爲老

有意將《新青年》打造爲《甲寅》的姊妹刊物，在『通信』欄中通過眞假難辨的讀者來信，反覆宣傳《新青年》與《甲寅》之間的傳承關係，就不無『假借』之嫌。」（見王奇生《新文化是如何「運動」起來的——以〈新青年〉爲視點》，《近代史研究》2007年第1期，第24頁）

〔註57〕他看到的是《甲寅》月刊1卷9號上刊載了這則出版預告，沒有提及1卷8號上也有。

〔註58〕刊於《新文學史料》2007年第3期。

〔註59〕李永中《〈甲寅〉上的〈青年雜誌〉廣告》，《新文學史料》2007年第3期，第206頁。

〔註60〕李永中《〈甲寅〉上的〈青年雜誌〉廣告》，《新文學史料》2007年第3期，第207頁。

〔註61〕莊森《飛揚跋扈爲誰雄——作爲文學社團的新青年社研究》，東方出版中心，2006年，第14頁。

〔註62〕據汪原放回憶，民國二年，陳獨秀亡命上海時，就跟他的大叔汪孟鄒說過要辦雜誌的事情，「想出一本雜誌，說只要十年八年的功夫，一定會發生很大的影響」，叫汪孟鄒「認眞想法」。（汪原放《亞東圖書館與陳獨秀》，學林出版社，2006年，第33頁）他這裏的言說容易讓人對陳獨秀之言的時間產生歧義。我趨向於認爲，陳獨秀1913年也許曾向汪孟鄒說過類似的話，但讓汪孟鄒「認眞想法」的這次，應該指的是1915年陳獨秀重回上海後。

〔註63〕胡明《正誤交織陳獨秀——思想的詮釋與文化的評判》，人民文學出版社，

闆看不出陳獨秀這份雜誌的經濟效益和文化價值而婉拒陳獨秀之求，這與汪原放在其《亞東圖書館與陳獨秀》一書中，一再強調「實在沒有力量做」存在距離，汪原放曾引汪孟鄒日記中常有「社務乏款，焦急之至」、「焦灼萬分」、「暫借到洋五佰元，眞正可感」之類的記載，說明他們當時「生意不好，又正在印行《甲寅》雜誌，經濟上甚爲棘手」〔註64〕。我以爲這是更爲可信的。也就是說，經濟窘困是亞東圖書館放棄承辦發行《青年》雜誌最主要的原因，當然，他們沒有預知到這份雜誌後來如此輝煌，能創造如此巨大的經濟價值和社會價值，也是原因之一，但不是主要的。

陳獨秀於 6 月中旬回到上海。與群益書社的合作事宜，在 7 月 5 日就已經定了下來。「七月五日，星期一，晴。子壽來，告以『青年』事已定奪云云。」〔註 65〕此後，群益書社和陳獨秀兩方面爲這份雜誌的面世做了比較充分的準備工作，其中之一，就是在當時影響非常大的精英雜誌《甲寅》月刊上刊行《青年》的出版預告。

出版預告首先作爲封底內容，刊於 8 月 10 日發行的《甲寅》1 卷 8 號上，在隨後出版的 1 卷 9 號的《本社通告》之後，再次刊發了該廣告。從其位置的安排來看，章士釗是非常重視這個出版預告的，而事實上，這則廣告也做得特別醒目。

其全部內容如下：

《青年》出版預告　群益書社

我國青年諸君

欲自知在國中人格居何等者乎，

欲自知在世界青年中處何地位者乎，

欲自知將來事功學業應遵若何途徑者乎，

欲考知所以自策自勵之方法者乎，

欲解釋平昔疑難而增進其知識者乎，

欲明乎此，皆不可不讀本雜誌

蓋本雜誌之主義

實欲與諸君共同研究商榷解決以上所列之種種問題，深望諸君之學

2004 年，第 90 頁。

〔註64〕汪原放《亞東圖書館與陳獨秀》，前引書，第 33 頁。

〔註65〕汪孟鄒《孟鄒日記》，轉引自汪原放《亞東圖書館與陳獨秀》，前引書，第 32～33 頁。

識志氣，因此而日益增高，而吾國將來最善良的政治、教育、實業
各界之中堅人物，亦悉爲諸君所充任。則本雜誌者實
諸君精神上之良友也。
九月中出版

1. 從該廣告內容可知，其傳達的不僅包括刊名、發行所、問世時間等基本資訊，更重要的是，其主體部分尤其突出了這份雜誌重視「精神」內涵的趨向。其宣傳的層次感極強，從對對象的稱謂「我國青年諸君」到以大小字相間以突出重點的具煽動性的「功能」的陳述，到雜誌主張的申明，層層深入〔註66〕。

2. 將雜誌命名爲「青年」，表明陳獨秀已對讀者有明確的想像。如果說，民初的雜誌在現實地位上已超越了報紙的價值，因而實現了一個重要扭轉的話，那麼，與此相呼應，這兩類傳播媒體的關注重心也實現了分化：報紙「越來越側重政治和社會『新聞』，尤其在社會變動急劇的時代，不但不迴避且必須追求『短頻快』，其本不以傳播思想爲意」，而「雜誌本爲知識精英和嚮往知識精英的邊緣知識青年所辦，主要的預設讀者也同樣是這些人」〔註 67〕。也就是說，正是現實地位日漸升高的雜誌成了這一時期知識界傳播思想的重要渠道。而《青年》雜誌明確地將自己的讀者預設爲邊緣知識青年，且其標舉的以相互號召的旗幟，正是「諸君精神上之良友也」，是思想文化：這就正應和了當時傳媒的分化趨勢，而且對讀者群的定位也十分準確。

3. 從其廣告詞來看，陳獨秀已經知道他辦該刊物的重點所在，那就是重建青年諸君的人格；以世界上的先進理念來改造中國青年的人格；通過解決一系列問題，而造就一大批有建設新社會、新國家的，能在政治、教育、實業各界擔任棟梁角色的青年。

對比於《甲寅》「條陳時弊，樸實說理」的主旨，章士釗明顯偏重於雜誌

〔註66〕趙亞宏的博士論文《〈甲寅〉月刊與中國新文學的發生》（吉林大學 2008 年）也關注到了這則出版預告，但在陳述廣告內容時，略掉了「蓋本雜誌之主義／實欲與諸君共同研究商榷解決以上所列之種種問題，深望諸君之學識志氣，因此而日益增高，而吾國將來最善良的政治、教育、實業各界之中堅人物，亦悉爲諸君所充任。則本雜誌者實」這段內容，而直接將其前後的兩部分對接，這一方面漏掉了廣告詞的重要內容，使其不完整，另一方面，也使得廣告詞的嚴密性大打折扣。其具體內容，參見該論文 122～123 頁。

〔註67〕羅志田《答〈三聯生活周刊〉問近代史》，羅志田《昨天的與世界的：從文化到人物》，前引書，第 136 頁。

對政治的干預功能，而陳獨秀則明顯以培養具有健全人格的人，尤其是青年人，爲其雜誌的主旨。二人宣傳的側重點存在重要差異。

對比這則出版預告與其正式出版時的《社告》，又能明顯看到其承續關係。

《社告》共包括五條，除卻四、五兩條的內容類似於刊務通告之外，前三條的內容實質上就意在闡明《青年》雜誌的辦刊宗旨。第一條內容爲：「國勢陵夷，道衰學弊，後來責任，端在青年。本誌之作，蓋欲與青年諸君商榷將來所以修身治國之道。」第二條內容爲：「今後時會，一舉一措皆有世界關係。我國青年，雖處蟄伏研求之時，然不可不放眼以觀世界。本誌於各國事情、學術、思潮，盡心灌輸，可備攻錯。」第三條則云：「本誌以平易之文，說高尚之理。凡學術、事情，足以發揚青年志趣者，竭力闡述，冀青年諸君於研習科學之餘，得精神上之援助。」

仔細分析可知，《社告》第一條首先闡明了這份雜誌命名爲《青年》的原因，即「國勢陵夷，道衰學蔽」的情況之下，青年才是惟一的希望。這多少讓我們想起了梁啓超早年的《少年中國說》等文章中對青年〔註 68〕的期許，但這種期許，在當時的言說語境中，其實已成爲廣大先進知識份子的一種共同的認識。然而，雖然辛亥革命前對青年的重視已日漸增加，但青年文化作爲一種具有革命意味的文化利刃，還並沒有形成，甚至在輿論界，以「青年」命名的雜誌還並不多見〔註 69〕。陳獨秀將刊物定位爲「青年」，這無疑既吻合了當時的文化潛流，又促成了這股潛流嚮明流的迅即轉換。此外，第一條還

〔註 68〕呂明濤在《〈青年〉雜誌與〈青年雜誌〉》一文中梳理了「青年」一詞在中國的出現歷程，認爲從語源學角度來講，在古漢語中，有「青歲」、「少年」等與「青年」相近意義的詞而沒有「青年」之說，這個詞在漢語中出現大約在十九二十世紀之交，是由傳教士翻譯並固定下來的。而古漢語中的「少年」包含了現代漢語中的「少年」和「青年」（見呂明濤文，《書屋》2005 年第 8 期，第 63 頁），據此，梁啓超的《少年中國說》中的少年，當與現代漢語中的「青年」意近。

〔註 69〕這一時期中國輿論界的刊物名中有「青年」二字的，或許就只有上海基督教青年會所辦的《上海青年》雜誌。呂明濤在其文中說，在近代新聞出版史上，以「青年」命名的雜誌實在不多，而在 20 世紀初凡以「青年」命名的雜誌，都是基督教青年會的雜誌，所以「青年」一詞似乎已成了「基督教青年會」的專有名詞，雜誌名稱中出現「青年」一詞，也成爲基督教青年會雜誌的一個標誌。由此，當陳獨秀在他主編的雜誌名稱中嵌入「青年」二字時，基督教青年會便以爲這是侵犯了他們的權利。參見呂明濤《〈青年〉雜誌與〈青年雜誌〉》，《書屋》2005 年第 8 期，第 63～64 頁。

體現了刊物的目的，即「商榷將來所以修身救國之道」，但必須注意的是，這裡商榷的主體，已經不再是傳統意義上的士大夫，而是「青年」。這一點，正與其出版預告中的「蓋本雜誌之主義，實欲與諸君共同研究商榷解決以上所列之種種問題」部分吻合，因爲所說的種種問題中，「欲自知在國中人格居何等者乎」偏於修身之道，而隨後的「欲自知將來事功學業應遵若何途徑者乎」則偏於救國之道。《社告》第二條重點強調了當今青年應該具有的世界眼光，以及雜誌將對世界上有益於青年的事情、學術、思潮盡心灌輸的設想，這與出版預告中的「欲自知在世界青年中處何地位者乎」正相呼應，而更爲具體。《社告》第三條則重在闡明雜誌的努力方向，即對「發揚青年志趣」的「學術事情」，「竭力闡述」，其目的在提升青年對科學的認知，並讓他們得到精神上的援助，而這，正與出版預告中所言「欲考知所以自策自勵之方法者乎，欲解釋平昔疑難而增進其知識者乎」的設問，以及「本雜誌者實諸君精神上之良友也」相呼應。

也就是說，陳獨秀辦《青年》雜誌，並非沒有成熟的辦刊思想，而是有一套較爲完整的構思。這種設想，來自於他多年在政治與文化之間的艱難摸索，更來自於前文所述《愛國心與自覺心》所引發的爭論帶給他的觸動。在創辦這個雜誌之前，「他已經知道該用什麼聲音與自己的同胞說話了，說什麼話，話怎樣說，他也已有了通盤的考慮。」〔註 70〕這對我們理解《青年》雜誌從《甲寅》月刊掙脫出來之後的面貌，具有非常重要的認識價值。

（二）對思想文化的重視

誠如一位學者指出過的，「《甲寅》月刊對近代國家主義的這些批判造就了該雜誌突出的政論色彩與政治體制重建立場，相對而言，對於更廣泛的文化問題與文學問題，卻不是它思考的重心。」〔註 71〕所以，儘管《甲寅》月刊在其短暫的歷史中，以黃遠庸爲代表的人由對政治的關注轉向了對思想文化的關注，由對政論文學的高昂興致轉到了新文學的提倡問題上來，但這畢竟不是它關注的重點。而在《青年》雜誌上，一開始注重的就是思想文化問題。到《文學改良芻議》發表之後，文學革命的發生與思想革命的深化相得益彰，從而實現了思想和文學的雙重變革。從偏重思想文化批判到思想與文

〔註 70〕胡明《正誤交織陳獨秀——思想的詮釋與文化的評判》，前引書，第 89 頁。

〔註 71〕李怡《國家主義的批判與個人主義的倡導——從〈甲寅〉到〈新青年〉的思想流變》，《江漢論壇》2006 年第 1 期，第 105 頁。

學變革並重，這正是從《青年》雜誌到《新青年》的一次華麗轉身。正是這次轉身，導致了陳獨秀所辦的這份雜誌，從面容模糊慢慢至於清晰起來、明朗起來，終至成長爲一個有著自己獨立面容、個性、稟賦的個體。

從 1915 年 9 月 15 日至 1916 年 2 月 15 日〔註 72〕的近半年時間裏，《青年》出齊了六號，輯爲一卷，並暫停發行。仔細考察這六號雜誌，我們能更清楚地理解這一時期陳獨秀等的文化理想及其施行路徑，也能更好地理解更名後的《新青年》到底在何種程度上刷新了陳獨秀等既往的認知，在思想革命的路途上銳意行進。

《青年》第一卷設置的欄目有「評論」、「英漢對譯」、「人物傳記」、「國內大事記」、「國外大事記」、「通信」、「世界說苑」等，所刊發的文章以評論爲主，並以英漢對譯之文爲重要輔助。這與其更名爲《新青年》之後的設置相應。但對比之下就能明白，《青年》中的「英漢對譯」欄也重在思想的啓蒙，故而選譯的「科學」、「戲劇」、「小說」等作品與其論說相互支撐，但在更名之後，「英漢互譯」欄在雜誌整體中所占的比重減少，而中國現代作家們自己的創作慢慢增加，這更多地顯示了文學革命的實績。

相較於《新青年》而言，《青年》第一卷的作者構成比較單一。這首先體現在其強烈的地域特色上：此期發言的十九人中，除了易白沙、謝無量這兩位非皖籍卻與安徽有著密切關聯之人〔註 73〕外，其他的主要作者陳獨秀、高一涵、李亦民、劉叔雅、陳嘏、薛琪瑛等均是皖籍人，因此可以說，《青年》雜誌面世後就是一份有著濃厚地緣關係的同仁雜誌，「《青年雜誌》的初辦是以陳獨秀爲首的皖籍知識份子爲主的同仁雜誌，且互相間有共事革命的背景。」〔註 74〕其次，在這裡面，陳獨秀一個人發表了七十六篇文章，高居首位。這固然可以說，他此期的思想在該雜誌中得到了非常詳盡的展示，而其他如高一涵、劉叔雅等人的論說，則與其思想存在應和關係，但相較於《新

〔註 72〕李龍牧指出，雖然 1 卷 6 號的出版日期寫成了 1916 年 2 月 15 日，實際上至早也要到 3 月份才出版。因爲《國內大事記》欄報道了袁下令「延緩登極」的事，而這發生在 1916 年 2 月 25 日。李龍牧並且指出，「《青年雜誌》和《新青年》都並不能經常按期出版，刊物上的出版日期與實際出版日期有時有相當的距離，注意到這種情況，有時對弄清思想發展的背景是有相當關係的。」（見李龍牧《五四時期思想史論》，前引書，第 50 頁）

〔註 73〕易白沙本湖南人，但長期在皖從事教育和革命工作；謝無量是四川人，但其父親歷任安徽諸縣縣長，自己在安徽公學任教。

〔註 74〕陳萬雄《五四新文化的源流》，前引書，第 6 頁。

青年》來說，這個公共話語空間的打造無疑存在嚴重缺陷，尤其是當我們考慮到《青年》特設的「通信」欄內所有的來信都可能是陳獨秀爲了擴大其影響，形成表面熱鬧的局面，而佯裝讀者寫信並自問自答的情況時〔註 75〕，這份雜誌在當時打造公共空間力度的匱乏，更是一個不爭的事實。

《青年》雜誌此期的特色，體現在對青年人格塑造問題的極大關注上。而對青年人格的塑造，牽涉到對傳統道德的批判。

歷來研究《新青年》者，都將《敬告青年》當作其準發刊詞。事實確乎如此。這篇相當於宣言的論文，可以說是陳獨秀彼時最想抒發的心聲：呼籲「一二敏於自覺勇於奮鬥之青年」〔註 76〕的出現。所謂「自覺者」，是「自覺其新鮮活潑之價值與責任，而自視不可卑也。」所謂「奮鬥者」，是「奮其智慧，力排陳腐朽敗者以去，視之若仇敵，若洪水猛獸，而不可與爲鄰，而不爲其黴菌所傳染也。」〔註 77〕這種「自覺勇於奮鬥之青年」在當時求之而「杳不可得」，故他希望能夠創造新的青年。這新青年的標準，也就是「自主的而非奴隸的」、「進步的而非保守的」、「進取的而非退隱的」、「世界的而非鎖國的」、「實利的而非虛文的」以及「科學的而非想像的」這六條。

我以爲值得注意的，是陳獨秀的希望及這六條標準在其思想鏈條上的意義，以及其總領《青年》雜誌第一卷的實際效能。考察《愛國心與自覺心》、《青年》出版預告、《青年》通告以及這篇論文，我們明顯能感覺到，這是陳獨秀從 1914 年開始日漸清晰起來的對於中國未來之希望的回答：《愛國心與自覺心》一文重新思考了個人與國家的關係，而主張個人主義至上，這種新的力量在青年身上而不在別處，所以陳獨秀希望青年能擔當起國勢陵夷、道衰學蔽之下重建共和精神的責任，而這種青年過於稀少，不得不寄希望於通過輿論「創造」出一批新青年來，於是有了《青年》的創辦以及《敬告青年》中的期許之語，而《敬告青年》的致思起點，和前此陳獨秀所注重的個人主義、實利主義、進化論、世界眼光以及科學觀一脈相承。也就是說，《敬告青

〔註 75〕王奇生說，「陳獨秀開闢此欄目固然有激發公眾參與討論的考量，同時也是刻意營造『眾聲喧嘩』的氛圍，帶有相當的『表演』成分」，參見其《新文化是如何「運動」起來的——以〈新青年〉爲視點》（《近代史研究》2007 年第 1 期，第 26 頁），莊森甚至明確指出章文治的信是陳獨秀「僞作的」，「陳獨秀僞造很多這樣的讀者來信」，以形成與青年積極互動的熱鬧場景。（莊森《陳獨秀和〈青年雜誌〉》，《文藝理論研究》2004 年第 6 期，第 11 頁）。

〔註 76〕陳獨秀《敬告青年》，《青年》雜誌 1 卷 1 號，1915 年 9 月 15 日。

〔註 77〕陳獨秀《敬告青年》，《青年》雜誌 1 卷 1 號，1915 年 9 月 15 日。

年》正是陳獨秀此期思想鏈條上有意義的一環。

對能夠成爲「最善良的政治、教育、實業各界之中堅人物」〔註 78〕的青年的期許，對具有「新鮮活潑」、「以自覺而奮鬥」〔註 79〕的青年人格的重視，正是《青年》出版預告所強調的重點，而在《青年》一卷的六號中得到了充分、繁複的展開：以《敬告青年》、《共和國家與青年之自覺》、《人生唯一之目的》、《今日之教育方針》、《國家非人生之歸宿論》、《我》、《自治與自由》等爲代表的論文，試圖對青年進行以個人爲本位的人權平等觀、進化觀、實利主義觀念、科學觀念等的啓蒙；「中英對譯」欄目中的文學作品，也是有選擇地傳達著這些觀念，而《近世思想中之科學精神》，則直接關涉著對科學觀念的深層次論析；選取卡內基、屠爾格涅甫、歐洲七女傑以及德國、美國、英國青年團等進行介紹，意在宣揚其進取、奮鬥觀念；「國外大事記」、「國內大事記」則意在拓寬青年的視野，讓他們及時對國內情形進行觀照，而國外的大事無疑提供了可資借鑒的資源；「通信」欄中，往返討論的問題形形色色，但無外乎「解釋平昔疑難而增進其知識」〔註 80〕的目的，就在這種日漸眞實地熱鬧起來的互動中，青年們的自覺性、奮鬥心得到了有益的培養；甚至就是在諸如「勞動者神聖也，閒遊度日爲最卑之人類」（英諺）、「學問如植物，其根苦，其味甘」（英諺）、「教育者將使兒童爲自主自治之人，非使兒童爲主治於人之人」（斯賓塞）〔註 81〕、「國家基礎在少年教育」（大奧志尼）、「世衰道微，人欲橫流，非剛毅之人奚能立足」（朱晦菴）、「一人之利害即一國之利害」（克希典）、「君子有三惜：此生不學可惜，此生閒過可惜，此身一敗可惜」（夏正夫）、「艱難由懶惰生，苦惱由偷安來」（佛蘭克令）、「賢者不悲其身之死而憂其國之衰」〔註 82〕等等類似補白作用的諺語、名言等等中，也貫穿著主撰陳獨秀對青年的期許、勸勉與告誡；而《青年》上登載的大量書刊廣告，也正是一種與其文字內容相呼應的特殊宣傳形式。已經有論者指出，五四以前，《新青年》上介紹的書刊「以介紹西方先進的自然科學、社會制度、社會政治學說的書籍和反封建的進步報刊爲主。」這正與《青年》通告所言「本誌於各國事情、學術、思潮，盡心灌輸，可備攻錯」相呼應，而且，《新青年》

〔註 78〕陳獨秀《〈青年〉出版預告》，《甲寅》1 卷 8 號、1 卷 9 號。

〔註 79〕陳獨秀《敬告青年》，《青年》雜誌 1 卷 1 號，1915 年 9 月 15 日。

〔註 80〕陳獨秀《〈青年〉出版預告》，《甲寅》1 卷 8 號、1 卷 9 號。

〔註 81〕以上見《青年》1 卷 2 號。

〔註 82〕以上見《青年》1 卷 3 號。

刊載書刊廣告時附加的簡短評語，如《美國民主政治大綱》、《美國公民學》等的附言，「實際上是一種特殊形式的政治宣傳」，而對西方自然科學的書籍的介紹，與《青年》通告上所言「冀青年諸君於研習科學之餘，得精神上的援助」相通〔註 83〕……可以說，在《青年》上，陳獨秀重塑青年人格的努力體現在方方面面。

在讀這段時間的文字、圖畫文本時，我們總能感覺到，從個人本位的人權平等、自由觀出發，陳獨秀等反叛國家專制，也反叛文化專制，這就逼近了對傳統倫理道德全面反思的邊緣。

《敬告青年》中所列的新青年的六條標準是「自主的」、「進步的」、「進取的」、「世界的」、「實利的」、「科學的」，這是建立在民主與科學基礎上的現代價值觀，而與之相對的「奴隸的」、「保守的」、「退隱的」、「鎖國的」、「虛文的」、「想像的」均是對我國傳統人格以及思想文化的理性表述。陳獨秀提倡前者而否定後者，也就是用西方價值觀否定中國傳統價值觀。他將「自主的而非奴隸的」列爲第一條，文中說「我有手足，自謀溫飽；我有口舌，自陳好惡；我有心思，自崇所信。絕不認他人之越俎，亦不應主我而奴他人。蓋自認爲獨立自主之人格以上，一切操行，一切權利，一切信仰，唯有聽命各自固有之智慧，斷無盲從隸屬他人之理。非然者，忠孝節義，奴隸之道德也。……以其是非榮辱，聽命他人，不以自身爲本位，則個人獨立平等之人格，消滅無存，其一切善惡行爲，勢不能訴之自身意志而課以功過」〔註 84〕，失去了個人本位，就是奴隸，所謂的忠孝節義，正是奴隸之道德。而對於國粹，他說「固有之倫理、法律、學術、禮俗，無一非封建制度之遺……於此而言保守，誠不知爲何項制度文物，可以適用生存於今世。吾寧忍過去國粹之消亡，而不忍現在及將來之民族，不適世界之生存而歸消滅也。」〔註 85〕陳獨秀主張重實利，而非虛文，而現今社會的「名教之所照垂，人心之所祈向，無一不與社會現實生活背道而馳。」而如果「物之不切於實用者，雖金玉圭璋，不如布粟糞土！若事之無利於個人或社會現實生活者，皆虛文也，誑人之事也。」對於誑人之事，他的態度是「雖祖宗之所遺留，聖賢之所垂教，政府之所提倡，社會之所崇尚，皆一文不值

〔註 83〕參見陳國燦、朱家華《〈新青年〉雜誌書刊廣告述評》，《編輯之友》1993 年第 6 期，第 64～65 頁。

〔註 84〕陳獨秀《敬告青年》，《新青年》1 卷 1 號，1915 年 9 月 15 日。

〔註 85〕陳獨秀《敬告青年》，《青年》雜誌 1 卷 1 號，1915 年 9 月 15 日。

也。」〔註 86〕

上述論述，與《法蘭西人與近代文明》對人權說、生物進化論、社會主義的張揚相呼應。而在《共和國家與青年之自覺》中，高一涵明確指出，青年若欲承擔起歷史的重責，必須改造其道德，「專制之朝，多取消極道德，以棄智黜聰，爲臣民之本。……故往古道德之訓，不佞敢斷言，其多負而寡正，有消積而少積極者。曰懲忿窒欲，曰克己制私，曰守分安命云云，皆爲吾國道德之格言。今按國家原理與世界潮流，始無一不形其牴觸。」〔註 87〕故而，「道德而不適時勢之用，則須從根本改造之，無所惜也。」〔註 88〕這個改造的方向，正是「揚之至無可揚」，而這，才是今日所謂的「修養」，也就是說，「今之人，首貴自我作聖……今之人，在沖同風一道之藩。鄉愿乃道德之賊，尙同實蠹性之蟲。夫青年立志，要當縱横一世，獨立不羈，而以移風易俗自任。」〔註 89〕他們認爲當日的教育應該信奉「惟民主義」〔註 90〕。

李亦民認爲人生唯一之目的是「求生」，故要「爲我」。爲此，他呼籲道：「青年乎！汝知汝所受之教育，爲爲人之教育乎？忠孝節義，全非植根本於汝身。由身外之人，課汝以片面之義務。汝知汝所處之境地，爲痛苦之境地乎？自由意志，毫無發展之餘地。如汝之也，其速決汝大方針曰『爲我』，以進於獨立自主之途；其速定汝大目的曰『快樂』，以遂汝欲求意志。」〔註 91〕因此，他們認識到「與天道自然相戰」的「抵抗力」的薄弱，並且將其根源定位爲「老尙雌退，儒崇禮讓，佛說空無」的學說之爲害、建基於綱常大義之上的專制之流毒，以及「天下同風，民賊獨夫，益無忌憚」的統一之爲害，故而需要「以熱血蕩滌此三因」〔註 92〕，形成抵抗力。他們呼籲「今日吾輩青年，正當努力以與舊習俗相戰，以獨立自重之精神，發揚小己之能力。」「一己之天性，完全發展，即社會之一員，完全獨立。積人而群，積群而國，則安固強盛之國家，即自其本根建起，庶足以巍峨終古，不虞突興突廢矣。」

〔註 86〕陳獨秀《敬告青年》，《青年》雜誌 1 卷 1 號，1915 年 9 月 15 日。
〔註 87〕高一涵《共和國家與青年之自覺》，《青年》1 卷 1 號，1915 年 9 月 15 日。
〔註 88〕高一涵《共和國家與青年之自覺》，《青年》1 卷 1 號，1915 年 9 月 15 日。
〔註 89〕高一涵《共和國家與青年之自覺》，《青年》1 卷 1 號，1915 年 9 月 15 日。
〔註 90〕陳獨秀《今日之教育方針》，《青年》1 卷 2 號，1915 年 10 月 15 日。
〔註 91〕李亦民《人生唯一之目的》，《青年》1 卷 2 號，1915 年 10 月 15 日。
〔註 92〕陳獨秀《抵抗力》，《青年》1 卷 3 號，1915 年 11 月 15 日。

〔註 93〕在具有這種認識的邊緣知識份子眼裏，外來之西洋文化的新，與中國固有文化之舊之間，已「絕無調和折衷之餘地」〔註 94〕。而「吾人果於政治上採用共和立憲制，復欲於倫理上保守綱常階級制，以收新舊調和之效，自家衝撞，此絕對不可能之事。」〔註 95〕故而，在「備受專制政治之痛苦」的他們看來，必須要有倫理的覺悟這個「最後覺悟之最後覺悟」，以西方的自由、平等之說，對抗傳統儒家三綱之說，對抗名教，才能尋求到政治的根本解決〔註 96〕；尊重個人獨立自主之人格，必須經過奮鬥，擺脫附屬品之地位。而這種擺脫，就是擺脫儒家的三綱之說：

吾國自古相傳之道德政治，胥反乎是？儒者三綱之說，爲一切道德政治之大原，君爲臣綱，則民於君爲附屬品，而無獨立自主之人格矣；父爲子綱，則子於父爲附屬品，而無獨立自主之人格矣；夫爲妻綱，則妻於夫爲附屬品而無獨立自主之人格矣。率天下之男女爲臣，爲子，爲妻，而不見有一獨立自主之人者，三綱之說爲之也。緣此而生金科玉律之道德名詞，曰忠，曰孝，曰節，皆非推己及人之主人道德，而爲以己屬人之奴隸道德也。人間百行，皆以自我爲中心，此而喪失，他何足言？奴隸道德者，即喪失此中心，一切操行悉非義由己起，附屬他人以爲功過者也。自負爲 1916 年之男女青年，其各奮鬥以脫離此附屬品之地位，以恢復獨立自主之人格。〔註 97〕

正是在思想的層層推進中，對孔子的平議終於出現，這就是易白沙發在《青年》1 卷 6 號和《新青年》2 卷 1 號上的《孔子平議》。這篇歷來被研究者看重的文章，固然因其第一次將反思的矛頭直指孔子而備受尊崇，也因其語氣的相對平和而屢屢被人認爲是存在缺陷之作〔註 98〕，但是我以爲，《孔子

〔註 93〕高一涵《共和國家與青年之自覺》，《青年》1 卷 2 號，1915 年 10 月 15 日。
〔註 94〕王叔潛《新舊問題》，《青年》1 卷 1 號，1915 年 9 月 15 日。
〔註 95〕陳獨秀《吾人最後之覺悟》，《青年》1 卷 6 號，1916 年 2 月 15 日。
〔註 96〕陳獨秀《吾人最後之覺悟》，《青年》1 卷 6 號，1916 年 2 月 15 日。
〔註 97〕陳獨秀《1916 年》，《青年》1 卷 5 號，1916 年正月號。
〔註 98〕例如，李龍牧就指出，「說這篇文章是《新青年》批評尊孔的第一篇專文這是事實。若以爲這已經是打倒孔家店的鬥爭，那卻也未盡得當。因爲僅靠這篇文章中宣傳的思想，並不足以打破當時思想界的牢籠。」（李龍牧《五四時期思想史論》，前引書，第 68 頁）。對於這篇文章有缺陷的原因，李龍牧認爲是易白沙對明代理學家陳白沙的崇奉，這不僅體現在他自己用了這個名字，而

平議》衹是在《青年》的思想演進過程中的重要鏈環。正是它，將《青年》創刊以來對倫理道德的反思與批判細化、深化，爲下一階段的反孔非儒搭建了一座橋梁。

《孔子平議》一文，亦貫穿了陳獨秀等個人本位的思想。「國人爲善爲惡，當反求之自身，孔子未嘗設保險公司，豈能替我負此重大之責。國人不自樹立，一一推委孔子，祈禱大成至聖之默祐，是謂惰性；不知孔子無此權力，爭相勸進，奉爲素王，是謂大愚。」〔註 99〕正是由此出發，易白沙發現了孔子被專制統治者利用作爲傀儡這個「二千餘年尊孔之大秘密」，並深入挖掘了孔子被利用的原因，即在於他自身：「孔子尊君權，漫無限制，易演成獨夫專制之弊」；「孔子講學不許問難，易演成思想專制之弊」；「孔子少絕對之主張，易爲人所藉口」；「孔子但重作官，不重謀食，易入民賊牢籠。」〔註 100〕隨後的《孔子平議》（下）〔註 101〕中，易白沙從思想、學術上來論析孔學不當獨尊。這正是對其上篇反孔的深化。在這個意義上，《述墨》（上、中）分別發於《青年》1 卷 2 號、5 號〔註 102〕，就是一個非常重要的標誌性事件。對墨子的研究，正是對儒家一統天下的反叛。或者說，對孔子的反對，使得這些知識份子重新發現了墨子的價值。這與清末民初諸子學的興起之於反傳統思想的生成，正有著相通的思想軌迹。

前面我們從思想文化角度對《青年》雜誌第一卷的內容進行了評析。有人認爲，這種思想文化方面的批判其實還是爲了政治，最有力的一個證據，就是《青年》雜誌始終設有「國外大事記」、「國內大事記」、「世界說苑」這幾個欄目，這表明陳獨秀所言「蓋改造青年之思想，輔導青年之修養，爲本誌之天職。批評時政，非其旨也」〔註 103〕多少有些言不由衷；或者有人認爲，陳獨秀的不言政治是一種策略。對此，我的理解是，儘管《青年》設置有那些明顯與政治相關的欄目，但從其欄目安排情況來看，這些欄目都放在「論著」、「中英對譯」、「通信」等欄目之後，偏於後面的位置，似乎表明陳獨秀

且體現在他最後專門跑到陳白沙的家鄉去投河自殺，以身殉之，故而雖然他有民主思想，但畢竟不徹底。

〔註 99〕易白沙《孔子平議》（上），《青年》1 卷 6 號，1916 年 2 月 15 日。

〔註 100〕易白沙《孔子平議》（上），《青年》1 卷 6 號，1916 年 2 月 15 日。

〔註 101〕易白沙《孔子平議》（下），《新青年》2 卷 1 號，1916 年 9 月 1 日。

〔註 102〕易白沙《述墨》（下）刊於《新青年》2 卷 1 號，1916 年 9 月 1 日。

〔註 103〕陳獨秀答王庸工，見《通信》，《青年》雜誌 1 卷 1 號，1915 年 9 月 15 日。

的重心並不在此；從其刊發文章的總體基調來看，主撰陳獨秀此期的眞實目的，眞是進行新青年的創造，對青年人格進行思想文化方面的重造；第三，「國內大事記」、「國外大事記」這些欄目的內容，其實附屬於陳獨秀改造青年人格的設計。因爲早在《青年》出版預告中他就說過，這種新青年要有世界眼光，要能成爲「吾國將來最善良的政治、教育、實業各界之中堅人物」。這種新青年，絕不是傳統教育下「手無縛雞之力，心無一夫之雄；白面纖腰，嫵媚若處子；畏塞怯熱，柔弱若病夫」〔註 104〕的國民，而是自主的、進步的、進取的、世界的、實利的、科學的新青年。而且，在陳獨秀看來，實現政治覺悟的根本，在於國民的倫理的覺悟，這在《吾人最後之覺悟》一文中闡釋得很清楚。此外，經由現實體驗的刺激，他知道在當時空談政治，未必會有多大效果，「日本之哀的美敦書，曾不足以警之，何有於本誌之一文」〔註 105〕，所以，當王庸工請他著論非議籌安會之人及其言行時，他答曰「雅非所願」。此時的他，更願意從長久出發，經過十年八年的努力，造成一個全新的輿論，從而實現個人本位的新國民、新青年的崛起這個目標。所以我認爲，此期的《青年》是重在思想文化建設而非政治的一份雜誌，它與《甲寅》月刊已經有了不小的差異。

（三）改名前後

《青年》出齊了第一卷後暫停了半年，直至 1916 年 9 月 1 日才以《新青年》之名發行第二卷。對於停刊的原因，陳獨秀自己說是因爲「戰事」〔註 106〕；李龍牧認爲是因爲陳獨秀在當時的政治局勢下把握不準，因此想觀望一下〔註 107〕；章政通認爲是因了陳獨秀此時應蔡元培之邀，去北大赴任：「1915

〔註 104〕陳獨秀《今日之教育方針》，《青年》1 卷 2 號，1915 年 10 月 15 日。

〔註 105〕陳獨秀答王庸工，見《通信》，《青年》雜誌 1 卷 1 號，1915 年 9 月 15 日。

〔註 106〕陳獨秀致胡適信，中國社會科學院近代史研究所中華民國史組編《胡適來往書信選》（上），中華書局，1979 年，第 3 頁。

〔註 107〕李龍牧在《五四時期思想史論》中將《青年雜誌》停刊的 1916 年 3 月（出滿第一卷）到第三卷結束的 1918 年 8 月稱爲「歷史的幽谷」時期，新機出現的標誌，一是孫中山的宣告護法，一是《新青年》主編陳獨秀決定組織編輯部。（參見該書 59～105 頁）這其中涉及到《青年》變成《新青年》的過程及原因。按他的解釋，《青年雜誌》第一卷出完後停刊的原因「大約是政治局勢動蕩未定，他感到需要等一等再看。」（第 59 頁）這時的政治局勢是：袁世凱 1916 年 2 月下令「延緩登極」，3 月 21 日，又不得不宣佈撤銷承認帝位案，並取消洪憲年號。此時有反帝制的護國運動，而統治集團的分裂加強，出現了南北之爭，到袁世凱病死後（6 月），南方、北方軍閥進行南北談判，決定年 9 月 15 日，陳獨秀在上海創辦《青年雜誌》（出六期後暫停，因陳氏應蔡元培之邀，赴北大任文科學長，翌年 9 月 1 日在北京復刊，易名《新青年》）。」〔註 108〕

關於改名的原因，最直接的說法來自陳獨秀本人。他說：「自第二卷起，欲益加策勵，勉副讀者諸君屬望，因更名爲《新青年》，且得當代名流之助，如溫宗堯、吳敬恒、張繼、馬君武、胡適、蘇曼殊諸君，允許關於青年文字，皆由本誌發表。嗣後內容，當較前尤有精采」〔註 109〕。這段話說明了更名的兩個原因：第一是從讀者方面來說，爲了更符合讀者諸君的屬望；第二則從作者群體的壯大以至於能提供全新的思想圖景方面來說。這是陳獨秀爲我們開啓的一條理解的路徑。但後來，我們對其更名之由有過種種推測和貌似合理的結論。在這些論述裏面，都會引用到汪孟鄒關於上海青年會寫信給群益書社，說《青年》雜誌與其《上海青年》重名，故而必須改名這個說法。而這來源於汪原放的表述：「我的大叔說過，是群益書社接到上海青年會的一封信，說群益的《青年》雜誌和他們的《上海青年》（周報）名字雷同，應該及早更名，省得犯冒名的錯誤。」〔註 110〕但在引用這則材料前後，

由原副總統黎元洪繼任大總統，宣告遵循約法，重開國會；段祺瑞擔任內閣總理，掌握實權。南北談判中，南方代表的核心人物是章士釗，談判地點是上海。李龍牧認爲，陳獨秀素與章士釗熟悉，「在這一場政治交易中章不會把陳也拉進去麼？這樣的猜測或者流於主觀，但在他們的交往中不可能不討論當時的政治問題；在這個意義上說陳獨秀曾參與謀議，怕也不是不可能的吧！」（第 64 頁）李龍牧認爲，此時的陳獨秀並未與政客們斷絕聯繫，「這次政治交易結束之後，就在那國會復會，新官上任的一片喧鬧聲中，陳獨秀按照發行人的建議把《青年雜誌》改名《新青年》，在 1916 年 9 月 1 日出版了二卷一號」（第 64 頁）。並且，他由此推知陳獨秀此時對「黨派運動」雖然有拒斥心理，但還處於依戀狀態，並未徹底決裂。

〔註 108〕韋政通《〈新青年〉的再讀與反思》，《中國哲學史》1997 年第 4 期，第 111 頁。事實上，陳獨秀去北大擔任文科學長，不是雜誌停刊的 1916 年 3 月的事情。因爲陳獨秀和汪孟鄒於 1916 年 11 月 26 日北上京城，爲他們的大書店計劃招股，在北京勾留了月餘，到了 12 月 26 日，蔡元培去訪陳獨秀，邀請他擔任文科學長，而陳獨秀在 1917 年 1 月致胡適的信中才提及「蔡孑民先生已接北京總長之任，力約弟爲文科學長，弟薦足下以代，此時無人，弟暫充乏。」（見《胡適來往書信選》上冊，前引書，第 6 頁）。可知，韋政通之說的時間存在謬誤，而陳獨秀暫停刊物《青年》的原因，也不是因爲他要去北大。

〔註 109〕陳獨秀《通告》，《新青年》2 卷 1 號，1916 年 9 月 1 日。

〔註 110〕汪原放《亞東圖書館與陳獨秀》，前引書，第 33～34 頁。

我們卻對之進行了多向度的闡釋。如多數學者認爲，是陳獨秀因此而決定將《青年》雜誌更名爲《新青年》:「陳獨秀將刊物名稱自第二卷起更名爲《新青年》，自稱是爲了『勉副讀者諸君屬望』」〔註 111〕，也有人認爲，是陳獨秀應讀者的需要而改名的，「陳獨秀應讀者的希望，更名爲《新青年》，添一個『新』字，以與其鼓吹新思想、新文化的內容名實相符。」〔註 112〕呂明濤的研究比較深入，他指出了陳獨秀之所以決定在原刊物之名前加上一個「新」字卻不願意放棄「青年」的深層原因，雖然這僅僅是可能的原因之一種，但其鞭闢入裏的論述，讓人歎服。但我以爲，在對《青年》雜誌改名的探究中，應該注意汪孟鄒的這一則日記：「三月三日，星期五，晴。……晚飯後到仲甫宅，適子壽亦在此談說一切。子壽擬將《青年》雜誌改名爲《新青年》，來商於仲，仲與予均贊同也。」〔註 113〕而陳獨秀在這年的 8 月 13 日致胡適的信中，有如下文字：「《青年》以戰事延刊多日，茲已擬仍續刊。依發行者之意，已改名《新青年》，本月內可以出版。」〔註 114〕也就是說，更名爲《新青年》是發行者陳子壽首倡，而後來得到陳獨秀與汪孟鄒的同意的。《新青年》這個刊名不是陳獨秀的主意，他衹是參與了決定的過程而已，此其一；其二，《青年》更名爲《新青年》之事，早在 3 月 3 日就已經決定，到了即將出二卷一號時的 8 月，近五個月過去了。這期間，對於「新青年」這個新刊名之意義的挖掘，以及對《新青年》面世之後該從何種方向上努力，陳獨秀已經有一番思考，而這，體現在《通告》中他所言的那兩條。也就是說，《通告》中所言的兩點理由並非就是陳獨秀羞於啓齒之餘而尋找到的託辭，而是他在陳子壽的建議之下，對「新青年」三字內蘊進行深入挖掘的結果。他此時的心意，是想通過努力，眞的創造一份具有「新」面目的雜誌出來。

事實上，從第二卷開始，《新青年》的確實現了一次重要的轉型，變得更「新」了。

早就有不少論者指出改名前後這份雜誌面目的變化。「1915 年 9 月 15 日創辦的《青年雜誌》，草創之初，帶有明顯的《甲寅》印記，自家面目並不突

〔註 111〕呂明濤《〈青年〉雜誌與〈青年雜誌〉》，《書屋》2005 年第 8 期，第 64 頁。
〔註 112〕蕭超然《北京大學與五四運動》，北京大學出版社，1995 年，第 38 頁。
〔註 113〕引自汪原放《亞東圖書館與陳獨秀》，前引書，第 34 頁。
〔註 114〕陳獨秀致胡適信，中國社會科學院近代史研究所中華民國史組編《胡適來往書信選》（上），前引書，第 3 頁。

出。」〔註 115〕親歷者鄭振鐸則說，「當陳獨秀主持的《青年雜誌》於 1915 年左右，在上海出版時，——那時我已是一個讀者——衹是無殊於一般雜誌用文言寫作的提倡『德智體』三育的青年讀物。」〔註 116〕但是，「後來改成了《新青年》，也還是文言文爲主體的，雖然在思想和主張上有了一個激烈的變異。胡適的《文學改良芻議》，在 1917 年發表。這誠是一個『發難』的信號。」〔註 117〕也就是說，《青年》改成《新青年》後，胡適以《文學改良芻議》而提出文學革命之前，這份雜誌和前此的《青年》以及其他雜誌雖然在語言載體上並無多大區別，但在「思想和主張上」畢竟已「有了一個激烈的變異」。在我看來，這個「激烈的變異」，正是因了以反孔非儒爲重點的思想革命的迅即展開。

第二節　時勢及其應對：反孔的必然及面相

更名爲《新青年》的雜誌在 1916 年 9 月 1 日面世。對於這個雜誌此時的面貌，有人說：「名稱雖然改了，思想卻還沒有什麼重大發展，並沒有什麼眞正的『新』」〔註 118〕，這種面貌的模糊，部分導致了《新青年》剛出版時依然沒有什麼重要的社會反響。就在 2 卷 2 號上，陳獨秀對《青年》發行至彼時的情況做了一個反省，他說：「僕無狀，執筆本誌幾一載，不足動青年毫末之觀聽，慚愧慚愧」〔註 119〕。這絕不是陳獨秀在自謙。誠如許多學者關注到的那樣，《青年》和更名後的《新青年》，在一開始，並沒有取得巨大的銷量，每一號僅只印行 1000 冊而已。銷量之少，既讓群益書社爲難，在一定意義上，也是迫使《青年》出完 1 卷後就停刊的原因。但是，易名後的《新青年》終於日漸完成了自己面目的清晰化這個艱難的過程，而這，首先和批孔運動密切相關。

我們知道，考察《新青年》的反孔，不能脫離 1916～1917 年間的民國時

〔註 115〕陳平原《思想視野中的文學：〈新青年〉研究》，陳平原、山口守編《大眾傳媒與現代文學》，新世界出版社，2003 年，第 190 頁。

〔註 116〕鄭振鐸《導言》，鄭振鐸編選《中國新文學大系・文學爭論集》（1917～1927），上海良友圖書印刷公司，1935 年，第 1～2 頁。

〔註 117〕鄭振鐸《導言》，鄭振鐸編選《中國新文學大系・文學爭論集》（1917～1927），前引書，第 2 頁。

〔註 118〕李龍牧《五四時期思想史論》，前引書，第 64 頁。

〔註 119〕陳獨秀《答畢雲程》，《新青年》2 卷 2 號，1916 年 10 月 1 日。

勢，因爲這決不簡單地是文化領域內兩種不同傾嚮之間的論爭。所以，要看清楚被目爲陳獨秀等「全盤反傳統」的言論，必須考察清楚這段時間陳獨秀等如此言說的背景。

已經有學者專門考察過民初孔教會與國教運動的複雜情形。論者認爲，民初有兩次國教運動，1913～1914 年爲第一階段，主要圍繞著「天壇憲法草案」的製定而展開；1916～1917 年爲第二階段，重開恢復之國會，主要圍繞第一屆國會制憲爲中心而展開〔註 120〕。與第一階段相對應的持批評意見的雜誌是《甲寅》月刊，前此我們已經做過分析，與第二階段相呼應的就是更名前後的《新青年》，尤其是其第 2、3 卷。

《青年》創刊之際，袁世凱打著尊孔幌子的洪憲鬧劇正沸沸揚揚地展開。此期的陳獨秀，致力於青年人格的塑造，在張揚個人爲本位的基礎上，陳獨秀以西方近代文明中的民主、自由、平等等概念工具對中國傳統文化進行了反思，並日漸達至了對傳統道德倫理的批判，終於以對墨家哲學等的闡釋，而施行對儒學、孔子獨尊地位的部分解構。他對洪憲帝制的反抗，既體現於此期對專制不斷反省與批判的論著中，也體現在他的《1916 年》等文章中。《1916 年》發表於《青年》1 卷 5 號，出版於 1916 年 1 月 15 日。和其他各期不同的是，該期目錄頁上，在以前寫明「民國某年某月某日發行」處，只寫了「正月號」三個字，而這個正月號必須與其左方的第一篇論著名「1916 年」合併，才能知道其準確出版時間。這種默不作聲的處理方式，體現的正是陳獨秀對洪憲帝制默默的抵抗〔註 121〕。而在《1916 年》中，陳獨秀一開始就將青年置身於 20 世紀 16 年這個大背景下，提出該年之青年，應該「各奮鬥以脫離此附屬品之地位，以恢復獨立自主之人格。」也就是說，要擺脫儒家三綱之說導致的「以己屬人之奴隸道德」〔註 122〕。此期的《述墨》、《孔子平議》等文的發表，表明陳獨秀在慢慢將批判的焦點集中於儒家、孔子。

到了《新青年》2 卷 1 號發行的 9 月，袁世凱已經病死於兩個多月前，袁氏帝制復辟失敗之後，黎元洪與段祺瑞之間的「府院之爭」又開始上演，伴隨著的，是吳佩孚 7 月在保定成立孔教會，推孔泗澶爲會長〔註 123〕；教育部

〔註 120〕參見韓華《民初孔教會與國教運動研究》，前引書，第 87 頁。

〔註 121〕袁世凱稱帝後，決定將 1916 年改稱洪憲元年。

〔註 122〕陳獨秀《1916 年》，《青年》1 卷 5 號。1916 年正月號。

〔註 123〕原見《吳佩孚先生集》上，轉引自韓達編《評孔紀年（1911～1949）》，山東

長范源濂提倡「祭孔讀經」；8 月國會復會，重新開會審議 1913 年的天壇憲法草案應否刪去「國民教育以孔子之道爲修身大本」這一條……等等複雜與喧鬧兼存的局勢。就在此時，康有爲發表了一封致黎元洪和段祺瑞的公開信，不僅堅稱「國民教育以孔子之道爲修身大本」這一條不能刪去，而且，他還重提 1913 年就提出過的「定孔教爲國教」的主張。一時之間，「參、眾兩院中堅持定孔教爲『國教』的一百多議員，在北京組成『國教維持會』，通電『籲請』各省督軍支持。在此前後，各地尊孔會、社和軍閥、政客，函電交馳，上書請願，一時成風。」〔註 124〕如張勳等十三省督軍、省長等致電黎元洪，請國會定孔教爲國教，認爲中國「千年之歷史風俗，舉動行爲，人倫日用，皆受之於孔教，與之相化爲國魂，從之則治，去之則亂。……若棄孔教，是棄國魂。」呼籲「保存郡縣學宮及學田祀田，設奉祀生，行跪拜禮，編入憲法，永不得再議。」〔註 125〕

正是在這種背景下，從 1916 年 9 月至 1917 年 8 月，主要在《新青年》2 卷 1 號至 3 卷 6 號上，以陳獨秀爲主的知識份子對洪憲帝制背景下的尊孔讀經、定孔教爲國教等逆流進行了較爲集中的批判。在《新青年》上，批判的方式是寫作論著和回覆信件，即重點在「論著」欄和「通信」欄展開。筆者作了一項統計，此期專門討論孔教問題的論文及通信一共有四十三篇之多，而他們分佈於 2 卷 1 號至 3 卷 6 號這 12 號刊物之間，如果加上其他涉及孔教問題的論文、1 卷 6 號上易白沙所發表的《孔子平議》（上），以及讀者所寫的涉及孔教問題的信件，那麼，最後的數位將更加龐大。也就是說，《新青年》在這一年中，平均每期都有四篇左右的文章或者通信在談論孔教問題，這無疑給當時的人留下非常鮮明的一個印象：《新青年》是詆孔的，而且詆孔不遺餘力。

對這些反孔文章進行統計，可以得到如下資料表：

教育出版社，1985 年，第 43 頁。

〔註 124〕原見《中國民國憲法史》前編，轉引自韓達編《評孔紀年（1911～1949）》，前引書，第 45～46 頁。

〔註 125〕參見《孔教十年大事記》第 8 卷，轉引自韓達編《評孔紀年（1911～1949）》，前引書，第 49、47 頁。

表二

作　者	論文數	論　　文　　名	信件數	文章總數
陳獨秀	8	《駁康有爲致總統總理書》、《憲法與孔教》、《孔子之道與現代生活》、《袁世凱復活》、《再論孔教問題》、《舊思想與國體問題》、《道德之概念及其學說之派別》、《復辟與尊孔》	17	25
吳　虞	6	《家族制度爲專制主義之根據論》、《讀〈荀子〉書後》、《消極革命之老莊》、《禮論》、《儒家主張階級制度之害》、《儒家大同之義本於老子說》	2	8
常乃悳〔註 126〕	1	《我之孔道觀》	4	5
易白沙	2	《孔子平議（下）》、《述墨》（下）	0	2
蔡元培	1	《蔡孑民先生在信教自由會之演說》	1	2
錢玄同	0		1	1

可見，在這一時段裏，主要的批孔者有陳獨秀、吳虞、常乃悳，而代表性文章有《孔子平議（下）》、《駁康有爲致總統總理書》等。在這兩卷中，陳獨秀先後發表了八篇文章，其中包括六篇論著：《駁康有爲致總統總理書》、《憲法與孔教》、《孔子之道與現代生活》、《袁世凱復活》、《再論孔教問題》、《復辟與尊孔》，二篇演說辭：《舊思想與國體問題》、《道德之概念及其學說之派別》。另外，陳獨秀在「通信」欄中發表了三十八封回覆的信件，其中，有十七封涉及到孔教問題，是對他的論著的有力補充。而吳虞發表的六篇論著、二篇通信從另一個側面支撐起了陳獨秀的論述。常乃悳則是在呼應陳獨秀的過程中，由最初的存有歧見，到最後思想與陳獨秀的趨同，並日漸爲後者所欣賞，成爲了一個「新青年」。

一、陳獨秀的反孔

考察《新青年》第 2、3 卷，我們發現每一號的封面上都赫然印著「陳獨秀先生主撰」幾個大字，所以，儘管較之於第 1 卷，這兩卷無論在作者隊伍、讀者隊伍方面，還是在思想的交流、碰撞方面，都已遠非原來建基於濃

〔註 126〕第一封信發表於《新青年》2 卷 4 號，寫作這些信時，常乃悳還只是北京高等師範預科生。值得注意的是，他在《新青年》上發表的信件，體現出他對孔教有一個日漸朝陳獨秀趨同的一個過程。在做這個統計時，我將這種過程中的言論也算作反孔。

鬱的皖籍關係之上的圖景，但是，這兩卷依然具有非常鮮明的陳氏特色。讀這兩卷刊物，我們能感覺出，當時的批孔戰線上，陳獨秀就是一名反孔鬥士。故而，陳獨秀自身的思想狀況在很大程度上勾勒了這個刊物此期反孔的面目。

下面是《新青年》2 卷 1 號至 3 卷 6 號上，陳獨秀所發論孔教問題的文章之統計：

表三

《新青年》卷號	論著		信件		該期所發反孔文章數	陳獨秀之文所占比例
	數量	名稱	數量	名稱		
2 卷 1 號	0		2	《答陳恨我》《答程師葛》	4（另有易白沙《孔子平議》下及《述墨》下）	50%
2 卷 2 號	1	《駁康有為致總統總理書》	0		2（另有李平《新青年之家庭》）	50%
2 卷 3 號	1	《憲法與孔教》	0		1	100%
2 卷 4 號	2	《孔子之道與現代生活》、《袁世凱復活》	1	《答常乃悳》	3	100%
2 卷 5 號	1	《再論孔教問題》	1	《答吳又陵》	5（另有蔡元培的《蔡孑民先生在信教自由會之演說》，高一涵的《1917 年豫想之革命》，吳虞的《致陳獨秀》）	40%
2 卷 6 號	0		2	《答程演生》《答常乃悳》	5（另有吳虞的《家族制度為專制主義之根據論》，李張紹南《哀青年》、陳錢愛琛《賢母氏與中國前途之關係》）（後二文均談女子問題）	40%
3 卷 1 號	0		3	《答佩劍青年》《答傅桂馨》《答俞頌華》	5（另有吳虞《讀〈荀子〉書後》，常乃悳《我之孔道觀》）	60%
3 卷 2 號	0		3	《答常乃悳》《答 I・T・M》《答劉競夫》	5（另有吳虞《消極革命之老莊》，常乃悳《致陳獨秀》）	60%

3卷3號	2	《舊思想與國體問題》、《記陳獨秀君演講辭》〔註127〕	2	《答俞頌華》《答張護蘭》	5（另有吳虞《禮論》）	80%
3卷4號	0		1	《答錢玄同》	3（另有吳虞的《儒家主張階級制度之害》，錢玄同《致陳獨秀》）	33%
3卷5號	0		2	《答〈新青年〉愛讀者》、《答吳虞》	4（另有吳虞的《儒家大同之義本於老子說》，吳虞《致陳獨秀》）	50%
3卷6號	1	《復辟與尊孔》	0		1	100%
總　量	8		17		43	58%

從上表可見，陳獨秀在每一號至少有一篇文章發表；在每號的評孔文章中，至少佔據33%的比例；其此期所發文章總數，占所有批孔文章的58%強：陳獨秀是這一時期當之無愧的批孔健將、先鋒。其次，我們必須注意到，在此期與陳獨秀一起站在評孔最前沿的，是吳虞，他在這一時期發表了六篇論文，二封信件，僅次於陳獨秀，而且，其觀點多體現於邏輯嚴密的論文中，是對陳獨秀之文的有力補充；此外，我們可以看到，陳獨秀的觀點，不僅表現在其八篇論文中，也體現在此期他對讀者來信的大量回覆中，正是在這些覆信中，陳獨秀的觀點得到進一步呈現，他對反孔非儒的必要性的認識更趨深入。所以我們考察陳獨秀此期的反孔實績，不能脫離開那十七封信。最後，我們還要具體分析那十七封讀者來信，因爲，這裡面既有贊同陳獨秀等反孔的，也有反對的，還有由有歧見最後慢慢認同陳獨秀等的觀點的，分析這裡面的變動，有助於我們理解陳獨秀等當時的言論的社會反響，也有利於我們從一個側面，探究到這一批「新」青年被塑造出來的過程。

在發表《駁康有爲致總統總理書》之前的一個月，陳獨秀已對胡適言及「中國萬病，根在社會太壞」〔註128〕；陳恨我在致陳獨秀的信中認爲孔教乃我國之精神之國魂，不可任由玷辱名教者流詆毀，陳獨秀認爲其信無一語在

〔註127〕收入《陳獨秀著作選》第一卷（任建樹、張統模、吳信忠編，上海人民出版社，1984年）時，題目更改爲《道德之概念及其學說之派別》，見該書299～301頁。

〔註128〕《陳獨秀致胡適》，水如編《陳獨秀書信選》，新華出版社，1987年，第27頁。

析理辯難範圍，認爲他對孔教的憂慮是杞人之憂，在他之前已有孔教會籌安會諸君子意在此了〔註 129〕；而在回覆程師葛時，陳獨秀說，今天德育未甚於前者的原因之一是社會已成之封建道德等仍復遺僵印影，相應的解決之道在於排斥之而尊行眞理，不使不道德之道德，演成種種社會悲劇〔註 130〕。

到了康有爲公開發表其致總統總理書，本來想著「中國帝制思想，經袁氏之試驗，或不至死灰復燃矣」的陳獨秀，見到這個他辛亥前異常敬愛的先生，繼創辦《不忍》雜誌、爲籌安會開先河之後，居然「不惜詞費，致書黎、段二公」，重申其要求定孔教爲國教的謬論，他遂撰文予以駁斥。他說，從康有爲之書可見其不通外文，故不知倫理學、宗教史、近代文明史、政治史，書中存在諸多不合事實之處，最大者爲未意識到贊成共和與推尊孔教之間的悖謬。「孔教與帝制，有不可離散之因緣，若並此二者而主張之，無論爲禍中國與否，其一貫之精神，固足自成一說。」然而，康有爲一邊通電贊成共和，一面又推尊孔教，主張民國祀孔，而共和民國之精神與孔教之間是根本相互牴觸的，「主張民國之祀孔，不啻主張專制國之祀華盛頓與盧梭」，這樣做，「是乃自取其說而根本毀之耳」。從這篇論文中，我們可以發現幾點：第一，陳獨秀此時是從西方倫理學、宗教史、近代文明史、政治史的角度來批駁康有爲觀點中悖謬的成分，這是一種學理化的分析。行文中，陳獨秀非但沒有詆毀康有爲，反而在文章一開始就表示了康、梁之於「吾輩」的源泉作用，認爲「二先生維新覺世之功，吾國近代文明史所應大書特書者矣」，並且，他在追溯了康有爲辛亥後辦《不忍》雜誌之餘，感歎說：「天下之敬愛先生者，無不爲先生惜之！」第二，在論述中，陳獨秀亮出了他對孔教的一些基本觀點：(1)中國本不隆重於宗教，而且孔教絕無宗教之實質與儀式，所以，是教化之教，非宗教之教；(2)信教自由乃近代政治之定則，強迫國人信仰孔教而不顧其信仰佛、耶、回教的事實，這不符合近代政治的精神；(3)孔教與帝制有密切關聯，而在當時的民國，其精神與孔教根本相牴牾。考察他後面的論文及覆信可以發現，這些觀點的基質始終未變，祇是後來的言說更加完善而已。

《憲法與孔教》一文，是對康有爲之書的再次辯駁。在這裡，他認爲，孔教之爭本屬無謂之紛爭，但是孔教問題會成爲一個極大的問題，因爲「孔

〔註 129〕陳獨秀《答陳恨我》，《新青年》2 卷 1 號「通信欄」，1916 年 9 月 1 日。
〔註 130〕陳獨秀《答程師葛》，《新青年》2 卷 1 號「通信欄」，1916 年 9 月 1 日。

教問題不獨關係憲法，且爲吾人實際生活及倫理思想之根本問題也。」這已經將康有爲所提出的問題上陞到更爲重要的倫理思想層次，因而，已經越出了原來政治、時勢的範疇，而成爲一個較爲純粹的思想文化問題了。這次，他抓住以下幾點進行論述：(1)尊孔教爲國教，侵害思想自由；(2)獨尊孔氏，會造成學術思想的專制；(3)憲法以國家之力強迫人們信孔教，而非政教分離，剝奪了信教自由；(4)從根本上說，民國精神建立於人人平等的基礎上，與別尊卑明貴賤的孔子之道根本相反，故而欲適應現世的生存，必須對孔子之道根本排斥。這是對《駁康有爲致總統總理書》的深化，其提到的「思想自由」、「信教自由」權利，以及「孔子之道不合現代生活」，實在就是他這一時期關於孔教問題的三大理論基點。

緊隨著《憲法與孔教》的，就是《孔子之道與現代生活》。這是正面對孔子之道與現代生活的關係的論述。他用進化論的觀點，認爲「一種學說，可產生一種社會；一種社會，亦產生一種學說。影響複雜，隨時變遷。」故而，「其欲獨尊一說，以爲空間上人人必由之道，時間上萬代不易之宗，此於理論上決爲不可能之妄想，而事實上惟於較長期間不進化之社會見之耳。」對於文明進化的社會來說，學說的興廢，「恒時時視其社會之生活狀態爲變遷。」更何況，對於不進化的社會而言，也存在無數微變呢。在陳獨秀看來，現代生活，現代共和國家，與吾國固有之綱常倫理根本矛盾，這種矛盾體現於倫理、政治、男女交際、家庭成員之間的關係、喪葬之儀等等方面，故而他說：

> 吾人爲現代尚推求理性之文明人類，非古代盲從傳說之野蠻人類，烏可以耳代腦，徒以兒時震驚孔夫子之大名，遂眞以爲萬世師表，而莫可議其非也！

在陳獨秀看來，孔子之道，是封建時代精神之鐵證：

> 孔子生長封建時代，所提倡之道德，封建時代之道德也；所垂示之禮教，即生活狀態，封建時代之禮教，封建時代之生活狀態也；所主張之政治，封建時代之政治也。封建時代之道德、禮教、生活、政治所心營目注，其範圍不越少數君主貴族之權利與名譽，於多數國民之幸福無與焉。……「禮不下庶人，刑不上大夫。」此非孔子之道及封建時代精神之鐵證也耶？

故而，孔子之道是不適合於現代生活的，二十世紀的中華民國應該排斥這種封建時代的道德。

針對此期上海的中西報紙討論袁世凱死否的問題，陳獨秀在《袁世凱復活》中表明了他的看法。他說，袁世凱一世方死未死，而袁世凱二世方生，二者在身材、言行、尤其是在思想（「欲祭天尊孔以愚民」、「主張復古，提倡禮教國粹」、「重尊卑階級，疾視平等人權、平民政治」、「迷信官權萬能，惡民權如蛇蠍」、「主張小學讀經，以維持舊思想」等等）等方面均存在「酷肖」關係。他說，「袁世凱之廢共和復帝制，乃惡果非惡因，乃枝葉之罪惡，非根本之罪惡。」這個惡因，乃是「別尊卑、重階級、主張人治，反對民權之學說」，他由此提出「吾國思想界不將此根本惡因剷除淨盡，則有因必有果，無數廢共和復帝制之袁世凱，當然接踵應運而生，毫不足怪。」而且，袁世凱死了，可袁世凱二世，卻「竟明目張膽，爲吾國思想界加造此根本惡因」，所以，他悲切地預言道，「其惡果可立而待也。」惡因在於思想而不在軍閥，這是陳獨秀的一個大發現，這一思想使得他與同時代人劃開了明確的界限，因爲後者，正是一直認爲袁世凱乃現實社會動蕩之惡因者。正是陳獨秀的敏銳，使他抓住了這個現象背後的本質，而由此，我們才能理解，爲什麼陳獨秀連續不斷地寫文章，批駁康有爲等人的尊孔謬論。在該文末尾，陳獨秀表白了自己的憂慮：法律上之平等人權，倫理上之獨立人格，學術上之破除迷信、思想自由，導致了歐洲文明進化，一日千里，吾人狂奔猛追，尤恐不及，而袁世凱以特別國情之說，阻礙了國人 5 年之久，國人終於掃除了這個障礙，然而「袁世凱二世，又以國粹禮教之說，阻吾前進，且強曳之逆向後行。」長此以往，中國人將如何才能越出這黑暗，而在二十世紀中生存？〔註 131〕從此處滿帶感情的論述，我們可以看出，陳獨秀對尊孔者試圖定孔教爲國教的批判，是面向二十世紀的中國的生存處境的，他對中國將被趕出 20 世紀的世界的憂慮，使得他如此堅決地站在批判的前沿。

在《再論孔教問題》一文中，陳獨秀認爲：孔教應被科學所代；「孔教」二字，殊不成一名詞，即便承認其是一名詞，政教分途乃公例，憲法不能涉及宗教問題，否則易引起紛爭；孔子修身之道不能定入憲法以爲教育之大方針，因爲孔門倫理學說與共和立憲政體不合，不適用於今日國民之日用生活，憲法不能涉及教育問題及道德問題，且有違各國憲法條文無人之姓名的公例；基於信教自由會所爭之權利，陳獨秀認爲應爭各教平等之權利，孔教不

〔註 131〕陳獨秀《袁世凱復活》，《新青年》2 卷 4 號，1916 年 12 月 1 日。

能爲國教，且應毀其廟而罷其祀。

《舊思想與國體問題》一文是陳獨秀在北京神州學會的演講辭。他認爲，要「鞏固共和，非先將國民腦子裏所有反對共和的舊思想，一一洗刷乾淨不可。因爲民主共和的國家組織、社會制度、倫理觀念，和君主專制的國家組織、社會制度、倫理觀念，全然相反，——一個是重在平等精神，一個是重在尊卑階級，——萬萬不能調和的。」他說，袁世凱「要做皇帝，也不是妄想；他實在見得多數民意相信帝制，不相信共和，就是反對帝制的人，大半是反對袁世凱做皇帝，不是眞心從根本上反對帝制。」袁世凱死後，人們以爲帝制應該不會在中國發生，共和國體算安穩下來了，可他認爲，國民們「口一張，手一伸，不知不覺都帶著君主專制臭味。」而在現實生活中的政治人心，就出現了這樣的現象：政府以「上天下澤，履君子以辨上下，定民志」之類的題目考試文官；國會議員大聲疾呼，定要尊重孔教；學士文人卻照舊推崇頌揚功德鋪張宮殿田獵的漢賦和那思君明道的韓文杜詩；甚至城里人家貼對聯，「恩承北闕」、「皇恩浩蕩」依然不在少數，鄉下人的廳堂上，照例貼一張「天地君親師」的紅紙條……據此，陳獨秀說：「這腐舊思想布滿國中，所以我們要誠心鞏固共和國體，非將這班反對共和的倫理、文學等等舊思想，完全洗刷得乾乾淨淨不可。否則不但共和政治不能進行，就是這塊共和招牌，也是掛不住的。」〔註 132〕

而《記陳獨秀君演講辭》一文，則再次論述了道德應「與時變遷」，不存在不能變易的道德，這和宗教、法律一樣，因爲他們都在眞理範圍之內。此外，他論述了現今西方道德學說的兩派：個人主義之自利派以及社會主義之利他派。他呼籲應建立個人主義基礎上的利他主義。「故言自利主義，而限於個人，不圖擴而充之至於國家自利，社會自利，人類自利，則人類思想生活之衝突，無有已時。」〔註 133〕

《復辟與尊孔》一文發表於 3 卷 6 號，此時已是張勳復辟並且失敗之後。在這篇文章中，陳獨秀論析了群經如《尚書》、《易》、《公羊傳》、《春秋》、《孝經》、《論語》等的要義，認爲這些正是眞孔教，而如果「據此以言治術」，必然導致要立君，以爲布政施教之主體，而在當時的中國，只有清帝

〔註 132〕陳獨秀《舊思想與國體問題——在北京神州學會講演》，《新青年》3 卷 3 號，1917 年 5 月 1 日。

〔註 133〕常乃悳《記陳獨秀君演講辭》，《新青年》3 卷 3 號，1917 年 5 月 1 日。

才有相當的資格，於是只有復辟，所以，「張、康之復辟也，罪其破壞共和也可，罪其擾害國家也亦可；罪其違背孔教國國民之心理則不可，罪其舉動無意識自身無一貫之理由則更不可：蓋主張尊孔，勢必立君；主張立君，勢必復辟。」這是一個相當深刻的判斷，它關涉著兩個問題。第一，張、康復辟有著深層的民眾心理基礎；第二，張、康復辟與其尊孔有著一而二、二而一的關係，二者互爲因果。由此，陳獨秀認爲，當時遍佈國中的「孔教會」、「尊孔會」，就都是他眼中的「復辟黨」，「若尊孔而不主張復辟，則妄人也，是不知孔子之道者也。」他甚至擔心，這種「復辟之變，何時第二次猝發不可知。」「張、康雖敗，共和之名亦未爲能久存。」這是他建基於對復辟與尊孔之間關聯性之上，而對勢態做出的預測。較之前此的諸文，陳獨秀這裡對尊孔與復辟的論析最爲深刻，得出的結論最令人信服。不僅如此，他在文末，順帶再次申明他爲什麼要批孔。他說：「愚之非難孔子之動機，非因孔子之道之不適於今世，乃以今之妄人強欲以不適今世之孔道，支配今世之社會國家，將爲文明進化之大阻力也，故不能已於一言。」〔註 134〕這裡面依然透出陳獨秀討論孔教問題的價值標準：孔教不適合於今之國家，不利於今之文明進化。

和這些論文密切相關，陳獨秀還在與讀者們的通信中申明了他的諸多觀點。正是通過論文和通信，陳獨秀的反孔非儒主張得到了較爲立體的建構。

二、吳虞的反孔

考察吳虞的人生軌迹時，1905、1910、1917、1921、1924 無疑是尤其值得我們關注的幾個點：1905 年秋，吳虞拋妻別子，去日本就學於法政大學，「二十年來所講學術，劃然懸絕」〔註 135〕，可知，這是一個標誌著新吳虞誕生的關鍵點。隨後的 1906 年，受到章太炎在東京留學生歡迎大會上的演說〔註 136〕以及章氏的《諸子學略說》〔註 137〕的影響，激動之下的吳虞寫成了《中夜不寐偶成八首》，其中就有「賢聖誤人深」、「孔尼空好禮」〔註 138〕之類「多有非

〔註 134〕陳獨秀《復辟與孔教》，《新青年》3 卷 6 號，1917 年 8 月 1 日。

〔註 135〕吳虞《鄧壽遐〈荃察餘齋詩文存〉序》，趙清、鄭城編《吳虞集》，四川人民出版社，1985 年，第 141 頁。值得注意的是，有些論者將「劃」誤作「刬」。

〔註 136〕載於《民報》第 6 號，1906 年。

〔註 137〕載於《國粹學報》第 20、21 期。

〔註 138〕吳虞《中夜不寐偶成八首》，趙清、鄭城編《吳虞集》，前引書，第 283～284 頁。

儒之說」〔註 139〕的詩句；1910 年，吳虞發表了《辨孟子闢楊墨之非》，指出「天下有二大患焉：曰君主之專制，曰教主之專制。君主之專制，鈐束人之言論；教主之專制，禁錮人之思想。」〔註 140〕在該文中，他呼籲反對專制的孔孟思想，要求各學派自由辯論，尋求思想自由。並且，就在這一年，他與其父親發生了劇烈衝突，其父將他告到了官府，儘管最後吳虞從法理上勝出，但是卻被時人目爲逆子，爲此，吳虞油印了《家庭苦趣》一文，散發於學堂，由此，被時任四川教育總會會長的徐炯聯合其他尊孔衛道者聲討，他們稱之爲「投畀豺虎，豺虎不食；投畀有北，有北不受」的名教罪人。吳虞開始認識到孔教的魔力無比強大，反孔非儒之心日益增長，所寫的《辛亥雜詩》、《李卓吾別傳》等，成都報紙不敢登載，只有發表於《甲寅》（東京）、《進步》（上海）這些刊物上；1917 年，在成都日漸聲名鵲起〔註 141〕的吳虞，經由華陽書報流通處而看到了《新青年》上易白沙的《孔子平議》、陳恨我的來信及陳獨秀的回答、陳獨秀的《駁康有爲致總統總理書》等文，決意寫信給陳獨秀，由此，他那些《家族制度爲專制主義之根據論》、《禮論》等涵括「皆出王充、李卓吾之外」的反孔非儒主張的論文，才終於找到了一個全新的平臺高調發表，而陳獨秀在回覆其來信時所贈與他的稱號「蜀中名宿」，以及陳獨秀在第 3 卷就將吳虞列爲海內外名家大彥之一的舉措，使吳虞眞正走向了反孔非儒的第一線，而且獲得了極高的聲名；1921 年，在成都已經獲得眾多「新」青年敬佩、愛戴的吳虞更上一層樓，被北大特聘爲教授，與胡適、錢玄同、周作人、馬幼漁等一起講學。此外，《吳虞文錄》在這年出版，胡適在總結性的序言中，稱他爲「中國思想界的清道夫」、「四川省『隻手打孔家店』的老英雄」。這兩個重要的稱號，尤其是後一個，將吳虞的地位推至了最高點，並伴隨著吳虞後來的人生旅程；1924 年，吳虞卻遭遇了「豔體詩」事件，由此聲名大損，並在一定程度上導致了他 1925 年的離京返川。

可見，對於吳虞來說，反孔是其一生的主要標識，而 1917 年正是他形塑自己的關鍵年份。所以，我們需要詳細考察吳虞的這六篇論文和二封來信，

〔註 139〕吳虞《致陳獨秀》，《新青年》2 卷 5 號，1917 年 1 月 1 日。

〔註 140〕吳虞《辨孟子闢楊墨之非》，《蜀報》1 卷 4 號，1910 年 9 月。

〔註 141〕截止 1915 年 12 月 11 日，日本、上海、成都等地的二十三種報刊雜誌上已經發表了吳虞的詩作或論文，在成都文化界，他已經小有聲名；1916 年，他甚至因《蜀報》給的報酬太低而拒絕接受其關書。見中國革命博物館整理、榮孟源審校《吳虞日記》（上），前引書，第 230 頁，第 261 頁。

看它們在何種意義上推動了這一時期的反孔浪潮，而吳虞的姿態又與其他人有著什麼不同。

吳虞在《新青年》的第一次亮相，是在 2 卷 5 號的「通信」欄中。吳虞的這封信表達了三層意思。第一層，他由《孔子平議》中「謂自王充李卓吾數君外，多抱孔子萬能思想」起筆，而追溯了自己從丙午遊東京至當時的十餘年間的艱苦探索，說自己「十年以來，粗有所見」，其所發表了的《辛亥雜詩》和《李卓吾別傳》以及另外寫就的「家族制度爲專制主義之根據論」，「儒家大同之義本於老子說」，「儒家重禮之作用」，「儒家主張階級制度之害」，「消極革命之老莊」，「讀荀子」等篇，「其主張皆出王充、李卓吾之外」。爲了證明，他說「暇當依次錄上，以求印證。」第二層，吳虞說明了自己反孔的原因：「不佞常謂孔子自是當時之偉人，然欲堅執其學，以籠罩天下後世，阻礙文化之發展，以揚專制之餘焰，則不得不攻之者，勢也。梁任公曰：『吾愛孔子，吾尤愛眞理』，區區之意，亦猶是耳，豈好辯哉？」即，他本愛孔，但對當時將被推向獨尊地位的孔學，他不得不攻之，這是「勢」，而非他「好辯」。第三層，吳虞說明自己反孔非儒的文章雖受到章行嚴的讚譽，然而同調甚少（成都報紙不敢登載），反而是如陳恨我之見解，「幾塞宇內」，在這種情況下，他見到《新青年》上的大論，「爲之欣然」，所以「不揣冒昧，寄塵清監」。細讀吳虞的這封信可知，他的自薦是成功的：他不僅在幾百字內表明了自己反孔的因由，還提及自己所寫論文的主張已超出王充、李卓吾之外，而其價值受到了時賢如章行嚴等的讚譽。事實上，陳獨秀也正是看中了這些，所以在其回信中，他首先說自己聽章行嚴、謝無量說起，知道他是「蜀中名宿」；對於吳虞所寫的文章，他希望能「全數寄賜，分載《青年》《甲寅》」，以「嘉惠後學」；而對於吳虞的非孔表白，陳獨秀做了熱切的呼應：

> 竊以無論何種流派，均不能定於一尊，以阻礙思想文化之自由發展。況儒術孔道，非無優點，而缺點則正多。尤與近世文明社會不相容者，其一貫倫理政治之綱常階級說也。此不攻破，吾國之政治、法律、社會道德，俱無由出黑暗而入光明。

吳虞和陳獨秀的這次通信，較之其他人和陳獨秀的通信，層次明顯高得多。這既是因爲陳獨秀與吳虞在《甲寅》月刊結下的文字緣〔註 142〕，更重要的，

〔註 142〕吳虞發表於《甲寅》月刊 1 卷 4 號上的《辛亥雜詩》，就是陳獨秀所選載，並加圈識的。

是因爲吳虞的反孔非儒思想和陳獨秀的驚人地相通。此期的吳虞和陳獨秀，或許都有找到了「同調」後的「欣然」〔註 143〕之情，這從其字裏行間可以體會到。

於是，從 2 卷 6 號至 3 卷 5 號，吳虞前信中提及的六篇文章，除「儒家重禮之作用」換成了《禮論》之外，皆依次登載於《新青年》。其具體發表的論文資訊如下：

表四

論　文　名	刊物名	卷　號	發表時間
家族制度爲專制主義之根據論	新青年	2 卷 6 號	1917 年 2 月 1 日
讀《荀子》書後	新青年	3 卷 1 號	1917 年 3 月 1 日
消極革命之老莊	新青年	3 卷 2 號	1917 年 4 月 1 日
禮　論	新青年	3 卷 3 號	1917 年 5 月 1 日
儒家主張階級制度之害	新青年	3 卷 4 號	1917 年 6 月 1 日
儒家大同之義本於老子說	新青年	3 卷 5 號	1917 年 7 月 1 日

《家族制度爲專制主義之根據論》一文，雖寫成於 1915 年 7 月，但此時發表於《新青年》，有力地支持了陳獨秀的反孔非儒行爲。這篇重要論文，論述的是孝、家族制度、君主專制之間的關係問題。他認爲，「孝子範圍，無所不包」，「凡人未仕在家，則以事親爲孝；出仕在朝，則以事君爲孝。」「由事父推之事君、事長，皆能忠順，則既可揚名，又可保持祿位。」故而，「家族制度之與專制制度，遂膠固而不可分析」。「儒家以孝弟二字爲二千年來專制政治、家族制度聯結之根幹，貫徹始終而不可動搖……其流毒誠不減於洪水猛獸矣」。正是因爲家族制度，使得「吾國終顚頓於宗法社會之中而不能前進。」

吳虞從法律角度入手，比較了滿清律例和《新刑律》的差別，認爲《新刑律》將「父母在別籍異財」等條文「一掃而空之」，體現的正是「立憲國文明法律與專制國野蠻法律絕異之點，亦即軍國社會與宗法社會絕異之點，而又國家倫理重於家族倫理之異點也」。他說，共和國體建立之後，「儒教尊卑、貴賤不平等之義當然劣敗而歸於淘汰。」那些頑固的士大夫，想儘其三

〔註 143〕吳虞《致陳獨秀》，《新青年》2 卷 5 號，1917 年 1 月 1 日。

年無改之孝而不能。並且，他以 1915 年 9 月《萬國法典》修改時，公使魏宸組電請將民國之法律從速編訂，提交海牙和平會，加入《萬國法典》以收回領事裁判權的例子，說，如果我們的法律不加以修正，則不能加入，如果要修正，「固非儒教之舊義、滿清之律例所克奏效，斷斷然也」。

吳虞提出，出路在廢去孔氏孝弟之義，「夫孝之義不立，則忠之說無所附；家庭之專制既解，君主之壓力亦散。如造穹窿然，去其主石，則主體墮地。」如果不去孝、非儒，「不學無術，不求知識於世界，而甘爲孔氏一家之孝子賢孫，挾其遊示獝怒特蠢悍之氣，不辨是非；囿於風俗習慣醸成之道德，奮螳臂以與世界共和國不可背畔之原則相抗拒，斯亦徒爲蚍蜉蟻子之不自量而已矣！」〔註 144〕

這篇論文已經凸顯出吳虞對以孝爲中心的家族制度以及專制主義的批判，而且，也體現出吳虞的論述特色：「以六經五禮通考，唐律疏義，滿清律例及諸史中議禮議獄之文，與老、莊、孟德斯鳩、甄克思、穆勒・約翰、斯賓塞爾、遠藤隆吉、久保天隨諸家之著作，及歐美各國憲法、民、刑法比較對勘。」〔註 145〕事實上，吳虞自己也非常重視這篇論文：1917 年 3 月 25 日，吳虞在其日記中寫道：「余之非儒及攻家族兩種學說今得播於天下，私願甚慰矣」〔註 146〕；到了編排《吳虞文錄》的 1921 年，吳虞將該文列在第一位，並將自己和陳獨秀的通信附在文章之後。其重視程度由此可見一斑。

《讀〈荀子〉書後》一文，對孔教之流傳、專制制度的形成與荀卿的關係進行了論述。他認爲：「孔學之流傳於後世，荀卿之力居多；孔教之遺禍於後世，亦荀卿之罪爲大。」因爲，他發現其「尊君、卑臣、愚民之宗旨，蓋莫不與孔氏合。」他說，荀卿將政治、儒教、家族制度並稱，尊王尤甚，故不合於共和之義；荀卿之尊君卑臣，「去公僕之義絕遠」，不合於共和之義；荀卿的「民易以一道，而不可與共故」，導致了秦始皇愚黔政策的出現，而這和「立憲之國，務智其民」相牴觸，不合於共和之義；故而荀子之書，根本不適合於共和國體，而荀子是孔教的中間力量，所以，孔教是不合於共和國體的。吳虞總結說：「吾國專制之局，始皇成之，李斯助之，荀卿啓之，孔子教之也。」這就爲荀子在專制體制形成過程中的作用定了位，而「二千年來

〔註 144〕吳虞《家族制度爲專制主義之根據論》，《新青年》2 卷 6 號，1917 年 2 月 1 日。

〔註 145〕吳虞《致陳獨秀》，《新青年》2 卷 5 號，1917 年 1 月 1 日。

〔註 146〕中國革命博物館整理、榮孟源審校《吳虞日記》（上），前引書，第 295 頁。

拘墟囿教，不能捨舊謀新，全國厭厭，困於宗法，甘爲奴隸」則揭示了孔教對於國家及其人民的束縛作用。所以，要進行政治改革，達到「眞共和」，必須首先改革儒教和家族制度。

《消極革命之老莊》一文，評價了老、莊與儒家的區別。他說，自班固《白虎通》將君臣、父子、夫婦列爲三綱之後，「君臣大義，炳如星月矣。自後民賊必崇儒教，儒教必闢異端。……以訖於今，儒術之弊與專制之禍俱達於極點。」孔教與民賊與中國，有著莫大的關聯。而老莊一派則不然。晉宋六朝的人則視霸主爲民賊、盜魁：阮籍非湯、武而薄周、孔；鍾會以爲非毀典謨，王者所不宜容；阮籍斥漢高、項羽爲豎子……但是，老莊一派「不能如法蘭西人之起而驅逐，置民賊於斷頭臺上，以發揮其人權之宣言，斯所以爲消極也。」但在專制之世，老莊之學影響甚巨，所以獨行隱逸之士史不絕書。這是吳虞對道家積極性與消極性的反思。在這種反思中，他指斥了儒教與民賊與專制國家的密切關聯，這亦是爲其反孔非儒服務的。

《禮論》是吳虞此期的力作之一，是吳虞這段時間反孔、反禮教的思想總結。在該文中，他秉承「言禮制者，不在辨其儀節而在知其所以製禮之心」的原則，深入探求了封建統治者設置和提倡禮制的用心所在。他重申了老子爲代表的道家與孔子爲代表的儒家的區別，認爲道家高於儒家，儒家「必用禮爲紀，以正君臣，以竺父子，以睦兄弟，以和夫婦。然不知道德之本，各私其私，……禮之爲用末矣！」「仁、義、禮、樂者，所以救敗也，非通治之道也。故德衰然後飾仁義，和失然後調聲，禮淫然後飾容。」對於禮，他採用了司馬光的說法，就是「禮莫大於分，分莫大於名」。「何謂禮？紀綱是也。何謂分？君臣是也。何謂名？公侯卿大夫是也。夫以四海之廣，兆民之眾，受制於一人，雖有絕倫之力，高世之智，莫不奔走而服役者，豈非以禮爲之紀綱哉？」又說，「專制之國其御天下之大法，不外禮與刑二者而已。而禮刑皆以尊卑貴賤上下之階級爲其根本」，這就是禮與刑的本質：造成俯首帖耳的順民，以利於專制者的統治，維護其封建等級秩序。

《儒家主張階級制度之害》專門論述儒家主張尊卑貴賤的危害。他說：「孔氏主尊卑貴賤之階級制度，由天尊地卑演而爲君尊臣卑，父尊子卑，夫尊婦卑，官尊民卑。」由於不能剷除這種重尊卑貴賤的階級制度，「至於有良賤爲婚之律，斯可謂至酷已！」而耶教重自由平等，後著之於憲法而罔敢或渝矣。正是在五洲大通，耶教之義傳入的情況下，吳虞發現了中國國民缺失平等自由之幸福、長期處於專制之威權下的事實。爲證明此，吳虞特舉孔子誅少正卯的醜劇，說「自孔氏演此醜劇，於是後世雖無孔氏，而所誅之『少正卯』遍天下。……作俑之禍，吁可悲也！」他認爲，「孔、孟之道在六經，六經之精華在滿清律例，而滿清律例，則歐美人所稱爲代表中國尊卑貴賤階級制度之野蠻者也。」他呼籲道：「儒教不革命、儒學不轉輪，吾國遂無新思想、新學說，何以造新國民？悠悠萬事，惟此爲大已。吁！」〔註 147〕吳虞的這一論文，與陳獨秀關於孔教的本質在於別尊卑長幼相呼應，而且，他對於耶教、孔教本質的把握，正與陳獨秀的相同。不同的是，吳虞是從法律角度來立論，而且所舉案例，多來自六經五禮本身。

吳虞批孔的主要論點就是儒教主專制，故其不合於共和。對此，有人以《禮運》有「大同」說來反對儒教主專制這個基點，吳虞就寫了《儒家大同之義本於老子說》，闡明了他的觀點：《禮運》「『大同』之說，乃竊道家之餘緒，不足翹以自異。」並且，在他看來，「儒家之教，極之禮樂仁義而止，不上溯於道德矣！嗚呼！此老子所以痛斥『禮爲忠信之薄，亂之首』，主張絕聖棄智，民利百倍；絕仁棄義，民復孝慈；絕巧棄利，盜賊無有；絕學無憂，以深非之！蓋學不本於道德，而規規於仁義禮樂以粉飾天下之政，不如絕之。」這是儒教的缺陷所在。而且，「後世小智小慧之徒，竊仁義而行之，仁者煦煦，義者孑孑，則僞日滋而亂日甚；方且標老子所絕棄之仁義孝慈爲道德以號於眾，若擊鼓以求其亡子。是則豈惟不足以企『大同』，並不足以言『小康』，與袁了凡之『功過格』近，而與孔仲尼之仁義說遠，又烏得冒道德之名而妄附於儒家者流乎？」也就是說，後儒較之孔子，更加不堪。

該文刊出後，吳虞寫有一封短信，對《儒家大同之義本於老子說》做了補充性論證，而陳獨秀認爲，孔教徒爲求容於共和國體而將以前拋棄的《禮運》大同說作爲證據，本身就是醜陋之極的，而且，即使《禮運》出於孔子，也與今之共和民選政制不同，也應該批判。

1916 年 12 月初 6——吳虞第一次給陳獨秀寫信後的第三天，吳虞就將《消極革命之老莊》、《家族制度爲專制主義之根據論》、《儒家大同之義本於老子說》、《讀〈荀子〉書後》四篇論文「單掛號由郵與新青年陳獨秀寄去」〔註 148〕，

〔註 147〕吳虞《儒家主張階級制度之害》，《新青年》3 卷 4 號，1917 年 6 月 1 日。

〔註 148〕中國革命博物館整理、榮孟源審校《吳虞日記》（上），前引書，第 273 頁。

此後又寄上了早已寫就的《儒家主張階級制度之害》〔註 149〕，加上 1917 年 3 月 25 日寫就、3 月 28 日寄給陳獨秀的《禮論》，吳虞在《新青年》上發表的全部文章均已齊集陳獨秀手中。但很顯然，陳獨秀在什麼時候發表哪一篇文章是存在主動權的，所以從這六篇文章發表的順序來看，它們其實構成的是一個思想的系列。

《家族制度爲專制主義之根據論》這篇論文應該是吳虞最爲得意的，也是最能鮮明地表現他的觀點的文章。這個觀點，就是非儒和反家族制度，其中，涉及到了孝、家族制度與專制主義之間的關聯。這相當於吳虞反孔非儒的總綱。《讀〈荀子〉書後》一文，是對孔教形成過程的一個探究，他論及的是荀卿在這個專制制度形成過程中，所起到的啓發作用：正是有了他，中國的專制之局才由「孔子教之」，到了「李斯助之」，最後「始皇成之」，這是側重於專制之局的論說；《消極革命之老莊》一文繼續追究儒家與專制之關係，但其論述，是從道家與儒家之比較入手的，他認可道家超過了儒家，但又指出老莊之學畢竟是消極革命的；《禮論》一文，側重對禮制本身效用的探究，這牽涉到專制及專制者利用禮教的目的；《儒家主張階級制度之害》則正面論述了儒家主張別尊卑貴賤的危害，《儒家大同之義本於老子說》則抽去了一個假設，就是儒家經典《禮運》中的大同說可以證明儒家並不是主張專制的。這六篇文章，各有側重點，而構成了一個有機的整體。

吳虞反孔非儒的立足點，依然是孔教的專制主義不適合共和國體，衹是他是從法律的角度來立論的，他的思想武器來自中國傳統文化和他經由日本留學所接觸到的西方法律經典。這種論述思路和陳獨秀的存在較大差異，但正是這種差異，使得其言論成爲陳獨秀關於孔教與國教、孔教與憲法、孔教與復辟等方面的論辯的學理性補充。

吳虞的反孔非儒，曾經爲他帶來巨大的生存危機，但是辛亥革命之後，他的命運出現了轉機，而《新青年》的出版，爲其沖出蜀地的狹窄思想盆地創造了條件：這是社會條件的轉轍器對於吳虞個人所起關鍵性作用的體現。然而，吳虞在《新青年》上發表了這六篇論文、二封信件後，就只再發表了

〔註 149〕吳虞在其 1915 年 10 月 12 日的日記中說：「發甲寅雜誌社函，計寄：《儒家重禮之作用》一首，《儒家主張階級制度之害》一首，《儒家大同之說本於老子》一首，五言律詩五首，凡十一紙。」見中國革命博物館整理、榮孟源審校《吳虞日記》（上），前引書，第 221 頁。

一篇《吃人與禮教》，就從此消失於人們的視線之外，這是爲什麼呢？

我們必須注意到，吳虞發表的這些文章的論點、論據和論證方式在在表明，他此期的思想其實並沒有多少西方近現代思想的成分（儘管他引用了那些西方的名作）。他的反孔是從非孝出發，從反抗家族制度的不合理性出發的，而這和他辛亥前體驗到的「家庭苦趣」密切相關。在這個意義上，我們就能理解爲什麼吳虞會贊成反孔的思想革命，但是並不贊同《新青年》從 2 卷 5 號開始的文學革命的主張，我們也就能理解爲什麼 1924 年吳虞會寫作那麼些「豔體詩」，從而引來新文化陣營的批判。有許多學者爲其寫作「豔體詩」而感到遺憾，認爲吳虞從反孔非儒的前線向後退縮，成了一個思想保守的人物。我以爲，我們與其將 1924 年的吳虞看成是思想趨向了保守，不如說，1905 年，尤其是 1910 年開始，吳虞的思想就已經形成了特殊的內核，這個內核來自他與其父親的爭訟，來自他的喪子之痛，正是這種體驗導致了他的反孔，決定了他的非孔路徑。他的這個內核，在 1920 年代依然沒有變。在反孔非儒這條路上，他只能走那麼遠。

三、常乃悳：一個「青年」的轉變

反孔問題的討論之於《新青年》是一個轉機。陳獨秀在 2 卷 1 號上曾有這麼一段話：「本誌出版半載，持論多與時俗相左，然亦罕受駁論，此本誌之不幸，亦社會之不幸，蓋以眞理愈辯而愈明也。」〔註 150〕可見，批孔前的這份雜誌並沒有獲得多大的反響，不特沒有多少人贊同，連反對的人也沒有，這讓陳獨秀多少感到魯迅所言的「寂寞」。然而，從這一期至 3 卷 6 號這十二期的通信欄所發的信件中可以發現，讀者首先提及孔教問題的來信就有十多封。這其中有對陳獨秀等的反孔非儒表示贊同的，如「久誦大著，知先生於孔教問題，多所論列。崇論宏議，鞭策人心，欽仰無似！」〔註 151〕「貴誌……於反對孔教，尤能發揚至理，足使一般中國國教之迷者，作當頭棒喝也。」〔註 152〕「吾國萬般之不進化，莫不緣孔老爲之厲階，至今縉紳先生中，尚不乏非議共和國體者，即其驗也。……今孔教之聲盈天下，余素腹誹之，而傾心於莊墨耶穌之流。夫以莊嚴之國憲，定孔道爲修身大本，則將來之教育方

〔註 150〕陳獨秀《致陳恨我》，《新青年》2 卷 1 號，1916 年 9 月 1 日。
〔註 151〕傅桂馨《致陳獨秀》，《新青年》3 卷 1 號，1917 年 3 月 1 日。
〔註 152〕褚葆衡《致陳獨秀》，《新青年》2 卷 5 號，1917 年 1 月 1 日。

針可知。余爲共和國體危。」〔註 153〕也有先表示讚賞，然後提出異議的，如俞頌華就先說「偶在書肆購得《新青年》第四、第五兩號……所論孔教問題二篇，尤具卓識。」但緊接著就說「惟其中有與鄙見刺謬者」〔註 154〕。但是，不管是明確反對的陳恨我，還是贊同的畢雲程、顧克剛、皡，以及由有歧見到贊同的常乃悳，這些來信的日漸增多，以及常乃悳、俞頌華、畢雲程等的多次來信，甚至來文，說明陳獨秀此期的反孔在當時的讀者心裏，無異於投入了一顆炸彈，形成了一個有一定裹挾力量的漩渦，這證明《新青年》已經受到了部分關注，而這本身就是一種成功。

在這段時間的反孔歷程中，常乃悳的轉變是值得重視的。在一定意義上，這說明了這份雜誌在塑造「新青年」方面的成功。

從 1916 年到 1917 年，常乃悳給陳獨秀寫了四封信，靠回憶記錄了陳獨秀的一次演講並發表於《新青年》，另外發表了一篇論文。

常乃悳給陳獨秀寫的第一封信發表於《新青年》2 卷 4 號。在這封信中，他談及看了《新青年》2 卷 1、2 號的感想，重點涉及兩個問題：對胡適《文學改良芻議》的意見以及對陳獨秀《駁康有爲致總統總理書》的意見。對陳獨秀之文，他拈取其中「孔教與帝制有不可離散之因緣」進行辯駁。他認爲，如果此處的「孔教」指的是「眞正孔子之教」，則「竊以爲過矣」，因爲在他眼裏，「孔子之教，一壞於李斯，再壞於叔孫通，三壞於劉歆，四壞於韓愈。至於唐宋之交，孔子之眞訓，遂無幾微存於世矣。」後世的「人迷所選擇」的乃是「經僞儒之塗附」的言說，孔子本身之言，有些是「何可非哉」的。

對此，陳獨秀明確表示了自己的意見，他認爲漢、宋儒者等等並非嚮壁虛造，故不必在批判時分漢宋儒之教與眞孔之教，漢宋儒的教義與孔教一脈相承，均爲專制者。他問道：「漢唐以來諸儒，何以不依傍道、法、楊、墨，人亦不以道、法、楊、墨稱之？何以獨與孔子爲緣而復敗壞之也？」而且，陳獨秀找出了他信中的一大矛盾之點，以此說明孔子主張君主專制，較之李斯、叔孫通、劉歆、韓愈，樹義尤堅矣。然後，陳獨秀還指出了他信中謬誤之處，認爲孔門文史，由漢儒傳之，孔門倫理道德，由宋儒傳之，故而，「謂漢、宋之人獨尊儒家，墨、法、名、農，諸家皆廢，遂至敗壞中國則可，謂

〔註 153〕皡《致陳獨秀》，《新青年》2 卷 5 號，1917 年 1 月 1 日。

〔註 154〕俞頌華《致陳獨秀》，《新青年》3 卷 1 號，1917 年 3 月 1 日。

漢、宋僞儒敗壞孔教則不可也。」這就對常乃悳的觀點進行了全面的否定。最後，他說：「吾人寧取共和民政之亂，而不取王者仁政之治。蓋以共和民政爲自動的自治的政制，導吾人於主人地位，於能力伸展之途，由亂而治也。王者仁政爲他動的被治的政制，導吾人於奴隸地位，於能力萎縮之途，由治而亂者也。」這裡面依然有從《愛國心與自覺心》開始就體現出來的對個人本位的重視，對奴隸人格的警惕。

《新青年》2 卷 6 號上發表了常乃悳的第二封信。這封信，承接著陳獨秀的覆信而展開。衹是在這裡面，常乃悳的思想已有變化。他說自己對《孔子之道與現代生活》所言，「僕幾無一語不五體投地。嘗謂今之尊孔者，其病在明知孔子非宗教家，又既知孔子之道，未必全適於後世，然因誤認今日社會道德之墮落，爲亡棄舊學之故，思以孔道爲補偏救敝之方，故不得不曲爲之說，而以孔子爲宗教，以孔教爲國教之議遂興。此其數皆不明道德之眞象，不通論理之思辨有以致之。故先生謂孔子不必尊，僕亦謂孔子不必尊。」這是與陳的思想趨同的體現，衹是，他對孔學爲純然專制之說等等還有疑問。對此，陳獨秀首先回應了孔子言論是否專制的問題，他說：

> 孔學優點，僕未嘗不服膺，惟自漢武以來，學尚一尊，百家廢黜，吾族聰明，因之錮弊，流毒至今，未之能解；又孔子祖述儒說階級綱常之倫理，封鎖神州。斯二者，於近世自由平等之新思潮，顯相背馳，不於根本上詞而闢之，則人智不張，國力浸削，吾恐其敝將只有孔子而無中國也。即以國粹論，舊說九流並美，儻尚一尊，不獨神州學術，不放光輝，即孔學亦以獨尊之故，而日形衰落也。

陳獨秀該段話層層深入地進行了論析，他對孔學的辯證思維、對孔學獨尊之後的流毒以及綱常倫理與自由平等背道而馳的憂慮，對中國將只剩孔子而無國家的憂慮，對孔學獨尊之於孔學本身的損害的憂慮，正是他這一時期的觀點的集中表達。

此外，陳獨秀指出了「口共和而腦專制」的危害，認爲這正是政象不寧的原因。

第三封信中，常乃悳向陳獨秀、胡適表示贊同的言詞也不少，他希望《新青年》今後多提倡積極的建設的言論，而不提倡消極的破壞的言論，比如家族制度，他希望提倡建設理想的小家庭模範而不是破壞舊有的大家族制度，所以他對不經破壞，不能建設極不贊成。陳獨秀就家族的破壞與建設的關係作了回覆。他說：「吾國大家族合居制度，根據於儒家孔教之倫理見解，儻欲建設新式的小家庭，則親去其子爲不慈，子去其親爲不孝，兄去其弟爲不友，第去其兄爲不恭。此種倫理見解儻不破壞，新式的小家庭，勢難生存於社會酷評之下。此建設之必先以破壞也。惟破壞略見成效時，則不可不急急從事建設，爲之模範，以安社會心理之恐怖作用。足下以爲如何？」〔註155〕

此信發表的同時，陳獨秀發表了常乃悳的《我之孔道觀》。在該文中，常乃悳對孔教與國教、憲法的關係說明了自己的看法。他反對定孔教爲國教之說，也反對憲法草案中「國民教育，以孔子之道爲修身大本」的條文，但較之前者，作者尤其反對後者。作者從孔子在學術史上之地位觀察孔道，認爲他的學術以「絜矩」之道貫徹始終，由絜矩之道，最終建構了三綱五倫之說，所以綱倫之說，實孔子之教義；孔子尊男抑女，今日改革孔道，應首先恢復女子自由，並由此破壞家族主義；孔學之精華在於六經，但能憑藉的，莫如《易》、《春秋》。這篇論文，分析了儒家三綱五倫之說產生的學術背景，而且，他對孔教與國教、孔子之道與國民教育修身大本的關係作了權衡，寧願選擇前者而不願意後者成爲現實，這在以前的批孔之文中是沒有出現過的新觀點。所以陳獨秀比較重視這篇文章，將其公諸於眾了，以至於常乃悳在見到刊物後，說「此文不過略呈鄙見，以備采擇，無價值之可言，似不必爲之披露也。」〔註156〕

在第四封信中，常乃悳談到了他對陳獨秀等人闢孔道的苦衷的理解。他說：「竊以爲今日國中尊孔之主持者，不過少數迂儒。此輩坐病亦只在頭腦稍舊，見理不眞，未必有蓄意淆亂是非之心。儻能因其勢而喻以公理，未必竟不能幡然覺悟。今日反對贊成兩方，各旗鼓相當，所缺者局外中立之人，據學理以平亭兩造者耳。」而陳獨秀等闢孔道另具苦衷，即解決問題之法不在學理而在他種之勢力。如果這樣，學術界定於一尊之思想，在根本上就不能成立〔註157〕。對此，陳獨秀感到非常欣慰。他在回信一開頭就說：「足下平論孔教，漸近眞相，進步之速，至可欽也！」後面的文字，是他對自己爲何批孔的心聲的表露。他說，討論學術尚論古人，首當問其學說教義尚足以實行於今世而有益與否，孔教之價值是他所絕對承認者，但孔教無益於今

〔註155〕陳獨秀《答常乃悳》《新青年》3卷1號，1917年3月1日。
〔註156〕常乃悳《致陳獨秀》《新青年》3卷2號，1917年4月1日。
〔註157〕常乃悳《致陳獨秀》《新青年》3卷2號，1917年4月1日。

世，故當悍然廢棄之，不當有所顧惜。他之所以痛心疾首於孔教而必欲破壞之，乃因爲學理地討論孔教而爲袁氏所利用所擁護，此則孔教一文不值的原因也。

這一番文字交往之後，常乃悳曾憑記憶，將陳獨秀在北京高等師範學校德育部的一次演講內容記錄下來，這就是後來發在《新青年》3 卷 3 號上的《記陳獨秀君演講辭》。此後，常乃悳在《新青年》上就較少露面了。但是，一個「新」的青年已經誕生。

第三節　魯迅、周作人、錢玄同的反孔——以魯迅爲重點

一、思想革命與文學革命：相互扭結

洪憲帝制鬧劇和張、康的復辟行爲，促成了《新青年》將焦點日益聚焦到對孔教、尊孔潮流與復辟帝制思潮的批判上來，從而讓該雜誌形成了清晰的面目。但毫無疑問的是，促成《新青年》面目清晰化的另一個重要質素，是文學革命的發生與發展。

其實，當我們仔細考察《青年》雜誌 1 卷和《新青年》2、3 卷的演變歷程，我們會發現，從一開始，陳獨秀就將文藝納入其塑造青年人格的規劃之中，並有意識地刊載了一些翻譯過來的文藝作品。祇是到了第 1 卷結束，第 2 卷馬上要出版時，他還沒有拿出改良文學的方案，所以只能對胡適改造新文學的意見表示「甚佩甚佩」〔註 158〕，到了 2 卷 2 號，他還在表白說「海內外講求改革中國文學諸君子，儻能發爲宏議，以資共同討論，敢不洗耳恭聽。」而且，他對中國文藝的判斷與研究，較之胡適而言，並不高明。可見，陳獨秀雖然對文藝改革的必要性有著充分的認識：「文學改革，爲吾國目前切要之事。此非戲言，更非空言。」祇是，他至此依然沒有找到合適的提倡之路，所以他在致胡適的私信中所說的「《青年》文藝欄意在改革文藝，而實無辦法」〔註 159〕，絕非自謙之詞。

〔註 158〕陳獨秀 1916 年 8 月 13 日致胡適信，見水如編《陳獨秀書信集》，前引書，第 26 頁。

〔註 159〕陳獨秀 1916 年 10 月 5 日致胡適信，見水如編《陳獨秀書信集》，前引書，第 46 頁。

但陳獨秀畢竟是個目光敏銳者。他在陳說自己「實無辦法」之後，緊接著懇請胡適「賜以所作寫實文字，切實作以改良文學論文，寄登《青年》」〔註 160〕。正是他的懇請，催生了胡適的《文學改良芻議》，而由於這篇文章的「發難」，文學革命運動得以轟然開始。

《文學改良芻議》發表於《新青年》2 卷 5 號上，隨後的 2 卷 6 號上，陳獨秀發表了姿態更爲決絕的《文學革命論》。這是我們早已熟知的史實。但我們以前沒有注意到的一個事實是，此前的論述、通信中，文學是文學、反孔是反孔，二者並不密切相關，但從 2 卷 5 號開始，文學革命與反孔非儒這兩個問題開始明顯地融彙、扭結在了一起，而且似乎越來越成爲陳獨秀等的「新」青年設計的重要兩翼。

從常乃悳致陳獨秀的通信中，我們已經能發現這種扭結的端倪：常乃悳不僅關注到了胡適論改革文學一書，而且重點關注了陳獨秀駁康南海之文〔註 161〕。陳獨秀的回覆中，也涉及到這兩方面，但明顯略於前者而詳於後者。到了陳獨秀去北京，並且答應蔡元培就任北大文科學長之後，程演生寫有一封信給陳獨秀，表示了他對「文科教授，必大有改革」的期許，陳獨秀的回覆如下：

> 僕對於吾國國學及國文之主張，曰百家平等，不尚一尊；曰提倡通俗國民文學。誓將此二義遍播國中，不獨主張於大學文科也。〔註 162〕

由此可以看出，此時的陳獨秀，已經將反孔非儒和文學革命作爲重要的兩個問題來思考，而且他還發誓「將此二義遍播國中」，而超出了改革大學文科的範疇。

此後的「通信」欄裏，關於文學革命的討論，由於常乃悳、陳丹崖、錢玄同等的加入而日漸熱烈，關於孔教問題的討論，由於常乃悳、佩劍青年、傅桂馨、淮山逸民的來信而日漸深入，但事實上，反孔非儒與文學革命，在這些讀者的眼裏，日漸成爲了《新青年》的兩個標誌。佩劍青年就直接說「竊以斯世文學不必革命，尊孔不必排斥」〔註 163〕，將二者並舉；俞頌華以「文

〔註 160〕陳獨秀 1916 年 10 月 5 日致胡適信，見水如編《陳獨秀書信集》，前引書，第 46 頁。
〔註 161〕常乃悳《致陳獨秀》，《新青年》2 卷 4 號，1916 年 12 月 1 日。
〔註 162〕陳獨秀《答程演生》，《新青年》2 卷 6 號，1917 年 2 月 1 日。
〔註 163〕佩劍青年《致陳獨秀》，《新青年》3 卷 1 號，1917 年 3 月 1 日。

學可改良而不可廢棄」，來推知「孔教亦可改良而不可廢棄」〔註 164〕；曾毅由中國文學泛濫久矣，認爲陳獨秀駁斥「文以載道」是將「道」僅僅看成了孔孟之道，過於狹窄〔註 165〕；××認爲，「改良文學，是永久的學問。破壞禮教，是一時的事業……故青年雜誌對於文學改良問題，較破壞孔教當認眞一層。」〔註 166〕張護蘭則認爲國人不誠實，「僕以爲處今日而言文學革命，當與道德革命雙方並進。蓋國人之道德既趨於誠實之途，則對於種種花言巧語，自認於道德有虧，必力避之。人人有此自覺心，則文學革命，可收事半功倍之效矣。」〔註 167〕……而在陳獨秀的回覆中，也多將二者相互聯繫起來：獨秀批判文以載道說，且兼及言之有物，讀者曾毅寫信給他，認爲「道」乃廣義之道，不能將之僅僅指稱爲孔孟之道。陳獨秀的回覆說「古人所倡文以載道之『道』，實謂天經地義神聖不可非議之孔道，故文章家必依附《六經》以自矜重，此『道』字之狹義的解釋，其流弊去八股家之所謂代聖賢立言也不遠矣。『言之有物』一語，其流弊雖視『文以載道』之說爲輕，然不善解之，學者亦易於執指遺月，失文學之本也。」〔註 168〕3 卷 3 號上，張護蘭認爲國人不誠實，陳獨秀認爲「『不誠實』三字，爲吾國道德、文學之共同病根。……舊文學與舊道德，有相依爲命之勢。其勢目前雖不可侮，將來必與八股科舉同一運命耳。」〔註 169〕3 卷 5 號上，陳獨秀回覆李寅恭之文中，勸他不要那時回國，「此時回國，無一事可做。國民毫無自覺自動之意識，政界有力者與在野之舊黨相結合，方以尊孔教復帝制復八股爲志，視歐洲文明及留學生如蛇蠍。」〔註 170〕3 卷 6 號上，錢玄同致陳獨秀之文中，說「中國現在沒有一件事情可以不改革。政治革命，曉得的人較多，並且招牌上也居然寫了『共和』兩個字了。倫理革命，先生已經大加提倡，對於尊卑綱常的舊倫理痛加排詆，主張完全改用西洋新倫理。至於文學革命，先生和適之先生雖也竭力提倡新文學，但是對於元明以來的中國文學，似乎有和西洋現代文學看得平等的意思。」〔註 171〕

〔註 164〕俞頌華《致陳獨秀》，《新青年》3 卷 1 號，1917 年 3 月 1 日。
〔註 165〕曾毅《致陳獨秀》，《新青年》3 卷 2 號，1917 年 4 月 1 日。
〔註 166〕××《致陳獨秀》，《新青年》3 卷 3 號，1917 年 5 月 1 日。
〔註 167〕張護蘭《致陳獨秀》，《新青年》3 卷 3 號，1917 年 5 月 1 日。
〔註 168〕陳獨秀《答曾毅》，《新青年》3 卷 2 號，1917 年 4 月 1 日。
〔註 169〕陳獨秀《答張護蘭》，《新青年》3 卷 3 號，1917 年 5 月 1 日。
〔註 170〕陳獨秀《答李寅恭》，《新青年》3 卷 5 號，1917 年 7 月 1 日。
〔註 171〕錢玄同《致陳獨秀》，《新青年》3 卷 6 號，1917 年 8 月 1 日。

二、S 會館：寂寞及寂寞的應和

反孔非儒的思想革命和改革舊文學的文學革命之間的相互扭結，因爲有了魯迅、周作人、錢玄同等的加入而推進到了一個新境界。

（一）

考察魯迅、周作人、錢玄同等的加入，我們必須關注到張勳復辟事件。這場僅僅持續了十多天的鬧劇，卻給魯迅、周作人、錢玄同等以強烈的刺激。

彼時剛來到北京不久的周作人，親眼見到了張勳復辟在眼皮子底下的演出，他說「在北京情形就很不同，無論大小事情，都是在眼前演出，看得較近較眞，影響也就要深遠得多，所以復辟一案雖然時間不長，實際的害處也不及帝制的大，可是給人的刺激卻大得多」〔註 172〕，「民國初年的政教反動的空氣，事實上表現出來的是民國四年（1915）的洪憲帝制，民國六年（1917）的復辟運動，是也。經過這兩件事情的轟擊，所有復古的空氣乃全然歸於消滅，結果發生了反覆古。這裡表面是兩條路，即一是文學革命，主張用白話；一是思想革命，主張反禮教，而總結於毀滅古舊的偶像這一點上，因爲覺得一切的惡都是從這裡發生的。」〔註 173〕「以後蓬蓬勃勃起來的文化上諸種運動，幾乎無一不是受了復辟事件的刺激而發生而興旺的」〔註 174〕，而這，就是「經歷這次事變，深深感覺中國改革之尚未成功，有思想革命之必要。」〔註 175〕爲此，周作人和魯迅、錢玄同實現了一個重大的轉變：周作人在復辟前後本還在用古文翻譯梭羅古勃的寓言〔註 176〕，但是復辟的刺激，使他「翻然改變過來，覺得中國很有『思想革命』之必要，光衹是『文學革命』實在不夠，」故而，他寫下了第一篇白話文《古詩今譯》，並加了題記；錢玄同在復辟之後，從古文學的健將轉向了認同《新青年》的主張，加入《新青年》隊伍，且其主張「最爲激烈，有青出於藍之概」〔註 177〕。而且正是他此期常

〔註 172〕周作人著、止庵校訂《知堂回想錄》（下），河北教育出版社，2002 年，第 371 頁。

〔註 173〕周作人《錢玄同的復古與反復古》，沈永寶編《錢玄同印象》，前引書，第 11～12 頁。

〔註 174〕周作人著、止庵校訂《知堂回想錄》（下），前引書，第 382 頁。

〔註 175〕周作人著、止庵校訂《知堂回想錄》（下），前引書，第 367 頁。

〔註 176〕據周作人著、止庵校訂《知堂回想錄》（下）（前引書，第 383 頁）上的論述，這些寓言後被收入《域外小說集》的增訂本中。

〔註 177〕周作人《錢玄同的復古與反復古》，沈永寶編《錢玄同印象》，前引書，第 12 頁。

常去魯迅所住的 S 會館訪問，於是有了那場關於鐵屋子的著名對話，而這個對話，正是魯迅寫作《狂人日記》的觸媒。錢玄同曾說：「六年（按即 1917 年，引者），蔡孑民（元培）先生任北京大學校長，大事革新，聘陳仲甫（獨秀）君爲文科學長，胡適之（適）君及劉半農（復）君爲教授。陳胡劉諸君正努力於新文化運動，主張文學革命；啓明亦同時被聘爲北大教授。我因爲我的理智告訴我，『舊文化之不合理者應該打倒』，『文章應該用白話做』，所以我是十分贊同仲甫所辦的《新青年》雜誌，願意給它當一名搖旗吶喊的小卒。我認爲周氏兄弟的思想，是國內數一數二的，所以竭力慫恿他們給《新青年》寫文章」〔註 178〕。這清楚地表明了錢玄同勸說的「預謀性」、目標的明確性，而且也表明，在這一時期，錢玄同、陳獨秀、胡適、劉半農諸君，是非常看重周氏兄弟的才學，希望周氏兄弟能夠加入其陣營，助其一臂之力的。

然而，張勳復辟前後的魯迅，正處於他一生中思想最爲低沈的蟄伏期。這時候的他，住在補樹書屋裏，持續著他從民四就開始的抄碑活動。據周作人說，魯迅「抄碑文的事開始於民國四年，……一直抄到民國八九年，有一段是我看見的。」〔註 179〕而魯迅的抄古碑，本是不得已而爲之的一種苟且之道：洪憲帝制活動時期，北京文官大小一律受到注意，時任教育部僉事兼科長的魯迅，和許壽裳等一樣，也必須有一種嗜好，或者嫖賭蓄妾，或者玩古董書畫，否則不能「及格」。和許壽裳等不同，魯迅甚至連麻將都不會打，所以，他「只好假裝玩玩古董」，可是「又買不起金石品，便限於紙片，收集些石刻拓本來看」，然而，「單拿拓本來看，也不能敷衍漫長的歲月，又不能有這些錢去每天買一張，於是動手來抄」〔註 180〕，這就有了魯迅著名的抄古碑的行爲，其目的，最初衹是「避人注意，叫袁世凱的狗腿看了覺得這是老古董，不會顧問政治的。」〔註 181〕但在抄的過程中，魯迅發現所抄碑文和王蘭泉的《金石萃編》不同，故而他「發生了一種校勘的興趣」，「立意要來精密

〔註 178〕錢玄同《我對周豫才君之追憶與略評》，沈永寶編《錢玄同五四時期言論集》，前引書，第 383 頁。

〔註 179〕周作人著、止庵校訂《周作人自編文集·魯迅的故家》，前引書，第 343～344 頁。

〔註 180〕周作人著、止庵校訂《周作人自編文集·魯迅的故家》，前引書，第 345～346 頁。

〔註 181〕周作人著、止庵校訂《周作人自編文集·魯迅的故家》，前引書，第 347 頁。

的寫成一個可信的定本。」〔註 182〕這也就是他將最初刻意尋找到的規避行爲延續到了 1920 年即全身心投入新文化運動以前的原因。

（二）

這個延續的過程，因了 1917 年 8、9 月間錢玄同的來訪及辯論，而具有了不同的新質。

查魯迅日記，1917 年 8 月 9 日記有「下午錢中季來談，至夜分去」，8 月 17 日、27 日均記有「晚錢中季來」〔註 183〕。這是相當密集的拜訪。因爲在復辟之前，魯迅與錢玄同的交往並不多：「在那時代大家都是好古派，特別在文字上面，相見只有關於師友的事情可談，否則罵一般士大夫的不通，沒有多大興趣，來往因此不多。」可是此時，錢玄同卻「常來談天，總在傍晚主人下班時走來，靠在唯一的藤躺椅上，古今中外的談起來，照例去從有名的廣和居叫雙脚的菜來，炸丸子，木犀肉，酸辣湯之類，用貓飯碗似的器具盛了來，吃過了直談至十一點鐘」〔註 184〕。那麼，這兩個以前並沒有過多交往的章門弟子，此時爲什麼走得如此近？到底是什麼讓他們如此興奮地交流？

其實這個觸媒，正是復辟事件：「來了這一個復辟，大家受到很大的激刺，覺得中國這樣拖下去是不行的，這個趨勢在《新青年》雜誌上也發現了出來。」〔註 185〕受到刺激的錢玄同開始同意《新青年》上關於思想革命和文學革命的主張，並且有了請周氏兄弟爲《新青年》撰文的想法，於是在《新青年》出版了第 3 卷 6 號後，他開始常到 S 會館拜訪魯迅。他們此時所談的，正是這三個章門弟子共同關心的問題：「都與中國文化有關」〔註 186〕。

可是由於錢玄同並未記錄一點下來，所以我們現在只能推測他們當年在補樹書屋裏的思想碰撞歷程，尤其是，一次次品味那場著名的辯論：

> 「你鈔了這些有什麼用？」有一夜，他翻著我那古碑的鈔本，發了研究的質問了。
>
> 「沒有什麼用。」
>
> 「那麼，你鈔他是什麼意思呢？」

〔註 182〕周作人著、止庵校訂《周作人自編文集・魯迅的故家》，前引書，第 347 頁。
〔註 183〕王世家、止庵編《魯迅著譯編年全集》（三），人民出版社，2009 年，第 518、519、520 頁。
〔註 184〕周作人著、止庵校訂《周作人自編文集・魯迅的故家》，前引書，第 253 頁。
〔註 185〕周作人著、止庵校訂《周作人自編文集・魯迅的故家》，前引書，第 353 頁。
〔註 186〕周作人著、止庵校訂《周作人自編文集・魯迅的故家》，前引書，第 254 頁。

「沒有什麼意思。」

「我想，你可以做點文章……」

我懂得他的意思了，他們正辦《新青年》，然而那時彷彿不特沒有人來贊同，並且也還沒有人來反對，我想，他們許是感到寂寞了，但是說：

「假如一間鐵屋子，是絕無窗戶而萬難破毀的，裏面有許多熟睡的人們，不久都要悶死了，然而是從昏睡入死滅，並不感到就死的悲哀。現在你大嚷起來，驚起了較爲清醒的幾個人，使這不幸的少數者來受無可挽救的臨終的苦楚，你倒以爲對得起他們麼？」

「然而幾個人既然起來，你不能說決沒有毀壞這鐵屋的希望。」〔註 187〕

這就是著名的關於鐵屋子的對話。仔細分析錢玄同和魯迅的言語，可以發現二人姿態的不同：錢玄同處於進攻地位，而魯迅處於防守地位；錢玄同類似一往無前的「新青年」，而魯迅類似一個瞻前顧後、顧慮重重的中年人；錢玄同是一個還有著許多夢的人，而魯迅，則已是一個好多夢都破碎了，且已經「大半忘卻」了的過來人……二人簡短的對話背後，是思想觀念的百轉千回。

但這一次辯論之後，魯迅終於還是答應爲《新青年》寫文章了。這個答應的背後，是魯迅在留日時所獲得的深度體驗〔註 188〕的基礎上，對陳獨秀等當時辦《新青年》的「寂寞」的感知。

魯迅對孤獨、寂寞的體味，從他那四年爲父親抓藥時就已經開始，後來他的走異路、逃異地，再後來離開有著「成群結隊的『清國留學生』的速成班」〔註 189〕的東京而去仙臺，離開眾人爭著學的實學〔註 190〕，而親近文藝與美術，創辦《新生》，再之後就是這種努力的失敗：魯迅寂寞的悲哀被緩慢而沈重地推向了縱深，未能誕生的《新生》由此成爲魯迅生命體驗始終繞不過去的一個痛苦存在。

〔註 187〕魯迅《吶喊·自序》，《魯迅全集》第 1 卷，前引書，第 440～441 頁。

〔註 188〕李怡先生在《日本體驗與中國現代文學的發生》一書中對此有非常精到的論析，可參看。

〔註 189〕魯迅《藤野先生》，《魯迅全集》第 2 卷，人民文學出版社，2005 年版，第 314 頁。

〔註 190〕如學鐵路、工業、警察、法政和速成師範等專業。

魯迅 1906 年春天離開仙臺回到東京，夏天回家去與朱安結了婚，返回東京時，帶回了周作人。在這期間，他一直在積極地爲創辦文藝雜誌《新生》做著各種準備工作，據周作人回憶說，「新生」之名，魯迅在「從中國回東京之前早已定好了」〔註 191〕。這「新生」，「乃是沿用但丁的名作《新生》，上面並寫拉丁文的名字」〔註 192〕。而對於留日同學關於「新生」乃是「新進學的生員」〔註 193〕的玩笑之辭，魯迅並不理會：他自有他的確信。

……他決定不再正式的進學校了，衹是一心學習外國文，有一個時期曾往「獨逸語學協會」所設立的德文學校去聽講；可是平常多是自修，搜購德文的新舊書報，在公寓裏靠了字典自己閱讀。……他的德文實在衹是「敲門磚」，拿了這個去敲開了求自由的各民族的文學的門，……具體的說來，這是匈牙利，芬蘭，波蘭，保加利亞，波希米亞（德文也稱捷克），塞爾維亞，新希臘，都是在殖民主義下掙扎著的民族，俄國雖是獨立強國，因爲人民正在力爭自由，發動革命，所以成爲重點，預備著力介紹。就只可惜材料很是難得……魯迅只好一本本的開了賬，託相識的書商向丸善書店定購……他又常去看舊書攤，買來德文文學舊雜誌，看出版消息，以便從事搜求。……〔註 194〕

學德文、逛舊書攤、搜求弱小民族文學的作品以至於定購……這種種努力，都在爲《新生》的譯文部分做準備，都在於「翻譯介紹外國的現代作品，來喚醒中國人民，去爭取獨立與自由」〔註 195〕。

不僅如此，連籌備雜誌的一些細節問題，魯迅他們都考慮得很清楚了：

稿紙定印了不少。〔註 196〕

第一期的插畫也已擬定，是英國十九世紀畫家瓦支的油畫，題云《希

〔註 191〕周作人著、止庵校訂《魯迅的青年時代》，河北教育出版社，2002 年版，第 38 頁。

〔註 192〕周作人著、止庵校訂《魯迅的青年時代》，前引書，第 38 頁。

〔註 193〕周作人著、止庵校訂《知堂回想錄》（上），河北教育出版社，2002 年版，第 230 頁。

〔註 194〕周作人著、止庵校訂《魯迅的青年時代》，前引書，第 36～37 頁。

〔註 195〕周作人著、止庵校訂《魯迅的青年時代》，前引書，第 36 頁。

〔註 196〕周作人著、止庵校訂《魯迅的故家》，前引書，第 309 頁。周作人曾說，1906 年他寫有《三辰神話》，就是用《新生》稿紙寫的。見《知堂回想錄》（上），前引書，第 231 頁。

> 望》，畫作一個詩人，包著眼睛，抱了豎琴，跪在地球上面。英國出版的《瓦支畫集》買有一冊，材料就出在這裡面，還有俄國反戰的戰爭畫家威勒須卻庚他也很喜歡，特別其中的髑髏塔，和英國軍隊把印度革命者縛在炮口處決的圖，這些大概是預備用在後來幾期上的吧。〔註 197〕

> 我還記得雜誌的封面及中文插圖等等，均已經安排好好的，可惜沒有用；而魯迅做事的井井有條，絲毫不苟，很值得敬佩。〔註 198〕

在《新生》的一員大將袁文藪「折損」之後，《新生》的實現看起來是一時無望的了，這時的魯迅卻是：

> 魯迅卻也並不怎麼失望，還是悠然的作他準備的工作，逛書店，收集書報，在公寓裏燈下來閱讀。……早上起來得很遲，……下午如沒有客人來，……便出外去看書，到了晚上乃是吸煙用功的時間，總要過了半夜才睡。……〔註 199〕

而且，

> ……《新生》卻似乎沒有受到什麼影響，還是默不作聲的籌備著。……剩下的我們三個人卻仍舊是那麼積極，總之是一點都沒有感到沮喪。〔註 200〕

由周作人、許壽裳的回憶可知，這一年間的魯迅，曾爲《新生》的誕生殫精竭慮地做過不少工作，傾注了極大的思想熱情，在最初受挫之後，以魯迅爲首的他們三人都還在積極地爲其誕生做著後續的準備工作。

然而，介紹外國新文學這一件事業，「一要學問，二要同志，三要工夫，四要資本，五要讀者。」〔註 201〕「讀者」是「逆料不得」的事情，學問、同志、工夫、資本這四樣，雖並非如魯迅 1920 年所言的「幾乎全無」〔註 202〕，卻也並不全都自始至終地存在。周作人曾辨析說，「第一件是學問，說沒有原是句客氣話，其實要來領導一種文學運動，至少對於自己的主張有些自信，

〔註 197〕周作人著、止庵校訂《魯迅的故家》，前引書，第 309 頁。

〔註 198〕許壽裳《摯友的懷念——許壽裳憶魯迅》，河北教育出版社，2000 年版，第 13 頁。

〔註 199〕周作人著、止庵校訂《魯迅的青年時代》，前引書，第 38 頁。

〔註 200〕周作人著、止庵校訂《知堂回想錄》（上），前引書，第 230 頁。

〔註 201〕魯迅《域外小說集序》，王世家、止庵編《魯迅著譯編年全集》（三），人民出版社，2009 年版，第 416 頁。

〔註 202〕魯迅《域外小說集序》，《魯迅著譯編年全集》（三），前引書，第 416 頁。

至於第二件的工夫，則事實上是多得很，因為既如上邊說說，我在起頭的兩年麻麻胡胡的學日本話，大半是玩耍的時候，魯迅則始終只在獨逸語學協會附設的學校裏掛名學習德文，自然更多有自己的工夫了。」而同志，雖說少，卻也已經有四個：魯迅、周作人、許壽裳和魯迅寄予厚望的袁文藪。然而資本，卻實在是一個大問題。尤其重要的是，當袁文藪離開日本去了英國且杳無音訊之後，資本也逃走了。於是：

> 《新生》的出版之期接近了，但最先就隱去了若干擔當文字的人，接著又逃走了資本，結果只剩下不名一錢的三個人。創始時候既已背時，失敗時候當然無可告語，而其後卻連這三個人也都為各自的運命所驅策，不能在一處縱談將來的好夢了，這就是我們的並未產生的《新生》的結局。〔註 203〕

魯迅從文的第一次努力，終究失敗了。如果說面對「創始時候既已背時」的境況，面對留日同學們對「新生」的任意曲解與弄文學有什麼用的質疑〔註 204〕，魯迅由於集合到了幾個同志，而能夠繼續堅持自己的理想，那麼，曾聯合的陣營中朋友的潰散以及因這潰散而導致的理想的潰滅，讓魯迅更深刻地感覺到了悲哀：失敗的悲哀與「無可告語」的悲哀，更何況，連僅剩下的三個人聚在一起縱談好夢都已經成為一種不可實現的夢想了哩。

「自此以後」魯迅「感到未嘗經驗的無聊」，而且這種寂寞「一天一天的長大起來，如大毒蛇，纏住了我的靈魂了」。〔註 205〕對於這種寂寞，魯迅說「是不可不驅除的，因為這於我太痛苦」。〔註 206〕從父親的病開始所體驗到的寂寞的悲哀，在此被推向了魯迅思想的縱深。

魯迅曾想過種種法子來驅逐這種如大毒蛇般的寂寞。他的投稿《河南》，翻譯並出版《域外小說集》，是《新生》失敗之後他用以驅逐寂寞的方式；他的抄古碑，則是洪憲帝制和張勳復辟時他用以驅逐寂寞的方式。然而，就在抄古碑這種「麻醉法」「似乎已經奏了功」的時候，他「再沒有青年時候的慷

〔註 203〕魯迅《吶喊・自序》，《魯迅全集》第 1 卷，人民文學出版社，2005 年版，第 439 頁。

〔註 204〕魯迅他們創辦《新生》的消息傳出去後，「大家頗以為奇，有人開玩笑說道這不會是學臺所取得進學『新生』嗎？又有人對豫才說，你弄文學做甚，有什麼用處？」見林辰《魯迅事迹考》，新文藝出版社，1955 年版。

〔註 205〕魯迅《吶喊・自序》，《魯迅全集》第 1 卷，前引書，第 439 頁。

〔註 206〕魯迅《吶喊・自序》，《魯迅全集》第 1 卷，前引書，第 440 頁。

慨激昂的意思了」〔註 207〕的時候，張勳復辟失敗了。在這個大刺激之下，緊接著，魯迅遭遇了錢玄同的青年式挑戰。

前面所引的那次對話，其眞正的挑戰性在於，它事實上挑開了魯迅似乎已經縫合好的傷口，而且逼著他宣告麻醉法的失效，而不得不再次直面與《新生》相關的一系列痛苦體驗。

在這種被迫喚起的「直面」中，魯迅發現了辦《新青年》的「他們」的寂寞：

> 我懂得他的意思了，他們正辦《新青年》，然而那時彷彿不特沒有人來贊同，並且也還沒有人來反對，我想，他們許是感到寂寞了。〔註 208〕

而這正與他自己辦《新生》失敗後感覺到的寂寞相類：

> 後來想，凡有一人的主張，得了贊和，是促其前進的，得了反對，是促其奮鬥的，獨有叫喊於生人中，而生人並無反應，既非贊同，也無反對，如置身毫無邊際的荒原，無可措手的了，這是怎樣的悲哀呵，我於是以我所感到者為寂寞。〔註 209〕

正是在寂寞這一點上，魯迅和「他們」達成了共識。魯迅所說的「但或者也還未能忘懷於當日自己的寂寞的悲哀罷，所以有時候仍不免吶喊幾聲，聊以慰藉那在寂寞裏奔馳的猛士，使他不憚於前驅。」〔註 210〕「為什麼提筆的呢？想起來，大半倒是為了對於熱情者們的同感。這些戰士，我想，雖在寂寞中，想頭是不錯的，也來喊幾聲助助威罷」〔註 211〕，也就是這個意思。

即是說，魯迅之所以終於答應錢玄同，是基於對寂寞如大毒蛇纏繞自己的深切體驗，是基於對「他們」的寂寞的感同身受。這是僅次於張勳復辟的一個重要原因。只有在張勳復辟的刺激之下，加上「歐戰也剛平息，世間對於舊民主的期望又興盛起來，《新青年》開始奮鬥，在這空氣中間才會得有那談話」〔註 212〕；魯迅只有在重返自己的寂寞體驗的基礎上，才會在辯論之後，

〔註 207〕魯迅《吶喊・自序》，《魯迅全集》第 1 卷，前引書，第 440 頁。
〔註 208〕魯迅《吶喊・自序》，《魯迅全集》第 1 卷，前引書，第 441 頁。
〔註 209〕魯迅《吶喊・自序》，《魯迅全集》第 1 卷，前引書，第 439 頁。
〔註 210〕魯迅《吶喊・自序》，《魯迅全集》第 1 卷，前引書，第 441 頁。
〔註 211〕魯迅《南腔北調集・〈自選集〉自序》，《魯迅全集》第 4 卷，人民文學出版社，2005 年，第 468 頁。
〔註 212〕周作人著、止庵校訂《周作人自編文集・魯迅小說裏的人物》，河北教育出版社，2002 年，第 13 頁。

修改自己的信條，成爲「聽將令」的一員。

三、《狂人日記》：在思想革命－文學革命中

然而我們必須注意到，魯迅的加入方式——創作《狂人日記》——是如此的與眾不同。這種與眾不同，我們至少前此已經從它是第一部具有震撼意義的白話作品，是第一部技巧如此嫻熟的現代小說，是第一部揭示禮教吃人的文學作品這三大方面進行了論析。當然，這種論析的思路不存在問題，而且每一個方面都可以深入挖掘，並獲得諸多事實的支撑。但是我以爲，《狂人日記》這部小說背後的創作動機更值得探究，而對它的深入賞析，不僅有必要將其放入魯迅自身的思想發展線索中去，而且有必要將其放入《新青年》此期的兩大主題：思想革命和文學革命之中去，或許這樣，才能更深刻地理解該文的意義，也能洞見魯迅加入《新青年》時身姿的獨特。

查魯迅日記可見，《新青年》最早在魯迅、周作人的生活中出現，是在 1917 年 1 月 19 日。這天，魯迅在日記中寫道：「上午寄二弟《教育公報》二本，《青年雜誌》十本，作一包。」〔註 213〕由此可知，早在錢玄同來 S 會館勸駕之前，魯迅就已經關注到了《新青年》的存在，但是那時候，他未置一詞，其原因，用周作人的話來說，是「並不怎麼看得它起。」〔註 214〕並且，在周作人於這年 4 月到了北京後，魯迅就拿幾本《新青年》雜誌給他看，說許壽裳告訴的，近來有這麼一種雜誌，頗多謬論，大可一駁，所以買了來的。但是周氏兄弟翻看了一回之後，卻看不出什麼特別的謬處，所以也隨即擱下了。〔註 215〕也就是說，他們「對於《新青年》總是態度很冷淡的，即使並不如許壽裳的覺得它謬」〔註 216〕。這在魯迅自己的言說中，也可以找到類似的說法：「我那時對於『文學革命』，其實並沒有怎樣的熱情。」〔註 217〕

到了錢玄同拜訪 S 會館，而且魯迅終於答應爲《新青年》寫稿之後，魯迅的日記中才較多地出現了《新青年》的名字：

1918 年 1 月 4 日，魯迅在給許壽裳的信中說：「《新青年》以不能廣行，

〔註 213〕王世家、止庵編《魯迅著譯編年全集》（二），人民出版社，2009 年，第 485 頁。

〔註 214〕周作人著、止庵校訂《周作人自編文集·魯迅的故家》，前引書，第 355 頁。

〔註 215〕周作人著、止庵校訂《周作人自編文集·魯迅的故家》，前引書，第 355 頁。

〔註 216〕周作人著、止庵校訂《周作人自編文集·魯迅的故家》，前引書，第 355 頁。

〔註 217〕魯迅《南腔北調集·〈自選集〉自序》，《魯迅全集》第 4 卷，人民文學出版社，2005 年，第 468 頁。

書肆擬中止；獨秀輩與之交涉，已允續刊，定於本月十五出版云。」〔註 218〕

1918 年 1 月 23 日，魯迅日記中記錄有「午後寄季市《新青年》一冊，贈通俗圖書館，齊壽山，錢均夫各一冊。」〔註 219〕

1918 年 2 月 23 日，魯迅說「晚銘伯先生來，贈以《新青年》一冊。」〔註 220〕

1918 年 3 月 10 日，魯迅在致許壽裳信中說：「《新青年》第二期已出，別封寄上。今年群益社見貽甚多，不取値，故亦不必以直見返耳。」〔註 221〕並在這月 11 日，將《新青年》寄圖書分館，錢均夫，齊壽山，季市各一冊。

1918 年 4 月 1 日，魯迅在日記中寫著寄給季市《新青年》的事情。

從《狂人日記》面世之前與《新青年》相關的這些資訊，我們可以發現，此期的魯迅開始更多地關注《新青年》的命運、風格。並且，就在他這一時期致許壽裳的信中，他重新談及了同胞的病：「吾輩診同胞病頗得七八，而治之有二難焉，未知下藥，一也；牙關緊閉，二也。牙關不開尙能以醋塗其腮，更取鐵鉗摧而啓之，而藥方則無以下筆。」〔註 222〕這讓我們想起了魯迅在日本留學經常與許壽裳討論中國理想的人性，以及他留日期間所發表的《摩羅詩力說》、《文化偏至論》等志在「立人」的論文。這種聯想其實預示著，魯迅可能會以相似的方式出場。

事實正是這樣。1918 年 4 月寫成的《狂人日記》中，狂人「翻開歷史一查，這歷史沒有年代，歪歪斜斜的每葉上都寫著『仁義道德』幾個字。我橫豎睡不著，仔細看了半夜，才從字縫裏看出字來，滿本都寫著兩個字是『吃人』！」發現中國歷史是吃人的歷史，這無異於石破天驚。而且，就在這篇文章中，狂人說：「從來如此，便對麼？」〔註 223〕這正是可貴的懷疑、批判精神的顯現。而這二者聯合起來，正有利於「人」的確立。

對於《狂人日記》的主旨，魯迅在致許壽裳的信中說：「前曾言中國根柢全在道教，此說近頗廣行。以此讀史，有多種問題可以迎刃而解。後以偶閱

〔註 218〕王世家、止庵編《魯迅著譯編年全集》（三），前引書，第 4 頁。

〔註 219〕王世家、止庵編《魯迅著譯編年全集》（三），前引書，第 7 頁。

〔註 220〕王世家、止庵編《魯迅著譯編年全集》（三），前引書，第 12 頁。

〔註 221〕王世家、止庵編《魯迅著譯編年全集》（三），前引書，第 14 頁。

〔註 222〕魯迅《致許壽裳》，王世家、止庵編《魯迅著譯編年全集》（三），前引書，第 4 頁。

〔註 223〕魯迅《狂人日記》，《魯迅全集》第 1 卷，前引書，第 447、451 頁。

《通鑒》，乃悟中國人尚是食人民族，因成此篇。此種發見，關係亦甚大，而知者尚寥寥也。」〔註 224〕這個說法，與吳虞發表的《吃人與禮教》相通。吳虞在文章中特意拈出了狂人發現「吃人」的那段文字，然後闡發說：「我覺得他這日記，把吃人的內容，和仁義道德的表面，看得清清楚楚。那些戴著禮教假面具吃人的滑頭技倆，都被他把黑幕揭破了。」並且舉例來證明禮教與吃人的關係，認爲「孔二先生的禮教講到極點，就非殺人吃不成功，眞是慘酷極了！」「到了如今，我們應該覺悟：我們不是爲君主而生的！不是爲聖賢而生的！也不是爲綱常禮教而生的！什麼『文節公』呀，『忠烈公』呀，都是那些吃人的人設的圈套，來誆騙我們的！我們如今該明白了！吃人的就是講禮教的！講禮教的就是吃人的呀！」〔註 225〕自此，「吃人的禮教」幾乎成了一個固定片語，成爲「五四」時期先驅們「打」的對象。

也就是說，《狂人日記》體現了魯迅最爲關心的思想革命問題，這與辛亥前他創辦《新生》的目的正好吻合。我們有理由相信，魯迅之所以選擇這樣的主旨書寫自己的第一篇小說，正是未曾忘掉那次痛苦的失敗體驗的結果。對思想革命的重視，周作人曾做過多次說明。例如，「這篇《狂人日記》不但是篇白話文，而且是攻擊吃人的禮教的第一炮，這便是魯迅錢玄同所關心的思想革命問題」〔註 226〕，「《狂人日記》的中心思想是禮教吃人。這是魯迅在《新青年》上所放的第一炮，目標是古來的封建道德，以後的攻擊便一直都集中在那上面。」〔註 227〕魯迅自己在逝世前一年，也是這樣談論的《狂人日記》與《新青年》：「……《新青年》其實是一個議論的刊物，所以創作並不怎樣著重，比較旺盛的只有白話詩；至於戲曲和小說，也依然大抵是翻譯。在這裡發表了創作的短篇小說的，是魯迅。……《狂人日記》意在暴露家族制度和禮教的弊害，卻比果戈理的憂憤深廣，也不如尼采的超人的渺茫。」〔註 228〕那麼，魯迅所說的創作《狂人日記》之後，「便一發而不可收」

〔註 224〕1918 年 8 月 20 日信，王世家、止庵編《魯迅著譯編年全集》（三），前引書，第 67 頁。

〔註 225〕吳虞《吃人與禮教》，《新青年》6 卷 6 號，1919 年 11 月 1 日。

〔註 226〕周作人著、止庵校訂《周作人自編文集・知堂回想錄》（下），前引書，第 385 頁。

〔註 227〕周作人著、止庵校訂《周作人自編文集・魯迅小說裏的人物》，前引書，第 17 頁。

〔註 228〕魯迅《〈中國新文學大系・小說二集〉・序》，魯迅編選《中國新文學大系・小說二集》，上海良友圖書印刷公司，1935 年，第 1～2 頁。

〔註 229〕，可以理解爲，魯迅在終於找到一個新的陣地實現他十年前的夢想之後，滿心欣悅地繼續著這種耕耘的歷程，從而創獲多多。

我們常常將《狂人日記》作爲有巨大影響的現代第一篇白話小說，其實，對於這個白話載體，魯迅最初並不是特別在意的。他曾說：「然而我那時對於『文學革命』，其實並沒有怎樣的熱情。」〔註 230〕周作人也曾反覆申明：「這（指《狂人日記》，引者注）是打倒禮教的一篇宣傳文字，文藝與學術問題都是次要的事。」〔註 231〕這讓我們想到，魯迅用文言寫的小說《懷舊》，和他後來用白話寫的《高老夫子》等，其實有著思想的統一性。也就是說，包括白話載體在內的藝術問題，魯迅並未過多地去掂量，但這幾乎都無礙於魯迅思想的傳達。

但從另一個方面來說，小說文本一旦脫離了作者，其意義的多重性就已向讀者、世界敞開，《狂人日記》也是如此。當他被髮表於 1918 年 5 月 15 日的《新青年》，它就屬於《新青年》4 卷 5 號建構的整個思想文化語境，其意義，天然地會在與其他論著、白話詩歌、甚至每一封通信的相互影響中生成。在這個意義上，《狂人日記》是天才魯迅的獨特創造，他採用的白話載體，使得文學革命提倡以來沒有白話小說的事實成爲歷史，而且，隨著《孔乙己》、《藥》等的依次登場，「顯示了『文學革命』的實績，……頗激動了一部分青年讀者的心。」〔註 232〕

在複雜的心境中，魯迅結束了蟄伏期，站在了《新青年》陣營裏。用他的話說，開始「聽將令」，寫作不那麼消極的文學作品。而《狂人日記》發表後產生的巨大反響，證明時已移，勢已變，他以文藝來改變國民思想的想法已經不再「背時」〔註 233〕。權移勢變之下，魯迅對於「文學革命」的看法，也迅速地發生了變化。他的思想革命繼續進行，幫《新青年》對付形形色色的反對派，而其武器和載體，卻就是文學革命形式上的成果：白話的小說、詩歌和雜文。

〔註 229〕魯迅《吶喊·自序》，《魯迅全集》第 1 卷，前引書，第 441 頁。

〔註 230〕魯迅《南腔北調集·〈自選集〉自序》，《魯迅全集》第 4 卷，人民文學出版社，2005 年，第 468 頁。

〔註 231〕周作人著、止庵校訂《周作人自編文集·魯迅小說裏的人物》，前引書，第 18 頁。

〔註 232〕魯迅《〈中國新文學大系·小說二集〉·序》，魯迅編選《中國新文學大系·小說二集》，前引書，第 1 頁。

〔註 233〕魯迅《吶喊·自序》，《魯迅全集》第 1 卷，前引書，第 439 頁。

與此相關，周作人、錢玄同也以非常積極的姿態加入到了思想革命和文學革命的行列中。周作人的《人的文學》、《平民文學》、《小河》等，錢玄同這一時期的隨感錄，與魯迅這一時期的《我之節烈觀》、《我們現在怎樣做父親》等等，都身肩兩種革命的重任。在這裡，「思想革命既是文學革命的前提，又是文學革命的結果；反過來也一樣。」〔註 234〕

〔註 234〕歐陽軍喜《五四新文化運動與儒學》，陝西人民出版社，2000 年，第 69 頁。

第三章 「打孔家店」：在論爭中深入

《新青年》派的反孔，成爲《新青年》的一大特色，但也成爲《新青年》的一大「罪證」。繼孔教與國教、憲法等的關係的探討之後，《新青年》派的反孔日漸深入，而這種深入，與他們主動或被動參與的幾次論爭有關。「他們的言論和主張，是一步步的隨了反對者們的突起而更爲進步，更爲堅定；他們紮硬寨，打死戰，一點也不肯表示退讓。他們是不妥協的！」〔註1〕「我們相信，在革新運動裏，沒有不遇到阻力的；阻力愈大，愈足以堅定鬥士的勇氣，紮硬寨，打死戰，不退讓，不妥協，便都是鬥士們的精神的表現。不要怕『反動』。『反動』卻正是某一種必然情勢的表現，而正足以更正確表示我們的主張的機會。」〔註2〕這是鄭振鐸在總結第一個十年的文學論爭時所寫的一番話。此中透露的論爭與「機會」的辯證關係，一方面可以讓我們瞭解到新文化運動倡導者們啓蒙過程中的艱難，另一方面，也可以瞭解到他們善於利用、轉化這種種阻力，使之作爲啓蒙過程中的有益動力，從而擴大了自己主張的影響。在這個意義上，陳杜之爭、林蔡之爭、《新青年》派與《學衡》派之爭這幾次著名的「死戰」的依次發生和結束，都在客觀上推動了《新青年》派反孔非儒形象的進一步塑造，擴大了他們的影響。然而隔著幾十年的探索之路往回望，由於我們的言說語境已經發生了不可忽視的變化，我們的重評往往因此而變得複雜起來。這種複雜，有些來自於研究對象本身的繁複，

〔註1〕鄭振鐸《導言》，鄭振鐸編選《中國新文學大系·文學爭論集》（1917～1927），前引書，第1頁。

〔註2〕鄭振鐸《導言》，鄭振鐸編選《中國新文學大系·文學爭論集》（1917～1927），前引書，第21頁。

而有些則來自於眾多言說所構成的話語的迷宮。對於前者，我們有必要重新仔細地對之加以審視，而對於後者，我們需要細心的甄別和耐心的剝離過程。這對我們重返研究現場尤爲重要。

第一節　東西文化論戰：重評陳杜之爭

《新青年》記者陳獨秀與《東方雜誌》記者杜亞泉之間的這場論戰，發生於 1918 年至 1919 年間。從史實上看，陳杜的直接交鋒其實僅有兩個回合：1918 年 4 月，杜亞泉在《東方雜誌》上發表《迷亂之現代人心》，這年 9 月，陳獨秀針對該文，以及該雜誌上另外發表的《中西文明之評判》（平佚譯自日本《東亞之光》雜誌）、《功利主義與學術》（錢智修）三篇文章，寫出了《質問〈東方雜誌〉記者——〈東方雜誌〉與復辟問題》一文，刊載於《新青年》5 卷 3 號，此爲第一個回合；時隔三個月，杜亞泉以「傖父」之名發表《答〈新青年〉雜誌記者之質問》於《東方雜誌》15 卷 12 號（1918 年 12 月），作爲答覆，次年 2 月，陳又以一篇長文《再質問〈東方雜誌〉記者》對杜的答文逐條再作辨析、駁斥，杜亞泉沒有再做回應，第二個回合到此結束。但實質上，這次論戰的結束，對杜亞泉個人、中國現代思想文化史而言僅僅是開始：在思想文化方面，隨後至 1927 年間的數次中西文化論戰，正是對此次論戰中引發的諸多問題的回應或者深化；對杜亞泉來說，他辭掉《東方雜誌》主編職務，開始了走下坡路的餘生，與此次論戰密切相關〔註 3〕，而這甚至部分導致了他老而彌困、身後蕭然辭世的結局。更重要的是，幾乎從 1920 年代開始，

〔註 3〕在所有涉及到杜亞泉辭掉《東方雜誌》主編職務的研究成果中，都說陳杜之爭後，商務印書館當局迫於情勢而勸杜亞泉改變立場，未果，但最終導致了杜亞泉辭職。如高力克在《調適的智慧：杜亞泉思想研究》一書中說：「五四運動以後，杜氏及其主編的《東方雜誌》因堅持理性溫和的調和論思想而與激進的時代潮流相抵捂，引起商務印書館當局的不滿。館方慮及商館聲譽及營業，力促杜氏改變觀點及編輯方針。杜氏遂於年底被迫辭去《東方雜誌》主編職務，復回編譯所專事於理科編組工作。至此，杜氏一生中最具影響力的民初輿論生涯遂告終結。」（見該書 247 頁，浙江人民出版社，1998 年）陳鏡文、亢小玉、姚遠在《杜亞泉先生年譜（1912～1933）》中有類似說法：「『五四』後，當時的社會思想潮流是激進的，杜亞泉主編的《東方雜誌》堅持理性的調和論思想與這種時代背景就顯得格格不入了，商務印書館當局考慮到館方的營業及其社會影響，於年底，免去杜亞泉《東方雜誌》主編。」（《西北大學學報（自然科學版）》2008 年第 6 期，第 1046 頁）不同處在於，前者認爲是杜亞泉主動請辭，而後者認爲杜亞泉的職務是被罷免的。

杜亞泉就在當時的主流思想史敘述中漸漸消失。到他辭世後，無論是蔡元培、周建人、章錫琛還是胡愈之的悼念文章，都幾乎未提及陳杜之爭。而在後來至 1980 年代末的很長一段時間裏的思想文化史，即便偶然提及杜亞泉，也僅僅是將其作爲陳獨秀的對立面加以呈現，毫無異議的，陳獨秀／杜亞泉被視爲先進／落後甚至正確／錯誤這樣的一對二元存在，而在對陳獨秀的觀點、主張進行褒揚、激賞的同時，論者往往將杜亞泉作爲一個思想史上的負面形象加以塑造。到了 1988 年 5 月，龔育之在「科學與文化論壇」座談會上以《科學・文化・「杜亞泉現象」》爲名作了發言，才正式開啓了新時期重審杜亞泉以及陳杜之間論戰的帷幕。在隨後的日子裏，以 1993 年杜亞泉誕辰 120 週年紀念爲契機，出現了一場不大不小的「杜亞泉熱」，而且這「杜亞泉熱」，在許紀霖先生的觀察中，還在「悄悄蔓延」，以致他認爲「重新編一本新的《杜亞泉文存》，可謂正逢其時」〔註 4〕。

事實上，《杜亞泉文存》的編輯和出版「正逢其時」的「時」，正是學術界從上世紀 90 年代以來，「悄悄蔓延」的對包括「五四」新文化運動的激進主義文化傳統進行反思與評價的潮流。換言之，「杜亞泉熱」正是在學人們的所謂價值重估中，實現了頗具風向標意義的一次翻轉：「直到 90 年代，因歷史的風雲際會，當一些人重審和反思『五四』的激進和功利時，杜亞泉的思想在塵封了七十多年後被重新挖掘，作爲文化保守主義的先驅得到重視和研究。其中王元化先生功不可沒，張汝倫、高力克、吳方等諸先生也從杜亞泉的思想中獲得寶貴資源。1993 年杜亞泉先生誕辰 120 週年紀念，著實熱鬧了一陣，形成了一個小小的熱點。」〔註 5〕事實的確如此。「杜亞泉熱」所帶來的對杜亞泉認識的這種翻轉當然不無意義，因爲王元化所作的《杜亞泉與東西文化問題論戰》〔註 6〕這篇長文，高力克所著《調適的智慧：杜亞泉思想研

〔註 4〕許紀霖《杜亞泉與多元的五四啓蒙》，許紀霖、田建業編《杜亞泉文存》，上海教育出版社，2003 年，第 494 頁。

〔註 5〕君虹《杜亞泉：另一種啓蒙》，《中華讀書報》2000 年 11 月 15 日，第 14 版。

〔註 6〕該文是應許紀霖的邀請而於 1993 年盛夏寫成的。許紀霖說：「這年的夏天，上海是格外地炎熱。王元化謝絕了不少避暑的邀請，整個暑期呆在家裏，一個字、一個字地苦讀杜亞泉。秋天來臨了，先生拿出了一疊改了又改的稿子，這就是那篇一萬多字的長序：《杜亞泉與東西文化問題論戰》。」該文最初發表於《文匯報》，「在海內外學術界引起了廣泛的注意，甚至可以說是轟動。」該文後作爲 1993 年出版的《杜亞泉文選》的序言出現，這和當年在上虞舉辦紀念杜亞泉誕辰 120 週年全國學術研討會一起，有力地推動了對杜亞泉的重

究》〔註7〕一書，許紀霖、田建業所編《一溪集——杜亞泉的生平與思想》〔註8〕，以及諸多相關的研究成果，的確刷新了我們對杜亞泉的科學救國思想及成就、政治思想、文化觀、「新舊調和」論等方面的認知，推動了我們對「五四」新文化運動「激進」「傳統」的重新審視，使我們從簡單的揚陳抑杜的思維中解放了出來，得以有機會去正視這次論戰的眞相。但我們必須注意到，現在在杜亞泉以及陳杜之爭的研究中，出現了「揚杜抑陳」的又一種簡單思維〔註9〕。不管是簡單地揚陳抑杜，或是簡單地抑陳揚杜，都不利於我們對這次東西文化論戰保持足夠的清醒，這是當我們面對關於杜亞泉乃至關於錢智修、梁啓超、梁漱溟、張君勱、章士釗等「東方文化派」的眾多研究成果時，有必要注意到的一點。

一、陳杜之爭：質問與回應

1918 年 4 月 15 日出版的《東方雜誌》15 卷 4 號上的第一篇文章，是杜亞泉以傖父之名發表的《迷亂之現代人心》。

在該文中，他認爲當時的國人走入了一條迷途，正處於一個精神界破產、政治上強有力主義盛行、教育之實用主義大行其道的危險境遇中。而走入迷途，精神界破產等等的原因，來自於西方思想的輸入對「國是」的衝擊。

新認識與評價。用許紀霖的話來說，「一時間，滿城爭說杜亞泉，一個被塵封了半個多世紀的歷史故人終於重見天日。」見許紀霖《杜亞泉與多元的五四啓蒙》，許紀霖、田建業編《杜亞泉文存》，前引書，第 495 頁。

〔註 7〕高力克《調適的智慧：杜亞泉思想研究》，浙江人民出版社，1998 年。

〔註 8〕許紀霖、田建業編《一溪集——杜亞泉的生平與思想》，生活・讀書・新知三聯書店，1999 年。

〔註 9〕有人認爲，「杜亞泉雖然重新獲得了歷史評價，不過，這幾年來關於他的爭論依然沒有停息，個中分歧不僅僅是關於他本人的，而是涉及到一些更廣泛的問題，如對五四啓蒙運動的評價、對五四激進主義和保守主義的價值分歧等等」（見許紀霖、田建業編《杜亞泉文存》，前引書，第 495 頁）。許先生對評價杜亞泉時發生分歧的原因的分析，切中肯綮。但我認爲，這幾年對杜亞泉的爭論固然有，但已經出現了更多認同杜亞泉而貶抑陳獨秀的傾向，從他與田建業所編《一溪集——杜亞泉的生平與思想》一書所收錄的 1990 年代以來的代表性研究文章也可以看出，僅有朱文華之文《也來重新審視陳獨秀與杜亞泉的論爭》是對高力克先生之文提出了商榷意見，而丁守和先生支持陳獨秀的價值觀的《由陳獨秀與杜亞泉的爭論引起的思考》（《河北學刊》2000 年第 1 期）一文，未被收錄，鄭師渠認爲陳杜二者觀點存在「交叉與互補」的文章《論杜亞泉與新文化運動》也未錄入（《北京師範大學學報（社會科學版）》1994 年第 2 期）。

吾人在西洋學說尚未輸入之時，讀聖賢之書，審事物之理，出而論世，則君道若何，臣節若何，仁暴賢奸，瞭如指掌；退而修己，則所以處倫常者如何，所以勵品學者如何，亦若有規矩之可循。雖論事者有經常權變之殊，講學者有門户異同之辨，而關於名教綱常諸大端，則吾人所以爲是者，國人亦皆以爲是，雖有智者，不能以爲非也，雖有強者，不敢以爲非也。故其時有所謂清議，有所謂輿論，清議與輿論，皆基本於國是，不待議不待論而自然成立者也。

這個「經無數先民之經營締造而成，此實先民精神上之產物，爲吾國文化之結晶體」的、「吾國所以致同文同倫之盛，而爲東洋文明之中心者，蓋由於此」的「國是」，當它傳於己時，「吾人固當發揮而廣大之」，但他認爲，這個「發揮而廣大之」的方法，不是保守，也不是徑直輸入西方學說。因爲「產生西洋文明之西洋人，方自陷於混亂矛盾之中，而亟亟有待於救濟。吾人乃希望藉西洋文明以救濟吾人，斯眞問道於盲矣。」他甚至將國人輸入西方思想的行爲，比喻爲輸入猩紅熱、梅毒：「吾人往時羨慕西洋人之富強，乃謂彼之主義主張，取其一即足以救濟吾人，於是拾其一二斷片，以擊破己國固有之文明。此等主義主張之輸入，直與猩紅熱、梅毒等之輸入無異。」

並且，當前國人輸入西方學說的做法並不可取：

吾人得其一時一家之學說，信以爲是，棄其向所以爲是者而從之；繼更得其一家一時之學說，信以爲是，復棄其向所以爲是者而從之。卒之固有之見，既破棄無遺，而輸入之是，則有怳焉惚焉而無所守。於是吾人之精神界中種種龐雜之思想，互相反撥，互相抵銷，而無復有一物之存在。如斯現狀，可謂精神界之破產。

此時，「吾人之精神的生活，既無所憑依，僅餘此塊然之軀體、蠢然之生命，以求物質的生活，故除競爭權利、尋求奢侈以外，無復有生活的意義。大多數之人，其精神全埋沒於物質的生活中，不遑他顧，本無主義主張之可言；其少數之有主義主張者，亦無非爲競爭權利與尋求奢侈之手段方便上偶然假託。」由此導致了「非淆亂時代之生產物」：政治上的強有力主義、教育上的實用主義。在杜亞泉看來，這其中的關鍵在於，中國自己有著非常好的倫理道德思想，國人卻摒棄之，就好像「有一人，其始以祖宗之產業，易他人之證券，既而所持證券忽失其價值，而祖宗之產業已不能回覆矣。」

「國是」的喪失，乃是「國家致亡之由」，而迷途中的救濟之道，「決不能希望於自外輸入之西洋文明，而當希望於己國固有之文明」，乃在於「統整吾固有之文明，其本有系統者則明瞭之，其間有錯出者則修整之。一方面盡力輸入西洋學說，使其融合於吾固有文明之中。西洋之斷片的文明，如滿地散錢，以吾固有文明爲繩索，一以貫之。」不僅如此，在他看來，「今後果能融合西洋思想以統整世界之文明，則非特吾人之自身得賴以救濟，全世界之救濟亦在於是。」也就是說，中國文明不僅可以救濟自身，甚至可以救濟全世界。在文章結尾，杜亞泉將國人期待憑藉傳入的西方思想得到救濟，喻爲「望魔鬼之接引以入天堂」。他甚至詛咒道：「魔鬼乎，魔鬼乎，汝其速滅。」〔註 10〕這無疑是對陳獨秀等不遺餘力地引介西方思想入中國的人的挑戰。其挑戰的效力，在陳獨秀看來，「足使共和政體根本搖動」〔註 11〕。

杜亞泉的這篇文章，和推崇中國文明、貶斥西方文明的《中西文明之評判》〔註 12〕、以及指責功利主義態度的《功利主義與學術》〔註 13〕一脈相承，「皆持相類之論調」〔註 14〕。所以陳獨秀寫作駁斥之文時，將三者作爲共同的批駁對象，而且，由於考慮到「《東方》記者既譯載此文，又別著論文援引而是證之，」故而，由這三篇文章，可以看出《東方雜誌》記者乃至該雜誌的立場，所以，陳獨秀將文章的題目定爲「《質問〈東方雜誌〉記者》」，直接向記者提問，而且副題命名爲「《東方雜誌》與復辟問題」，直接關涉著《東方雜誌》的立場問題，顯得非常尖銳，這是首先迫使記者杜亞泉必須作答的一篇文章：代表他本人，乃至《東方雜誌》。

陳獨秀之長文的主體部分，是十六條具體的質問。仔細分析這十六條內容的構成和安排情況，首先可以知道，其中，駁斥《中西文明之評判》中觀點的共有九條，駁錢智修《功利主義與學術》的共有六條，駁杜亞泉《迷亂之現代人心》有一條，但最長，包括七點。其次，這些駁論觀點安排的順序，是以《中西文明之評判》一文始，以《中西文明之評判》一文終，中間夾以對錢智修和杜亞泉之文中觀點的質疑。可見，陳獨秀該文是立足於對中西文

〔註 10〕傖父《迷亂之現代人心》，《東方雜誌》15 卷 4 號，1918 年 4 月 15 日。

〔註 11〕陳獨秀《再質問〈東方雜誌〉記者》，《新青年》6 卷 2 號，1919 年 2 月 15 日。

〔註 12〕平佚譯《中西文明之評判》，《東方雜誌》15 卷 6 號，1918 年 6 月 15 日，該文原載日本《東亞之光》雜誌。

〔註 13〕錢智修《功利主義與學術》，《東方雜誌》15 卷 6 號，1918 年 6 月 15 日。

〔註 14〕陳獨秀《質問〈東方雜誌〉記者——〈東方雜誌〉與復辟問題》，《新青年》5 卷 3 號，1918 年 9 月 15 日。

明關係的思考寫就的，它要試圖辨析清楚的是《新青年》引入西方思想，或曰被守舊者所駁斥的「西化」的合法性問題。而在具體觀點的構成方面，第(1)至第(3)條中，陳獨秀質疑其根本態度：是否以辜鴻銘爲同志；是否贊同辜鴻銘所言孔子倫理非常優越，且同情德國甚於民主的美國的觀點；是否主張國人反對民權自由，反對立憲共和。而這正是陳獨秀寫作該文首先想要得到答案的三處，也是他深感「共和政體根本搖動」〔註 15〕的根源所在。而從第(4)到第(8)條，他質疑的是錢智修之文中關於功利主義的一些具體看法，第(9)條則重點質疑杜亞泉之文中關於學術、思想、教育等方面的觀點，第(10)到第(16)條，陳獨秀又重返平佚翻譯之文《中西文明之優劣》，而對其中引用的辜鴻銘的觀點，以及作爲重要論據的臺里烏司氏的觀點進行質疑。這些質疑的核心，在於孔子倫理中的重要方面「君道臣節綱常諸大義」與西方近代文明思想的關係問題。可以見出，陳獨秀這篇質疑之文的內部結構，是經過精心組織的一個有機體，而該文中陳獨秀之所以以不那麼「理性」的語氣語調提出質疑意見，是因爲他所要駁斥的三篇文章所關涉的問題，不僅關係著新文化運動的合法性這個根本性問題，而且，這三篇文章在當時發行量遠遠超過《新青年》的著名雜誌《東方》上刊出，其影響面之廣，影響力度之大，都使得作爲《新青年》主編的陳獨秀不敢小覷，此外，「慮其謬說流行於社會，使我呱呱墮地之共和，根本搖動也」〔註 16〕，也就是說，還關係著共和政體存在的穩固性問題。

正是在這個意義上，我們才能理解，當杜亞泉在回覆之文中表明自己不以辜鴻銘爲同志，不反對臣權自由，不反對立憲共和之後，陳獨秀寫下的這一段話：「蓋以《東方》記者既不認與辜鴻銘爲同志，自認非反對臣權自由，自認非反對立憲共和；儻係由衷之言，他日不作與此衝突之言論；則記者質問當時之根本疑慮，渙然冰釋，欣慰爲何如乎。」〔註 17〕其中所謂「根本疑慮」，正是共和政體存在的可能性問題，而「渙然冰釋」、「欣慰」，則傳達出他看到那篇答辯之文後的欣喜，這與「無論《東方》記者對於前次之質問如

〔註 15〕陳獨秀《再質問〈東方雜誌〉記者》，《新青年》6 卷 2 號，1919 年 2 月 15 日。

〔註 16〕陳獨秀《再質問〈東方雜誌〉記者》，《新青年》6 卷 2 號，1919 年 2 月 15 日。

〔註 17〕陳獨秀《再質問〈東方雜誌〉記者》，《新青年》6 卷 2 號，1919 年 2 月 15 日。

何非笑，如何責難；即駁得體無全膚，一文不值，記者亦甚滿意」〔註 18〕的聲明，正相吻合。

二、守舊與革新：必然的衝突

然而，有論者說，「這場論戰所爭論的問題核心在杜亞泉的調和論中有關傳統倫理道德的觀念。」〔註 19〕聯繫整個論戰過程，其實陳獨秀所駁斥的不僅是杜亞泉，還有平佚和錢智修，所以，我們與其將論戰的問題核心鎖定爲「杜亞泉的調和論中有關傳統倫理道德的觀念」，不如將之擴大爲以杜亞泉爲首的調和論者所秉持的傳統倫理道德的觀念。杜亞泉、平佚、錢智修所代表的，的確就是當時以《東方雜誌》爲輿論陣地的一批知識份子，固守著傳統的倫理道德在當時人心「迷亂」之際的救濟功能，而且將這種「迷亂」，歸咎於「五四」新文化運動所輸入的西方思想的一種傾向。

對於「中」「西」的「揚」「抑」態度，從鴉片戰爭之後就開始成爲一個問題，在知識份子中得到關注與爭論。到《青年》發刊時，陳獨秀所發表的《敬告青年》、《法蘭西人與近世文明》、《現代歐洲文藝史譚》、《東西民族根本思想之差異》等文，明確標舉了以他爲首的《新青年》派以西方之思想文化爲是，以中國固有之思想文化爲非的觀念。《新青年》派這種「東」／「西」、「新」／「舊」觀，在當時就有人持有異議。比如，敏銳的張永言曾在致陳獨秀的信中論及陳獨秀之文《東西民族根本思想之差異》的偏頗，並順便點評了《新青年》雜誌的傾向。他說：「貴誌之文，似有揚西抑東之意。」〔註 20〕但他的這種觀點，在當時並未受到絕大多數人的重視。而杜亞泉寫出《迷亂之現代人心》的 1918 年，時代語境由於一戰的即將結束而已經有所不同。事實上，在《新青年》派重要人物之一的李大釗筆下，此期也出現這樣的文字：「中國人今日的生活，全是矛盾生活；中國今日的現象，全是矛盾現象。舉國的人都在矛盾現象中討生活，當然覺得不安，當然覺得不快」〔註 21〕。魯迅則有這樣的一段表述：「中國社會上的狀態，簡直是將幾十世紀縮在一時：自油松片以至電燈，自獨輪車以至飛機，自鏢槍以至機關炮，自

〔註 18〕陳獨秀《再質問〈東方雜誌〉記者》，《新青年》6 卷 2 號，1919 年 2 月 15 日。

〔註 19〕王元化《杜亞泉與東西文化問題論戰》，許紀霖、田建業編《一溪集——杜亞泉的生平與思想》，前引書，第 64 頁。

〔註 20〕張永言致陳獨秀信，見《青年雜誌》1 卷 6 號，1916 年 2 月 15 日。

〔註 21〕李大釗《新的！舊的！》，《新青年》4 卷 5 號，1918 年 5 月 15 日。

不許『妄談法理』以至護法，自『食肉寢皮』的吃人思想以至人道主義，自迎屍拜蛇以至美育代宗教，都摩肩挨背的存在」〔註 22〕：新與舊纏繞的思想狀況，的確在很大程度上造成了思想界的迷失和混沌，「四面八方幾乎都是二三重以至多重的事物，每重又各各自相矛盾。一切人便都在這矛盾中間，互相抱怨著過活，誰也沒有好處」〔註 23〕。而杜亞泉筆下的「迷途」，也出現在了這一時期陳獨秀的筆下〔註 24〕。如果聯繫到西方思想界在一戰之後對物質文明的反思，對「西方的沒落」的驚呼，聯繫到梁啓超因爲一戰結束的觸發而在隨後寫就的《歐遊心影錄》，以及中國思想文化界對中國固有倫理道德思想的重新推崇等等情況，尤其是當時「念咒，扶乩，煉丹，運氣，望氣，求雨，祈晴，迎神，說鬼，種種邪僻之事，橫行國中」〔註 25〕的語境，那麼，杜亞泉的言論，實在就是守舊派言論之一種，其思想，就是所謂的「二重思想」，在陳獨秀一派看來，是「總得連根的拔去」的，「因爲世界雖然不小，但彷徨的人種，是終竟尋不出位置的。」〔註 26〕

近年來我們在重評陳杜之爭時，傾向於賦予杜亞泉以一個「另起的啓蒙者」的歷史地位，認爲杜亞泉的言論，正是啓蒙者對啓蒙運動的批判，或者將這種啓蒙與陳獨秀等的啓蒙的共存，作爲五四啓蒙的多元性的證明。這種研究思路體現了我們審視當年那場複雜的思想文化論戰的努力，當然具有一定的合理性，但我以爲，我們在充分重視杜亞泉之於商務印書館、《東方雜誌》乃至中國近現代科學史等等方面的貢獻的同時，有必要正視陳杜之爭與當時思想背景的關係，並將之放在陳獨秀、杜亞泉這兩位主要人物各自思想的發展軌迹中，放在《新青年》、《東方雜誌》的發展脈絡中加以考察，也許只有這樣，我們才會發現，杜亞泉的發言和陳獨秀的質問之所由出。

我們知道，陳獨秀在創辦《青年》雜誌前，經歷了漫長的思想嬗變歷程，他對思想革命之於救濟中國的意義的認識，有著一個逐步深入的、與當時先進知識份子相類似的一個蛻變過程。可以說，他在《青年》雜誌創刊伊始時

〔註 22〕唐俟（魯迅）《隨感錄・五十四》，《新青年》6 卷 3 號，1919 年 3 月 15 日。

〔註 23〕唐俟（魯迅）《隨感錄・五十四》，《新青年》6 卷 3 號，1919 年 3 月 15 日。

〔註 24〕在《新青年》4 卷 5 號「通信」欄裏，刊發了湯爾和寫給陳獨秀的私函，信中他駁斥了當時流行的「三焦」「丹田」之說的謬誤，陳獨秀覆信中除了表示感激之外，另外希望他能有大著登於該誌，「指導青年逃出迷途」，見陳獨秀《答湯爾和》，《新青年》4 卷 5 號，1918 年 5 月 15 日。

〔註 25〕陳獨秀《隨感錄・十四》，《新青年》5 卷 1 號，1918 年 7 月 15 日。

〔註 26〕唐俟（魯迅）《隨感錄・五十四》，《新青年》6 卷 3 號，1919 年 3 月 15 日。

對西方思想價値系統的肯定，並不是一時頭腦發熱，而是眞誠、理智的一種選擇。在回答張永言關於「貴誌之文，似有揚西抑東之意」的指責時，陳獨秀的回應是：「東西文化，相距尙遠，兼程以進，猶屬望塵，愼勿以抑揚過當爲慮。」〔註 27〕這的確就代表了陳獨秀對東西文化的根本觀點。到了杜亞泉《迷亂之現代人心》發表的 1918 年 4 月 15 日，《新青年》正好出版 4 卷 4 號。該期《隨感錄・一》是陳獨秀所寫，在該文中，他談及關於學術與國粹之關係的看法。文章說「學術爲吾人類公有之利器，無古今中外之別，此學術之要旨也。」「吾人之於學術，只當論其是不是，不當論其古不古；只當論其粹不粹，不當論其國不國；以其無中外古今之別也。」這兩句話可以作爲陳獨秀對學術與國別的關係的理解。他認爲，如果要談論學術，必須注意三戒：勿尊聖、勿尊古、勿尊國。而國粹論者有三派：「一派以爲歐洲夷學，不及中國聖人之道；此派人最昏瞶不可以理喻。第二派以爲歐學誠美矣，吾中國固有之學術，首當尊習，不必舍己而從人也……第三派以爲洲人之學，吾中國皆有之。」在陳獨秀眼裏，「盲目之國粹論者」，往往「守缺抱殘，往往國而不粹，以沙爲金，豈不更可憫乎？」從這篇文章可知，此時的陳獨秀也在緊張地思考國粹與學術的關係問題，但他認爲判斷學術取捨的標準不是其國別，而在其是否爲「粹」，而在陳獨秀及其他新文化運動先驅的認知系統中，能成爲「粹」的，顯然不是國粹論者所盲目推崇的尊聖、尊古、尊國的倫理道德學說，而應該來自西方。

巧合的是，該期《隨感錄・七》爲劉半農所寫。該文中，劉半農批駁有些人「恒以『融會中西，斟酌新舊』八字爲其營業之商標」，雖然他並沒有將杜亞泉歸於「這等人」中，但是這等人「儻見中國原有的東西，爲外國人所賞識；他們便大大的提倡，當作國粹（其實國粹與否，應當自己辨別，決不能取決於外人）」的行爲，卻與陳獨秀所批駁的平佚、杜亞泉等的相通。更有意思的是，在文末，劉半農說的是「今日之中國，不必洪憲臨朝、宣統復辟，已有岌岌可危之勢；然以救國的根本事業，交托在這等人手裏，恐怕未必靠的住罷！」〔註 28〕這裡所指出的復辟與守舊思想之間的聯繫，正與陳獨秀質問《東方雜誌》記者一文的副題「《東方雜誌》與復辟問題」有著驚人的「巧

〔註 27〕陳獨秀《答張永言》，《新青年》1 卷 6 號，1916 年 2 月 15 日。1919 年，彭嘯殊在《古迷》中還表達了類似觀點：「把他（指『國粹』，引者注）棄了專學西洋之學，猶是趕不及」，見《新青年》6 卷 3 號。

〔註 28〕半農（劉半農）《隨感錄・七》，《新青年》4 卷 4 號，1918 年 4 月 15 日。

合」。這種「巧合」背後，其實預示著這批先驅者當時對復辟與守舊思想聯繫的一貫警惕，正如當年陳獨秀由尊孔立即想到了復辟一樣。

陳杜之爭前後，《新青年》派所對付的還有復古、反動的靈學派。陳獨秀、錢玄同、劉半農、魯迅等都有言論發表。在《今日中國之政治問題》一文中，陳獨秀直接談論「關係國家民族根本存亡的政治根本問題」，這個「根本問題」的第三方面，就是「當決定守舊或革新的國是」。他說：

> 無論政治學術道德文章，西洋的法子和中國的法子，絕對是兩樣，斷斷不可調和牽就的。這兩樣孰好孰歹，是另外一個問題，現在不必議論；但或是仍舊用中國的老法子，或是改用西洋的新法子，這個國是，不可不首先決定。若是決計守舊，一切都應該採用中國的老法子，不必白費金錢派什麼留學生，辦什麼學校，來研究西洋學問。若是決計革新，一切都應該採用西洋的新法子，不必拿什麼國粹，什麼國情的鬼話來搗亂。……因爲新舊兩種法子，好像水火冰炭，斷然不能相容；要想兩樣並行，必至弄得非牛非馬，一樣不成。中國目下一方面既採用立憲共和政體，一方面又採唱尊君的孔教，夢想大權政治，反對民權；一方面設立科學的教育，一方面又提倡非科學的祀天，信鬼，修仙，扶乩，的邪說；一方面提唱西洋實驗的醫學，一方面又相信三焦，丹田，靜坐，運氣，的衛生；我國民的神經顛倒錯亂，怎樣到了這等地步！我敢說：守舊或革新的國是，儻不早早決定，政治上社會上的矛盾，紊亂，退化，終久不可挽回！〔註29〕

即是說，陳獨秀也充分認識到了當時政治文化界的昏亂與退化，而他認爲解決之道在於確定是守舊還是革新的總方針，只有這樣，才能從根本上「挽回」中國的政治與社會。很顯然，陳獨秀是希望青年們選擇確定革新爲「國是」的，這不僅可從陳獨秀既往的語言系統中推知，也可以在該文之末見出：「我們中國，已經被歷代悖謬的學說敗壞得不成樣子了。目下政治上社會上種種暗雲密佈，也都有幾種悖謬學說在那裡作祟。慢說一班老腐敗了，就是頭腦不清的青年，也往往爲悖謬學說所惑；我所以放膽一言，以促我青年之猛醒！」〔註30〕此處的觀點，與杜亞泉在《迷亂之現代人心》中所言的

〔註29〕陳獨秀《今日中國之政治問題》，《新青年》5卷1號，1918年7月15日。
〔註30〕陳獨秀《今日中國之政治問題》，《新青年》5卷1號，1918年7月15日。

「迷途之救濟」之道，平佚、錢智修在文中對固有倫理道德的推崇根本相反，所以，他批駁杜亞泉等人的論點，是他思想發展鏈條上的一環，正是順理成章之事。

此外，《新青年》5 卷 2 號上，陳獨秀在《隨感錄》中論及信神與保存國粹的關係。對《中西文明之評判》一文中喇嘛僧的言論進行了駁斥，他說，「此喇嘛僧可爲保存國粹大家也矣。誠如斯言，則一民族之思想，永應恪守生民之典型，絕無革新之理，此印度人篤舊之念至深，而其國所以日益削弱也。」〔註 31〕可見，此時他對《中西文明之評判》一文的批判已經出現，而在《新青年》5 卷 3 號上刊出的那封質問《東方雜誌》記者的信，正是他批判該文的邏輯延伸。到了 1919 年 4 月，陳獨秀依然反對調和論、「折衷大家」的主張：「若在共和國立，綱常名教當不成問題了，一方面卻還把綱常名教當做舊思潮，一方面也把德謨克拉西當做新思潮，兩邊居然起了衝突，實在是不可思議。更奇怪的竟有一班調和大家，折衷大家，想用那折衷主義來調和新舊。試問德謨克拉西是什麼？綱常名教是什麼？兩下裏折衷調和起來是個什麼？」〔註 32〕

也就是說，陳獨秀批駁杜亞泉絕非偶然。事實上，從《新青年》與《東方雜誌》一向的刊物風格以及歷來的主張來考察，定位爲創新的「新青年」，謀求改造社會、重造中華的《新青年》，就與定位爲穩健溫和的中年，追求民族化的《東方雜誌》存在不可化約的差異，而其大膽決絕的主編陳獨秀的叛逆品格，與小心嚴謹的主編杜亞泉的穩健品格之間，其差異之大也不容忽略：他們的衝突，正是一種必然。

但有人說，陳杜之爭是陳獨秀爲擴大雜誌影響而採取了的炒作措施之一，「《新青年》要擴大影響，首先面臨《東方雜誌》的競爭。陳獨秀一直在尋找打壓對手的機會。」「1918 年的某一期《東方雜誌》轉載了日本的雜誌的一篇文章，文章引用了辜鴻銘的大量言論。而就在前一年，辜鴻銘參與了張勳的復辟活動。陳獨秀以此爲藉口，發表文章攻擊《東方雜誌》爲『復辟』張目。當時國人對袁世凱和張勳『復辟』帝制記憶猶新且深惡痛絕，陳獨秀的文章一出，《東方雜誌》聲望大跌，銷量也大受影響，很多老讀者、老訂戶轉而訂閱《新青年》。商務印書館只好降價促銷，最後不得不撤換主編。《新

〔註 31〕陳獨秀《隨感錄・二十三》，《新青年》5 卷 2 號，1918 年 8 月 15 日。
〔註 32〕陳獨秀《不可思議的新舊思潮》，《每周評論》第 17 號，1919 年 4 月 13 日。

青年》很快取代了《東方雜誌》在全國知識界獨佔鰲頭的地位。」〔註 33〕我認爲這個說法至少不全對。對於當時的陳獨秀來說，《新青年》的銷路固然比不上《東方雜誌》，但較之創刊初期的慘澹經營，形勢已經好轉不少，所以他大可不必將打壓競爭對手作爲此次論戰的首要目的。陳獨秀的批杜亞泉等，更多地是從自身的思想系統中必然生發出來的，而他與杜乃至《東方雜誌》之爭，正由於他們各自思想乃至刊物思想風格之別。當然，在客觀事實上，《新青年》因爲與《東方雜誌》的這場論爭，而爭取到了如惲代英之類的讀者從訂閱《東方雜誌》轉而訂閱《新青年》，從而爲思想的轉變搭建了平臺，但我以爲，我們與其將這種效果作爲陳獨秀炒作自身的結果，不如將陳杜之爭中陳獨秀的勝出，作爲他的思想代表了那一時期的一種時代選擇來看待。或許正是基於此，羅家倫在《今日中國之雜誌界》一文中對《東方雜誌》的指責〔註 34〕，才能在「新青年」中進一步傳播，而且商務印書館當局也才「顧慮違反當時徹底反傳統的社會思潮會影響該館聲譽及營業，竭力勸杜不要再反駁，並要他改變觀點」，導致「杜只得辭去《東方雜誌》主編兼職，專事於理科編輯工作。他在社會上頗有影響力的政論活動，至此基本上停止」〔註 35〕的結局。

第二節　新舊思潮論戰：重評林蔡之爭

和重評杜亞泉一樣，重評林紓的工作也在上世紀 80 年代中後期開始；和論者們命名了「杜亞泉現象」一樣，「林紓現象」〔註 36〕也被成功命名；和重

〔註 33〕王奇生《新文化運動是如何「運動」起來的》，《同舟共進》2009 年第 5 期，第 15 頁。

〔註 34〕羅家倫將《東方雜誌》作爲當時中國雜誌界雜亂派的代表，他說：「這派大都毫無主張，毫無選擇，只要是稿子就登，最可以做代表的，就是商務印書館的《東方雜誌》。這個上下古今派的雜誌，忽而工業，忽而政論，忽而農商，忽而靈學，眞是五花八門，無奇不有。你說他舊嗎？他又像新；你說他新嗎？他實在不配。……這樣毫無主張，毫無特色，毫無系統的辦法，眞可以說對社會不發生一點影響，也不能盡一點灌輸新知識的責任。我誠心盼望主持這個雜誌的人，從速改變方針。須知人人可看，等於人人不看；無所不包，等於一無所包。我望社會上不必多有這樣不愧爲『雜』的雜誌。」見《新潮》1 卷 4 號，1919 年 4 月。

〔註 35〕《杜亞泉生平大事年表》，許紀霖、田建業編《杜亞泉文存》，前引書，第 491 頁。

〔註 36〕王富仁先生 2007 年在評價林紓研究專家張俊才教授的新版《林紓評傳》時，

評陳杜之爭時發生了評價的逆轉，由原來的揚陳抑杜轉為揚杜抑陳一樣，重評林蔡之爭時，論者們的評價也在悄悄發生位移，要求對林紓具有同情之理解的呼聲不絕如縷，而在由對「文化保守主義」的好感推動下的這種重評〔註 37〕，在重審「五四」新文化運動的激進主義傳統之時，林紓的積極意義正在得到全面的挖掘……但在所有可以列出的類比中，其實都忽略了杜亞泉與林紓各自的特質，因而並不完全準確。比如，對林紓的價值，其實早在林紓逝世前的 1922 年就已經從胡適處開始〔註 38〕，而在其 1924 年 10 月逝世後，新文化陣營也已經有相對公允的評價出現〔註 39〕，但真正顛覆了文學史敘事中評價標準的論述，截止 80 年代中後期，並未出現；「杜亞泉現象」和「林紓現象」雖同為「現象」，但二者所指涉的內涵差異甚大；重評杜亞泉時，學界幾乎都傾向於揚杜抑陳——將杜亞泉的行為譽為另一種啓蒙，而陳獨秀過於激進，犯有嚴重形式主義錯誤，但在重評林紓時，學界儘管多有論述林紓之於現代翻譯〔註 40〕、中國文學現代性的發生〔註 41〕、小說理論

寫有《林紓現象與「文化保守主義」》一文（《中國現代文學研究叢刊》2007 年第 3 期），此後，「林紓現象」多被提及。但論者們各自視域中的「林紓現象」的涵義並不完全吻合。

〔註 37〕王富仁先生在《林紓現象與「文化保守主義」》一文中睿智地指出：「直到上世紀 90 年代末期，中國學者才從西方漢學家那裏接過了『文化保守主義』這個概念，林紓也隨之在他們的眼裏改變了顏色。最近幾年，頗有一些文章為林紓喊冤叫屈。……這時的林紓研究仍然不是從對林紓的具體人生道路和文化道路的直接感受和體驗中建構起來的，而是在對『文化保守主義』的好感中轉化而來的，而對『文化保守主義』的好感則又是在對『文化激進主義』的反感中轉化而來的。」見《中國現代文學研究叢刊》2007 年第 3 期，第 253 頁。

〔註 38〕胡適在《五十年來中國之文學》中，否定了林紓反對新文化、新文學運動的舉措，卻肯定了他是「介紹西洋近世文學的第一人」（沈寂編《胡適學術文集·新文學運動》，前引書，第 106 頁）。

〔註 39〕鄭振鐸寫有《林琴南先生》（《小說月報》第 15 卷 11 號）；胡適寫有《林琴南先生的白話詩》（《〈晨報〉六週紀念增刊》，1924 年 12 月）；周作人寫有《林琴南與羅振玉》（《語絲》第 3 期）、《再說林琴南》（《語絲》第 20 期）；劉半農寫有《巴黎通信》（《語絲》第 20 期）；錢玄同寫有《寫在半農給啓明的信底後面》（《語絲》第 20 期）等。

〔註 40〕如王建開《20 世紀中國翻譯界的一場論爭與轉型——兼論林紓與新文學家的譯介觀》，《上海翻譯》2005 年第 3 期；楊聯芬《林紓與中國文學現代性的發生》，《中國現代文學研究叢刊》2002 年第 4 期。值得指出的是，幾乎所有重評林紓的文章，都會論及林紓的翻譯對新文學、新文化的奠基意義，所以研究「林譯小說」的重要意義者不勝枚舉。

〔註 42〕等方面的重要意義者，對於林蔡之爭，學界雖有對林紓在論爭中「跳出」的被迫性的分析、對《新青年》派論爭策略的論析和反思、對陳獨秀等「罵人」的指摘〔註 43〕，等等，然而，對於林蔡之爭的重評，基本還侷限於糾正曆來現代文學史敘述中對林紓的所謂「妖魔化」塑造，試圖還原論爭的基本史實，而並未從根本上對林蔡之爭進行顛覆……。

面對這樣紛紜的重評話語，從「打孔家店」角度對林蔡之爭進行重新考量時，勢必需要更細心地進行一番辨析工作。

一、林蔡之爭：發生與結束

所謂「守舊者」、「落伍者」、「封建衛道士」、「文化保守主義者」、「眞誠的遺老」、「堂吉訶德」等等名詞，都曾經是學界書寫現代文學、文化史時，塑造林紓形象的有力方式，而其背後，都指涉的是文學革命開始之後發生的林蔡之爭。這場發生在「老輩中反對新文學最激烈者」〔註 44〕林紓與「新文化運動新文學運動之領導人物」〔註 45〕蔡元培之間的著名論爭，不僅「是民國初年新舊之爭的一次象徵性事件」〔註 46〕，而且對於林紓、蔡元培、陳獨秀、胡適、張厚載等個人，對於《新青年》、《每周評論》、《北京大學日刊》，對於北京大學，對於新文學、新文化運動，都具有異常重要的意義。基於意義的多重性，對這次論爭的解讀也有文學史、文化史、思想史、社會史等等

〔註 41〕最集中地論述該問題者爲楊聯芬的《林紓與中國文學現代性的發生》（《中國現代文學研究叢刊》2002 年第 4 期），此外，蔣英豪的《林紓與桐城派、改良派及新文學的關係》（《文史哲》1997 年第 1 期）、張俊才的《林紓對「五四」新文學的貢獻》（《中國現代文學研究叢刊》1983 年第 4 期）等論文中均有中肯的論述。

〔註 42〕如王萱《林紓的小說理論》，《東嶽論叢》2002 年第 6 期，等等。

〔註 43〕如羅志田的《林紓的認同危機與民初的新舊之爭》（《歷史研究》1995 年第 5 期）、胡煥龍的《一場「堂吉訶德」式的思想論戰——林紓與五四新文化陣營思想衝突過程再回顧》（《淮南師範學院學報》2006 年第 2 期）以及楊聯芬的《林紓與中國文學現代性的發生》（《中國現代文學研究叢刊》2002 年第 4 期）、洪俊峰的《林紓晚年評價的兩個問題》（《齊魯學刊》1995 年第 1 期）等論文中均有涉及。

〔註 44〕阿英編選《中國新文學大系·史料·索引》（1917～1927），上海良友圖書印刷公司，1936 年，第 213 頁。

〔註 45〕阿英編選《中國新文學大系·史料·索引》（1917～1927），前引書，第 224 頁。

〔註 46〕羅志田《林紓的認同危機與民初的新舊之爭》，《歷史研究》1995 年第 5 期，第 117 頁。

許多不同的角度。但現在，且讓我們跳出以前論述林蔡之爭的話語範式，首先梳理一下林紓「跳出來」或者「站出來」反對新文學、新文化運動的前因後果。

（一）醞釀期

《新青年》2 卷 5 號上發表的胡適的《文學改良芻議》，以及 2 卷 6 號上發表的陳獨秀的《文學革命論》，拉開了反對舊文學、提倡新文學的文學革命的大幕：這已經是我們理解新文學運動的「常識」。我們以前的現代文學史描述中，這個常識的延續部分，就是封建衛道士林紓寫出了《論古文白話之相消長》、《致蔡鶴卿太史書》、《荊生》、《妖夢》，再然後就是蔡元培的答辯、新文學陣營的群起而攻之，最後是林紓的失敗，蔡元培、新文學陣營的勝利。然而事實是，從《文學改良芻議》的發表到林蔡之爭的結束，有著被我們忽略的，然而並非不重要的一些細節。

已有諸多論者關注到，胡、陳之文發表後，林紓很快就做出了反應：其寫作的《論古文之不宜廢》發表於 1917 年 2 月 8 日的《民國日報》，距離《文學改良芻議》發表的 1917 年 1 月 1 日，僅僅一個多月，距離《文學革命論》發表的 1917 年 2 月 1 日，僅僅七天。但有論者將林紓之文僅僅作爲對胡適觀點的反動〔註 47〕，其實不確。該文所批駁的，乃是胡、陳二人的觀點。

我們知道，胡適在其文中，以一時代有一時代之文學作爲重要的論析標準，並在文末說：「以今世歷史進化的眼光觀之，則白話文學之爲中國文學之正宗，又爲將來文學必用之利器，可斷言也。」而陳獨秀將「今日中國之文學，委瑣陳腐，遠不能與歐洲比肩」的原因，鎖定爲「明之前後七子及八家文派之歸、方、劉、姚」這「十八妖魔」，他們「尊古蔑今，咬文嚼字，稱霸文壇」，而「今日中國文壇」的桐城派、駢體文、西江派，「悉承前代之敝」，

〔註 47〕例如，「同年 2 月 8 日，林紓即在上海《國民日報》上發表《論古文之不當廢》，批駁胡適的觀點，反對廢止古文。」見畢耕《古文萬無滅亡之理——重評林紓與新文學倡導者的論戰》，《廣西社會科學》2005 年第 7 期，第 107 頁。注，此句話中所言《國民日報》應爲《民國日報》，《論古文之不當廢》應爲《論古文之不宜廢》。又如，張俊才先生在寫作《林紓評傳》時，也認爲林紓爲反對胡適「用白話文取代文言文的主張」而寫就了《論古文之不當廢》，見該書第 249 頁（南開大學出版社，1992 年）。但在後來的研究中，張先生已修正了自己的看法，將林紓該文理解爲反對胡、陳二人之文者。見其論文《「悠悠百年，自有能辨之者」——重評林紓及五四新舊思潮之爭》，《河北師範大學學報（哲學社會科學版）》2005 年第 4 期，第 107 頁。

所以，他高張著文學革命軍之大旗，上書推倒貴族文學、古典文學、山林文學，建設國民文學、寫實文學、社會文學的主張，並宣稱：「有不顧迂儒之毀譽，明目張膽以與十八妖魔宣戰者乎？予願拖四十二生的大炮，爲之前驅！」而在林紓之文中，他極力推崇方、姚之文，認爲「嗚呼，有清往矣！論文者獨數方姚。」雖然他認識到「方今新學始昌，即文如方姚，亦復何濟於用？」但他終究認爲，應保留古文，這就像「歐人之不廢臘丁（即「拉丁」，引者注）耳。」「知臘丁之不可廢，則馬班韓柳亦自有其不宜廢者」，而不宜廢之理由，乃在於他們「固文字之祖也」，保存他們，就是在保存中國之元氣。「若棄擲踐唾而不之惜，吾恐國未亡而文字已先之」，而這會爲盡藏中國古籍的「東人」「所笑」！可見，林紓意識到了古文和當時時代之間的差距，但他認爲不宜廢掉古文，其所舉的理由，一是歐人未廢臘丁文，二是日人「求新而惟舊之寶」，這與胡適主張白話文學將爲中國文學之正宗的「斷言」，雖然並不正好相對，但事實上，他的折衷主張，本身就是對胡適主張的一種抵制；另一方面，林紓推崇的古文大家，正是陳獨秀所鎖定的「十八妖魔」中之「方、姚」二位，這也與陳獨秀的主張相衝突。

有意味的是，林紓該文發表之後的 4 月 7 日，胡適在日記中抄錄了該文，在正文中加了三處「（不通！）」的標識，並在文末特意注明一句：「此文中『而方姚卒不之踣』一句，『之』字不通。」〔註 48〕4 月 9 日，胡適在美國紐約給陳獨秀寫了一封信，論及自己的《文學改良芻議》發表之後得到錢玄同等的討論的欣喜、對錢玄同觀點的意見、寫作《嘗試集》的緣由，並再次談及了林紓該文。他首先表達了對林紓之文的失望：「頃見林琴南先生新著《論古文之不當廢》一文，喜而讀之，以爲定足供吾輩攻擊古文者之研究，不意乃大失所望。」這大失所望之由，就在林紓文中所言「知臘丁之不可廢，則馬班韓柳亦自有其不宜廢者。吾識其理，乃不能道其所以然，此則嗜古者之痼也」中的後半部分，他由這個「不能道其所以然」〔註 49〕，推知古文家作文乃如

〔註 48〕胡適《胡適留學日記》（下），安徽教育出版社，2006 年，第 344 頁。

〔註 49〕沈松僑在《學衡派與五四時期的反新文化運動》（國立臺灣大學出版委員會，1984 年）中論及五四前期的新舊之爭，他説：「從五四初期的守舊人士、到國故派，乃至林紓等人，所持以反對新文化的理論都十分脆弱。他們雖然痛切指陳新文化運動矯枉過正的弊端，卻又不能建構出一套圓融完足的主張，就理論理，反而往往流於意氣用事，發爲妄誕謾罵之辭，益發不足折服人心，斡旋時勢。」而林紓的「不能道其所以然」正是一個體現。見該書第 41 頁。這是他從五四時期的反新文化運動群體的思想流變角度，對林紓之語

「留聲機器」，雖能「全像留聲之人之口吻聲調」，但「終是一副機器」，不能道其所以然，而其例子，就是林紓「而方姚卒不之踣」中「之」字用法的錯誤：「林先生知『不之知』『未之有』之文法，而不知『不之踣』之不通，此則學古文而不知古文之『所以然』之弊也。」最後，胡適由林紓爲古文大家卻「不能道其所以然」，得出結論說「則古文之當廢也，不亦既明且顯耶？」〔註 50〕胡適的議論，平和中卻不乏尖刺的存在，其攻擊林紓如「留聲機器」，並指出林紓爲「古文大家」卻不懂古文文法的悖論，已經爲後來的批駁者如陳獨秀〔註 51〕、劉半農〔註 52〕提供了可資借鑒之處。

但林紓沒有就這封公開發表的信做出回應。按張俊才先生的話來說，他「不屑於再發表文章與新文化陣營在理論上交鋒，但他卻以實際行動與這場運動唱對臺戲」，就是「舉辦古文講習會和選評並出版《〈古文辭類纂〉選本》等活動」〔註 53〕。對林紓「不屑於」的心理狀態的推測存在一定合理性，因爲嚴復當年面對新文學運動的展開，也曾在「天演」觀支持下說出「聽其自鳴自止可耳」〔註 54〕這樣表面傲慢的話來；錢玄同化名的王敬軒，在所寫的信中也曾說「貴報排斥孔子，廢滅綱常之論……狂吠之談，固無傷於日月」，所以「初無待鄙人之駁斥」；鄭振鐸事後曾說：「這面『文學革命』的大旗的豎立是完全的出於舊文人們的意料之外的。他們始而漠然若無視；繼而鄙夷若不屑與辯」〔註 55〕……筆者想要提醒的一點是，可能他此時的「不作爲」，還有自己與陳、胡等年齡上差距較大，以及這樣的批駁並未觸動到他的痛處

作出的一個判斷，這是可以成立的，而胡適的理解，是從他攻擊古文的邏輯出發的。

〔註 50〕胡適致陳獨秀信，見《新青年》3 卷 3 號，1917 年 5 月 1 日。

〔註 51〕陳獨秀後來寫有雜感《林紓的留聲機器》，直接借用了胡適的這個比方。

〔註 52〕劉半農答覆錢玄同化名的王敬軒寫給《新青年》記者的信中，重提林紓「而方姚卒不之踣」的不通，而且正是沿著這一思路，抨擊林紓在古文方面知識的欠缺，質疑其古文大家的地位。

〔註 53〕張俊才《林紓評傳》，南開大學出版社，1992 年，第 249 頁。

〔註 54〕嚴復《書箚六十四》，鄭振鐸編選《中國新文學大系·文學爭論集》（1917～1927），前引書，第 96 頁。嚴復說的是：「設用白話，則高者不過《水滸》、《紅樓》，下者將同戲曲中之皮簧腳本。就令以此教育，易於普及，而遺棄周鼎，寶此唐匏，正無如退化何耳。須知此事全屬天演，革命時代，學說萬千，然而施之人間，優者自存，劣者自敗，雖千陳獨秀、萬胡適、錢玄同，豈能劫持其柄，則亦如春鳥秋蟲，聽其自鳴自止可耳」。

〔註 55〕鄭振鐸《導言》（1935 年），鄭振鐸編選《中國新文學大系·文學爭論集》（1917～1927），前引書，第 5 頁。

等原因。

（二）發展期

林紓退而舉辦古文講習會、選評並出版《〈古文辭類纂〉選本》，而「不屑於」與胡適、陳獨秀輩繼續糾纏，這一方面說明他對自己地位的自信，另一方面，這也正好證明，當年文學革命口號提出後，並未造成應者雲集的局面，甚至，連反對者都並不多：「從他們打起了『文學革命』的大旗以來，始終不曾遇到過一個有力的敵人們。他們『目桐城爲謬種，選學爲妖孽』。而所謂『桐城，選學』也者卻始終置之不理。因之，有許多見解他們便不能發揮盡致。舊文人們的反抗言論既然竟是寂寂無聞，他們便好像是盡在空中揮拳，不能不有寂寞之感。」〔註 56〕這種寂寞之感，在錢玄同去 S 會館與魯迅發生那場著名的對話時，魯迅也感覺到了〔註 57〕，而寂寞的原因，正如魯迅所表述的那樣：「凡有一人的主張，得了贊和，是促其前進的，得了反對，是促其奮鬥的，獨有叫喊於生人中，而生人並無反應，既非贊同，也無反對，如置身毫無邊際的荒原，無可措手的了，這是怎樣的悲哀呵。」〔註 58〕

沒有人反對，也沒有人贊同的局面，因著名的「雙簧信」事件的發生而得以改觀。在剖析林蔡之爭時，我們尤其需要注意的是，錢玄同化名王敬軒所寫的那封信，被《新青年》記者以「文學革命之反響」之名發表，這本身就表明他們對該文的定位和期待所在；此外，「王敬軒」在駁斥《新青年》「對於中國文豪，專事醜詆」之時，將歸（震川）、方（望溪）作爲施（耐菴）、曹（雪芹）的對立面，在近人中，他拈出來用以對抗李（伯元）吳（趼人）的則是林（琴南）和陳（伯嚴），而在後面的展開過程中，他重點讚揚的除了林紓，還有嚴復。也就是說，他爲劉半農的批駁樹立了陳伯嚴、林紓、嚴復三個靶子。但在劉半農的《復王敬軒書》中，放過了陳伯嚴，悄悄繞過了嚴復，而將重點批判的矛頭對準了林紓，而又先駁斥林紓在翻譯上的成就，繼則指斥林紓的古文造詣，這簡直是朝林紓的咽喉處著刀，招招狠而準。

〔註 56〕鄭振鐸《導言》（1935 年），鄭振鐸編選《中國新文學大系·文學爭論集》（1917～1927），前引書，第 6 頁。

〔註 57〕魯迅說：「我懂得他的意思了，他們正辦《新青年》，然而那時彷彿不特沒有人來贊同，並且也還沒有人來反對，我想，他們許是感到寂寞了。」見魯迅《吶喊·自序》，《魯迅全集》第 1 卷，前引書，第 441 頁。

〔註 58〕魯迅《吶喊·自序》，《魯迅全集》第 1 卷，前引書，第 439 頁。

「不久，眞正有力的反抗運動也便來了」〔註 59〕。這「有力的反抗運動」中，「來放反對的第一炮」的就是林紓，用現在有些論者的策略說來解釋，就是林紓果然被《新青年》派的策略擊中，上了當了，其表現就是小說《荊生》〔註 60〕、《妖夢》〔註 61〕以及《答大學堂校長蔡鶴卿太史書》〔註 62〕的先後發表。這兩文一信，正是林蔡之爭中出自林紓的最爲重要的三篇文獻，因此我們必須重讀之。

《荊生》、《妖夢》最爲人詬病的地方，是他以影射的方式對新文化、新文學運動及其倡導者進行攻擊。

在《荊生》中，「皖人田其美」、「浙人金心異」與「新歸自美洲」的「狄莫」三人同遊陶然亭，在談論著「非去孔子、滅倫常不可」和「先廢文字，以白話行之」，在他們「大歡，堅約爲兄弟，力掊孔子」之時，住在他們隔壁的「偉丈夫」「荊生」破壁而入，指斥他們道：「中國四千餘年，以倫紀立國，汝何爲壞之？……爾乃敢以禽獸之言，亂吾清聽！」並痛打田、陳、狄三人，使其狼狽逃竄。在荊生言語中，田、陳、狄所言爲「禽獸之言」，而正文之後附的「蠡叟曰」，將此意凸顯：「余在臺灣宿某公家，畜狗二千餘，終夜有聲，余堅臥若不之聞。又居蒼霞洲上，荔支樹巢白鷺千百，破曉作聲，余亦若無聞焉。何者？禽獸自語，於人胡涉？」很明顯，這是在將影射的陳獨秀、錢玄同、胡適指斥爲「禽獸」，而徑直將他們掊孔子、廢文字的言說坐實爲禽獸之言了。這無異於公開點名謾罵新文化、新文學運動倡導者，是在實行人身攻擊。

另外，小說對荊生形象的描述是：「鬚眉偉然」，「爲健男子也」，帶著「銅簡一具，重十八斤」，而且具有制伏田、陳、狄三人的偉力。這個「荊生」所指爲誰，歷來存在是「經生」即「衛道英雄的化身」〔註 63〕、「『技擊餘聞』的著者自己」〔註 64〕以及「徐樹錚」〔註 65〕等多種說法。對荊生的所指問題，

〔註 59〕鄭振鐸《導言》(1935 年)，鄭振鐸編選《中國新文學大系·文學爭論集》(1917～1927)，前引書，第 6 頁。

〔註 60〕發表於上海《新申報》特闢的「蠡叟叢談」欄，1919 年 2 月 17、18 日。

〔註 61〕發表於上海《新申報》特闢的「蠡叟叢談」欄，1919 年 3 月 18～22 日。

〔註 62〕發表於北京《公言報》，1919 年 3 月 18 日。

〔註 63〕持荊生爲「經生」論者，有張俊才。見其《林紓評傳》，前引書，第 250 頁。

〔註 64〕此爲《每周評論》第 12 號轉載《荊生》全文時所加的按語「想用強權壓倒公理的表示」中的說法。其中說：「《新申報》上登出一篇古文家林紓的夢想小說，就是代表這種武力壓制的政策的。所以我們把他轉錄在此，請大家賞

早在1985年，李景光先生就在《荊生究竟指誰》中做過辨析，並認爲「荊生爲林紓自況的說法更屬可信。」〔註66〕2009年，陸建德在長文《再說「荊生」，兼及運動之術》中認定「荊生可以說是林紓想像中有點美化了的自我（或另一個自我，第二個自我，即所謂的 alterego）」〔註67〕，並認爲荊生被指爲徐樹錚的過程乃體現了「運動之術」；王彬彬則對陸建德所言的「運動之術」進行了辨析，並從徐樹錚在五四前夕的政治文化生活中的現實角色這一角度，得出結論說：「林紓小說《荊生》中的『荊生』，確實很容易讓人想到徐樹錚。最大的理由，就是徐樹錚已經在現實中扮演『荊生』的角色了。」〔註68〕也就是說，目前學界出現了以荊生爲林紓自己而非徐樹錚的看法，並由此而對五四新文化運動做出了負面評價。對「荊生」與徐樹錚之間的關係，我們尚須做進一步辨析，此處不做展開。但我以爲，我們有必要重讀《荊生》正文結束之後的那段「蠡叟曰」。

「蠡叟曰」除了前面所引暗指田、陳、狄等爲禽獸，其言論爲禽獸之言的那段話外，還有這樣一段文字：

> 此事余聞之門人李生。李生似不滿意於此三人，故矯爲快意之言以告余。……余讀《雪中人》，觀吳將軍制伏書癡事，適與此類。或者

鑒賞鑒這位古文家的論調。這一篇所說的人物，大約田其美指陳獨秀，金心異指錢玄同，狄莫指胡適，還有那荊生自然是那『技擊餘聞』的著者自己了。」

〔註65〕以荊生爲徐樹錚的人較前兩者爲多。如《語絲》第61期（1926年1月11日）劉復所寫的《悼「快絕一世的徐樹錚將軍」》一文中說，「噩耗傳來，知道七年前曾與我們小有周旋的荊生將軍，竟不幸而爲仇家暗殺了。這件事，眞使我們無論爲友爲敵的，都要起相當的傷感。」這乃是在徐樹錚將軍被殺後所寫，荊生與徐樹錚實現了代換。周作人在《蔡孑民三》中則說：「這所謂荊生乃是暗指徐樹錚。」（周作人著、止庵校訂《知堂回想錄》下冊，前引書，第387頁），並說明了整個事件的過程。周策縱在《五四運動：現代中國的思想革命》中轉錄《荊生》時在「狄莫」之後加上一個注，闡明了他對「田其美」與「陳獨秀」、「金心異」與「錢玄同」、「狄莫」與「胡適」之間的關聯的理解，其中說「荊生影射徐樹錚將軍，因爲荊、徐是古代關係密切的兩個州。」（〔美〕周策縱《五四運動：現代中國的思想革命》，周子平等譯，前引書，第67頁）此後，將「荊生」指認爲「徐樹錚」的論者很多。

〔註66〕《社會科學輯刊》1985年第3期，第71頁。

〔註67〕陸建德《再說「荊生」，兼及運動之術》，《中國圖書評論》2009年第2期，第26頁。

〔註68〕王彬彬《徐樹錚：現實中的「荊生」？——兼談五四新文化運動》，《同舟共進》2010年第6期，第47頁。

李生有託而言。余姑錄之，以補吾叢譚之闕。〔註 69〕

此處出現了門人李生。很顯然，李生對「此三人」的態度正與林紓的相類，而他此處提到《雪中人》，點明「吳將軍制伏書癡事，適與此類」，並緊跟著說「或者李生有託而言」，這個「託」出自假託的門人李生，很明顯是林紓的希望，而這希望所在，就是《雪中人》所言的制伏事。而「將軍」制伏的是「書癡」，這與鬚眉偉然的偉丈夫「荊生」制伏的是田、陳、狄等文弱書生，正相吻合。所以我以爲，《每周評論》轉載《荊生》時所加的編者按中，一方面指出荊生是「『技擊餘聞』的著者自己」，另一方面又對該小說所體現出的依賴強權壓制公理、試圖實施武力壓制的政策有所警覺，這是非常準確的判斷。退一步說，不管荊生所指是否爲林紓本人，林紓試圖藉重「將軍」爲代表的武力來解決文化——文學問題的想法是一定的。所以，「林琴南的小說並不祇是謾罵，還包含著惡意的恐嚇，想假借外來的力量，摧毀異己的思想」〔註 70〕。

人身攻擊與希圖政治干涉這兩者，在《妖夢》中有著類似體現，甚至，以元緒隱射蔡元培，暗指他爲大龜的做法，較之《荊生》更爲惡劣。而正是這二者，在論爭隨後的展開過程中，成爲新文化、新文學陣營先驅者們以及其同情者們重點攻擊林紓的兩大目標，事實上，也是林紓在道德層面處於論爭下風的重要因素。

如果說《荊生》、《妖夢》爲林紓氣憤之極而惡意謾罵以泄憤之作，那麼，在《妖夢》文稿發出之後，他接到了蔡元培受趙體孟之託請林紓爲遺老劉應秋遺著寫序的信後，所寫的一封致蔡元培的公開信，則從理論上表明了他對新文化、新文學運動以及運動中心北大的看法。

在這封長信中，林紓重點論述了他對「覆孔孟、鏟倫常」的思想革命和對「盡廢古書，行用土語爲文字」的文學革命的反對意見。對前者，他說，外國人也有自己的倫常，而且在他翻譯中，「實未見中有違忤五常之語」，並問「何時賢乃有此叛親蔑倫之論」；他認爲孔子是聖之時者，能夠順應時代，因此不能放棄孔道，何況不能將中國的積弱歸罪於孔子：「若云成敗不可以論英雄，則又何能以積弱歸罪孔子？」；對於新道德者「斥父母爲自感情欲，於

〔註 69〕林紓《荊生》，《新申報》1919 年 2 月 18 日。

〔註 70〕周作人《蔡孑民三》，周作人著、止庵校訂《知堂回想錄》（下），前引書，第 387 頁。

己無恩」的說法，他以爲不合傳統倫理道德，認爲這是「人頭畜鳴」。對於後者，他認爲不能盡廢古文，因爲英之「躬負盛名」的疊更（即狄更斯，引者注）雖累斥希臘拉丁、羅馬之文爲死物，但拉丁、羅馬之文仍能存，所以不能「用私心以蔑古」；另外，他認爲，如果「盡廢古書，行用土語爲文字，則都下引車賣漿之徒所操之語，按之皆有文法，不類閩廣人爲無文法之啁啾，據此，則凡京津之稗販，均可用爲教授矣！」；此外，他還主張「非讀破萬卷，不能爲古文，亦並不能爲白話」，故而「不能全廢古文」。林紓說：「今全國父老以子弟托公，願公留意以守常爲是。」最後希望蔡元培「爲國民端其趣向」〔註 71〕。

林紓之信，對蔡元培有捧亦有勸，但他並未將鬥爭的矛頭直接對準蔡元培，或許是因爲他接到蔡元培之信，已感覺到自己寫影射小說的做法有點過火，所以這封信試圖通過言辭之間對蔡元培的尊重換回一點主動權，他寫信給學生張厚載，試圖追回直接詆毀蔡元培的《妖夢》一文，就是不願將事件鬧大的證明。但是，張厚載卻擅自做主，未將稿件取下，任其發表，反而直接寫信給蔡元培，爲這次事件煽風點火〔註 72〕，另一方面則多次造北大要開除陳獨秀等人的謠言，使得林蔡之爭不可避免，而且將這次論戰迅速上陞至「新舊思潮之開始決斷」〔註 73〕的高度。

林紓的信在《公言報》發表時，附在《請看北京學界思潮變遷之近狀》之後。這則類似編者按的文字，對思想革命、文學革命極盡詆毀之能事。他說：「陳、胡等對於新文學之提倡，不第舊文學一筆抹殺，而且絕對的菲棄舊道德，毀斥倫常，詆排孔孟，並且有主張廢國語，而以法蘭西文學爲國語之議。其鹵（原文如此，引者注）莽滅裂，實亦太過」，其立場與林紓的正密切

〔註 71〕林紓《答大學校長蔡鶴卿太史書》，《公言報》1919 年 3 月 18 日。

〔註 72〕張厚載在致蔡元培的信中說：「《新申報》所登林琴南先生小說稿，悉由鄙處轉寄。近更有《妖夢》一篇，攻擊陳胡兩先生，並有牽涉先生之處。稿發後，而林先生來函，謂先生已乞彼爲劉應秋文集作序，《妖夢》當可勿登。但稿已寄至上海，殊難中止，不日即可登出。倘有瀆犯先生之語，務乞歸罪於生。」信中，張厚載還問蔡元培對林紓所寫公開信有何看法，並以爲「此實研究思潮變遷最有趣味之材料，務懇先生將對於此事之態度與意見賜示」。並在信末注明，「林先生係生在中學校時之教師，與生有師生之誼」。（《北京大學日刊》第 338 號，1919 年 3 月 21 日，第 6 版）

〔註 73〕裴山《新舊思潮之開始決斷》，原載《神州日報》，見《每周評論》第 17 號，1919 年 4 月 13 日「特別附錄」之「對於新舊思潮的輿論」。

吻合。故而蔡元培見到該文之後，即日即作答，寫就《致〈公言報〉函並附答林琴南君函》。3 月 21 日，《北京大學日刊》在「通信」欄刊載了《蔡校長致〈公言報〉函並附答林琴南君函》，並轉載了《公言報》上所發的《請看北京學界思潮變遷之近狀》及林琴南的信〔註 74〕，作爲附錄。隨後，《新潮》1 卷 4 號也全文轉載，體現了《新潮》的立場。

蔡元培答覆林紓的信可謂高屋建瓴、義正詞嚴。首先他將林紓爲北大惋惜與他據謠言而對北大加以責備的行爲之間的悖論指出，剝去他寫那封信是爲了北大好的輿論外衣，然後，他將林紓之論概括爲兩點：「覆孔孟、鏟倫常」與「盡廢古書，行用土語爲文字」。然後分別對這兩點，有理有據地作答。對於前者，他首先指出，北大教員並未「覆孔孟」，因爲他們並未以之教授學生，而且大學教員在校外發表言論，北大本不負責任，但即便考察《新青年》對於孔子學說之批評，「亦對於孔教會等託孔子學說以攻擊新學說者而發，初非直接與孔子爲敵也。」此外，他認爲，北大教員也並未「鏟倫常」，因爲他們在校內並未以此教學生，而且還組織有進德會；至於他們在學校外的主張，也並未「鏟倫常」。對於後者，他從三個方面進行駁斥：北京大學是否已盡廢古文而專用白話？白話果是否能達古書之義？大學少數教員所提倡之白話的文字，是否與引車賣漿者所操之語相等？最後重申他所秉持的循「思想自由」原則，取相容並包主義，並更進一步，劃清教員的校課與其言論之間的界限，「然則革新一派，即偶有過激之論，苟於校課無涉，亦何必強以其責任歸之於學校耶？」既回應了林紓對陳、胡等發動新文化、新文學運動的指摘，又維護了北京大學的獨立性。

隨後，《每周評論》對《荊生》的轉載、評價，以及轉載守常發於《晨報》的《新舊思潮之激戰》〔註 75〕、刊登隻眼的《關於北京大學的謠言》〔註 76〕、二古的《評林蜎廬最近所撰〈荊生〉短篇小說》〔註 77〕、曼殊回應二古的信〔註 78〕

〔註 74〕《北京大學日刊》第 338 號，1919 年 3 月 21 日，第 1～6 版。該號除「本校布告」欄外，就是「通信」欄。「通信」欄中，《蔡校長致〈公言報〉函並附答林琴南君函》及其附錄爲第一部分，《蔡校長復張繆子君書》及附錄的張繆子君函爲第二部分。張謬子即張厚載。可見該號日刊，是對林紓與張厚載的鄭重回復。

〔註 75〕《每周評論》第 12 號，1919 年 3 月 9 日。

〔註 76〕隻眼（陳獨秀）《關於北京大學的謠言》，《每周評論》1919 年 3 月 16 日。

〔註 77〕《每周評論》第 13 號，1919 年 3 月 16 日。

〔註 78〕《每周評論》第 14 號，1919 年 3 月 23 日「通訊」欄。

等，已經營造了濃厚的論戰氛圍。到了關於北京大學的謠言一天多似一天，連遠在成都的《川報》都跟進的時候，這次論戰的高潮也就來臨了。體現得最直接的，就是《每周評論》第 17 號（4 月 13 日）和第 19 號（4 月 27 日）所刊登的「特別附錄」之「對於新舊思潮的輿論」〔註 79〕，以及林紓就自己罵人的行爲在《民國日報》上作出的公開道歉。

從此期輿論可見，林蔡之爭已經不僅僅是林蔡個人之爭，而是關係到新文化、新文學運動的合法性問題的一場重要決戰，關係到思想自由、教育獨立的原則能否在北洋軍閥的統治下、威脅下繼續實行的問題，也關係到媒體能否自由發言的問題〔註 80〕。而從此期的文章來看，新文化運動與新文學運動得到了越來越多讀者、媒體的支持，這也注定了他們從這次論爭中勝出的結局。不僅如此，由這場論戰，《新青年》等宣傳新文化、新文學運動的刊物銷路興旺起來，這在汪孟鄒致胡適的信中可以見出：「近來《新潮》、《新青年》、《新教育》、《每周評論》，銷路均漸興旺，可見社會心理已轉移向上，亦可喜之事也。各種混賬雜亂小說，銷路已不如往年多矣。」〔註 81〕

（三）不算結束的結束

或許正是迫於眾多關於新舊思潮的輿論的壓力，林紓在《文藝叢報》創刊號上發表了一篇具有答辯性質的文章《論古文白話之相消長》〔註 82〕。該

〔註 79〕這兩期特刊，轉載了《晨報》、《國民公報》、《北京新報》、《順天時報》、《民治日報》、《浙江教育周報》、《上海中華新報》、《川報》等十四家報刊對於林蔡之爭的議論文章三十七篇。

〔註 80〕胡適在 1935 年爲《中國新文學大系・建設理論集》撰寫的導言中說，「當我們在民國時代提倡白話文的時候，林紓的幾篇文章並不曾使我們煙消灰滅，然而徐樹錚和安福部的政治勢力卻一樣能封報館捉人。」（見該書 16 頁）

〔註 81〕《汪孟鄒致胡適》，中國社會科學院近代史研究所中華民國史組編《胡適來往書信選》（上），前引書，第 40 頁。

〔註 82〕林紓《論古文白話之相消長》，《文藝叢報》創刊號，1919 年 4 月。值得注意的是，關於該文及所發的該刊，存在多種說法。鄭振鐸編《中國新文學大系・文學論爭集》（1917～1927）在選錄的該文之末，標注爲「《文藝叢刊》」。這導致有不少人的論述中，將該文的發表地稱爲此，但其實並無這家刊物。而且，由於現行的資料中，《文藝叢報》的具體資訊非常少，我們往往就在考察該文發表的時間時，將其誤爲 1918 年或者 1919 年初。誤爲 1918 年者如許桂亭選注的《林紓文選》，其中說「1918 年，林紓又寫了《論古文白話之相消長》這篇長文，帶有答辯的性質。」並將之放在《〈古文辭類纂選本〉序》一文之後，而該選本前五卷於 1918 年 11 月由商務印書館印行（見該書，白花文藝出版社，2006 年，第 96 頁）。誤爲 1919 年初者如曹而雲的《白話文體與現代

文首先梳理了古文從唐至清末的流變歷程，並論及白話報在庚子年前後的風行，以及他在當時參與杭州白話報的過往，但是他重申了自己的觀點：(1)當今之世，「古文一道，已屬聲消燼滅之秋，何必再用革除之力？」那些聲言廢古文而行白話者，是「不知所謂古文也」。(2)「能讀書閱世，方能爲文」，「所謂古文者，白話之根柢，無古文安有白話？」在文末，他寫道：「吾輩已老，不能爲正其非，悠悠百年，自有能辨之者，請諸君拭目俟之！」這句話裏，有自信，也有一點點悲愴。

不僅如此，林紓還再寫了一封信給蔡元培，對自己罵人的行徑進行了檢討：「顧比年以來，惡聲盈耳，致使人難忍，因於答書中孟浪進言。……至於傳聞失實，弟拾以爲言，不無過聽，幸公恕之」。並於 4 月 5 日，回應了包世傑對他的指責，在《民國日報》發表了《林琴南先生致包世傑君書》，其中說「承君自《神州日報》中指摘僕之短處……惟尊論痛快淋漓，切責老朽之不愼於論說，中有過激罵詈之言，吾知過矣。……僕今自承過激之斥，後此永永改過……當敬聽尊論，以和平出之，不復謾罵」。同一天，他還在《公言報》上發表了一篇題爲《腐解》的文章。但就在這些信和文章中，仍可以見出林紓衛道的熱誠：「七十之年，去死已近。爲牛則羸，胡角之礪？爲馬則駑，胡蹄之鐵？然哀哀父母，吾不嘗爲之子耶！巍巍聖言，吾不嘗爲之徒耶！苟能俯而聽之，存此一線倫紀於宇宙間，吾甘斷吾頭而付諸樊於期之函，裂吾胸，爲安金藏之剖其心肝。皇天后土，是臨是鑒！」事實上，在林紓最後的幾年裏，他依然固執地堅守著自己的立場：1923 年，即他逝世的前一年，他寫了《續辨奸論》這篇他一生中的最後一篇古文。文中，他還在極力攻擊新文化運動的發起者。他認爲，「巨奸任宰相，國亡而

性——以胡適的白話文理論爲個案》（上海三聯書店，2006 年）一書，該書第 9 頁中說：「1919 年初，復古派文人陳拾遺等出版了維持國粹的《文藝叢報》，攻擊白話文運動……」，林紓在該刊發表了《論古文白話之相消長》一文，而在隨後的論述中，他說「林紓 1919 年在《公言報》上又發表了《致蔡鶴卿太史書》……較之先前的《論古文之不當廢》與《論古文白話之相消長》，這時林紓態度論調發生了根本變化，……」我們知道，《致蔡鶴卿太史書》發表於 3 月 18 日，故而可以推知，他將《論古文白話之相消長》一文的發表時間設定爲 1919 年初。事實並不如此。《文藝叢報》是不定期的雜誌，1919 年 4 月創刊於上海。石遺老人即陳衍主編，苦海餘生（劉哲廬）編輯。該刊停刊時間不詳，僅見第 1 期，而就在這一期上，刊有林紓的《論古文白話之相消長》一文。

倫紀不亡；巨奸而冒爲國學大師，倫紀滅國亦旋滅」。1924 年 5 月，他已經發病，但猶力疾往孔教大學講授《史記·魏其武安侯列傳》，這是他一生中的最後一次講課，課後有《留別聽講諸子》詩一首，其中有「蕩子人含禽獸性，吾曹豈可與同群！」的詩行。他尤其寄希望於自己的兒子林琮，逝世前一日，已不能言，猶以指在林琮手掌上寫道：「古文萬無滅亡之理，其勿怠爾修！」林紓的頑固，多少導致了後人送給他「堂吉訶德」的稱號，而他逝世之後，新文學陣營最初一段時間的不著一詞，也與林蔡之爭密切相關。

另一方面，蔡元培迫於壓力，在 1919 年 3 月底變相開除了陳獨秀，隨後又開除了此次事件中煽風點火的北大法科學生張厚載，陳獨秀、張厚載的命運由此而發生重要改變。

由於五四運動的爆發，新文化、新文學陣營的興趣點很快發生了轉移，這一場持續至 4 月底的沒有多少思想交鋒的論戰，因此遽然收場。

二、林蔡之爭：意義及評價

從「打孔家店」這個角度來考量林蔡之爭，我們會發現，這次論爭還有些地方值得我們關注。

首先，「打孔家店」這個思想革命，由於「文學革命」的開展而進入了更關鍵的時期。這一方面體現在「打孔家店」更爲艱難上。因爲，原來對新文化陣營「打孔家店」的行爲雖有不滿，但卻認爲其不能顛倒乾坤，故而不屑與之辯的衛道者如林紓，或者認同這種「打孔家店」的行爲，但終究不願意加入這條戰線，而只作壁上觀的知識份子如柳亞子，或者認同這種行爲並加入反孔陣線的鬥士如吳虞，在「文學革命」發生後，都採取了反對立場，有些就由反對文學革命而反對「打孔家店」的思想革命，這正是林紓之類人物的思想行爲的軌迹。而這些人加入反對新文化、新文學運動者的隊伍之中，勢必給「打孔家店」造成了更大的困難。但是，從另一方面看，「打孔家店」的深入正依賴於林紓這樣的「資深」反對者的出現，因爲沒有有力的反對者，「有許多見解他們便不能發揮盡致。舊文人們的反抗言論既然竟是寂寂無聞，他們便好像是盡在空中揮拳，不能不有寂寞之感。」〔註 83〕由此我們才

〔註 83〕鄭振鐸《導言》，鄭振鐸編選《中國新文學大系·文學爭論集》（1917～1927），前引書，第 6 頁。

可以理解，爲什麼錢玄同和劉半農要鬧出「雙簧信」事件，而當林紓應戰時，新文學陣營爲什麼才會在欣喜之餘，對他進行批駁。從林蔡之爭的結果來看，新文化陣營的影響是擴大了，「打孔家店」的行程是得以推進了，而其中「文學革命」與「思想革命」所扮演的角色，正反應了中國現代思想、文化、文學史的複雜糾合關係。

其次，林蔡之爭的焦點表面上有二，一關乎「打孔家店」，一關乎「文學革命」，在林紓眼裏，就是「覆孔孟，鏟倫常」以及「盡廢古書，行用土語爲文字」。對於林紓的指責，蔡元培已經進行了答覆。事實上，聯繫當時《新青年》派的實際言行，「覆孔孟，鏟倫常」以及「盡廢古書」的指責是偏離了實際情況的，此其一；其二，我們必須注意到，林紓並不是迂腐不化的迂儒，而是曾經爲新文學現代性的發生做出過非常重要貢獻的先驅者，用蔣英豪先生的話來說，「林紓以他 189 種的翻譯小說，爲新舊文學的過渡築成了前所未有的崇高祭臺，每一本小說就是一根燔祭的柴。」〔註 84〕而且，就在林蔡之爭中，林紓也屢屢表示他知道古文已經在走下坡路，他自己也曾參與過早期白話報的推動工作，他所反對的，僅僅是不要盡廢古書、盡廢古文，似乎他沒有反對文學革命的主觀意圖。相較而言，林紓對「覆孔孟，鏟倫常」的指責更顯堅決，但他也曾指出過孔子能因時而變，且不能將中國的積弱歸罪於孔子。現在的許多重評文章中，對林紓的意義進行挖掘時的顯在或潛在邏輯是：由林紓並未在文學上徹底反對新文學運動，肯定他至多衹是一個主張漸進、主張折衷、調和的論者，再由此推知林紓的文化立場也是折衷、調和的，而這種文化保守主義立場，正是對新文化運動的激進傾向的糾偏，因此他不是一個衛道者，而是一個文化立場異於《新青年》派者，但是，林紓因爲立場的差異而「被誘導」出戰，得到了悲涼的餘生，也受到了主流文學史、文化史與思想史長達幾十年的「妖魔化」塑造，由此可見，錯不在林紓，而在《新青年》派，在隨後的主流史學家。

那麼，在林紓的文學立場與文化立場之間，是否可以那麼「順理成章」地進行推斷？即便我們承認林紓在文學－文化立場上都是折衷派、漸進派，在當時的語境中，他應不應該受批駁？更進一步，《新青年》派當時採用那麼多「策略」性手段，將林紓作爲靶子來批駁，即論者所言的「爲求『實質正

〔註 84〕蔣英豪《林紓與桐城派、改良派及新文學的關係》，《文史哲》1997 年第 1 期，第 77 頁。

義』而犧牲程式正義」〔註 85〕，爲什麼？回答這樣的問題，對我們重評林蔡之爭、重評林紓、包括回應從「荊生」到「徐樹錚」的言說定位背後是否體現了「運動之術」的問題，都是非常必要的。

恐怕沒人會否認這樣的判斷：林蔡之爭中林紓的文學－文化觀，乃是他一生中文學－文化觀的一個環節。那麼，我們可以發現，就在林紓的翻譯作品中，作品的具體內容和他的文化主張之間有著不容忽視的罅隙。已有論者指出，林紓的翻譯是對西方名著的誤讀，而這誤讀中，「最有趣的大概就是他對西方原著的中國化的道德解讀。」比如，「林譯中有不少以『孝』命名，如狄更斯的小說《老古玩店》，被翻譯成《孝女耐兒傳》；此外還有《雙孝子喋血酬恩記》、《英孝子火山報仇錄》等。這些『孝』的譯名顯然不是原著的書名或範疇。一個『孝』字，消解了中西兩種文化的價值差異。」〔註 86〕又比如，「林紓以中國的道德範疇『父』、『子』等，闡述西方人對於家庭和親人的忠誠與愛。」〔註 87〕我們當然可以將之看成是林紓在清末民初爲了消除中西文化隔閡而做了這樣的處理，但從另外一個角度看，這正體現了林紓對儒家倫理道德的忠誠，即便因爲名著內容的關係，他得罪於名教，成爲名教罪人，但在主觀上，林紓幾乎是沒有以西方的人道主義、個性主義這些眞正「現代」的人文精神來對這一時期的國民進行啓蒙的想法的，他翻譯的內容的新與他觀念的舊之間的衝突，他自己並沒有意識到，更沒有想到主動更新自己的道德準則。因此，我們可以說，林紓終生都是儒家倫理道德規範下的知識份子，他在林蔡之爭中對孔孟之道的維護，是與其前後「衛道」的思想觀念一脈相承的。

然而，林紓終究在誤讀中接受了影響，所以他知道時代潮流的大趨向。敏感於古文之沒落，他唯一能做的就是努力挽救，所以主張不要盡廢古文。那麼，這種折衷派能否行得通呢？魯迅認爲，「學了外國本領，保存中國舊習。本領要新，思想要舊」，決沒有這樣如意的事。「即使一頭牛，連生命都犧牲了，尚且祀了孔便不能耕田，吃了肉便不能榨乳。何況一個人先須自己活著，

〔註 85〕楊聯芬《林紓與中國文學現代性的發生》，《中國現代文學研究叢刊》2002 年第 4 期，第 24 頁。

〔註 86〕楊聯芬《林紓與中國文學現代性的發生》，《中國現代文學研究叢刊》2002 年第 4 期，第 10 頁。

〔註 87〕楊聯芬《林紓與中國文學現代性的發生》，《中國現代文學研究叢刊》2002 年第 4 期，第 11 頁。

又要駝了前輩先生活著；活著的時候，又須恭聽前輩先生的折衷；早上打拱，晚上握手；上午『聲光化電』，下午『子曰詩云』呢？」〔註 88〕他指出折衷的不可能，說「西哲」易卜生蓋以爲不能，以爲不可。「所以借了 Brand 的嘴說：『All or nothing！』」這「不能完全，寧可沒有」，正是魯迅的態度。我們或許會由這「All or nothing！」想到偏激、決絕之類上去，但我們不要忘記，就是在這樣決絕的態度之下，到了 1926 年章士釗反叛時，都還在援用林紓的老方法，說不讀古書就做不出好白話文來。魯迅爲此而寫的《古書與白話》一文中，涉及到了林紓在林蔡之爭中的觀點，不妨抄錄於下：

> 記得提倡白話那時，受了許多謠諑誣謗，而白話終於沒有跌倒的時候，就有些人改口說：然而不讀古書，白話是做不好的。我們自然應該曲諒這些保古家的苦心，但也不能不憫笑他們這祖傳的成法。凡有讀過一點古書的人都有這一種老手段：新起的思想，就是「異端」，必須殲滅的，待到它奮鬥之後，自己站住了，這才尋出它原來與「聖教同源」；外來的事物，都要「用夷變夏」，必須排除的，但待到這「夷」入主中夏，卻考訂出來了，原來連這「夷」也還是黃帝的子孫。這豈非出人意料之外的事呢？無論什麼，在我們的「古」裏竟無不包函（原文如此，引者注）了！〔註 89〕

折衷派的觀點，事實上是推進文學革命的更大阻力所在，因爲在當時，有這種想法的人，正是社會上的決大多數。他們名曰折衷，實際上，如果不將他們的想法糾正過來，文學革命是不可能成功的。

也就是說，林紓在文化觀上並不折衷，而是一以貫之的，他並不是我們現在所說的「文化保守主義者」，「林紓在『五四』新文化運動過程中的表現不屬於『文化保守主義』的範疇，而更帶有文化專制主義的色彩。」〔註 90〕「我們用『文化保守主義』和『文化激進主義』無法正確描述中國近現代歷史，特別是『五四』新文化運動的歷史」，當然，也無法用來更準確地描述和理解林蔡之爭。另外，林紓在文學上的折衷主張，事實上也是必須批駁的。《新青年》派看準了林紓，決不僅僅是因爲北大的門派之爭。林蔡之爭，也絕不僅祇是因爲林與蔡之間思想文學觀念的歧異。

〔註 88〕俟（魯迅）《隨感錄・四十八》，《新青年》6 卷 2 號，1919 年 2 月 15 日。

〔註 89〕魯迅《古書與白話》，《魯迅全集》第 3 卷，前引書，第 227 頁。

〔註 90〕王富仁《林紓現象與「文化保守主義」》，《中國現代文學研究叢刊》2007 年第 3 期，第 257 頁。

第三節　何謂「新文化」：重評新文化派與「學衡」派之爭

「如林琴南爲反新文學之第一代代表人，那麼，胡先驌是代表了第二代，而章士釗又當爲第三代了。」〔註 91〕這是阿英在總結中國新文學在第一個十年行程中遭遇的反對派時說過的一句話。在他眼裏，「理論者。《學衡》雜誌編輯人。反新文學運動最烈」〔註 92〕的胡先驌，以及「理論者。安徽宣城人。學衡幹部。反新文學運動甚烈」〔註 93〕的梅光迪，稱得上是這十年期間的「作家」，故而爲他們寫下了「作家小傳」。我們知道，《中國新文學大系》（1917～1927）在 1935 年的出版，在建構五四新文學、新文化運動的合法性方面起到了重要作用，而選編「史料・索引」卷的阿英先生的如是表述，與選編「文學論爭集」的鄭振鐸先生的這一段論述——復古派在南京，受了胡先驌，梅光迪們的影響，彷彿自有一個小天地；自在地在寫著「金陵王氣暗沈銷」一類的無病呻吟的詩。胡先驌們原是最反對新文學運動的。他對胡適的《嘗試集》曾有極厲害的攻擊。又寫了一篇《中國文學改良論》。梅光迪也寫了一篇《評提倡新文化者》。他們的同道吳宓，也寫著《論新文化運動》一文。他們當時都在南京的東南大學教書。彷彿是要和北京大學形成對抗的局勢。林琴南們對於新文學的攻擊，是純然的出於衛道的熱忱，是站在傳統的立場上來說話的。但胡梅輩卻站在「古典派」的立場來說話了。他們引致了好些西洋的文藝理論來做護身符。聲勢當然和林琴南，張厚載們有些不同。但終於「時勢已非」，他們是來得太晚了一些。新文學運動已成了燎原之勢，決非他們的書生的微力所能撼動其萬一的了。〔註 94〕——一起，在這之後的很長一段時間內，成爲史家們論述「學衡」派與五四新文學運動時的「元語言」，其中對胡先驌、梅光迪之於「學衡」派的重要意義、「學衡」派反對新文學運動的意圖、「學衡」派反對新文學運動的「來得太晚了」……等等的論述，都成爲後

〔註 91〕阿英編選《中國新文學大系・史料・索引》（1917～1927），前引書，第 216 頁。

〔註 92〕阿英編選《中國新文學大系・史料・索引》（1917～1927），前引書，第 216 頁。

〔註 93〕阿英編選《中國新文學大系・史料・索引》（1917～1927），前引書，第 221 頁。

〔註 94〕鄭振鐸《導言》，鄭振鐸編選《中國新文學大系・文學爭論集》（1917～1927），前引書，第 13 頁。

來者思考「學衡」時的重要思想背景。

和對杜亞泉、林紓形象的重構，對陳杜之爭、林蔡之爭的重評一樣，從上世紀 90 年代前後開始，對「學衡」諸公、對「學衡」派與新文學運動的關係的重評之作大量湧現，而且，和將杜亞泉、林紓稱爲「文化保守主義」者尚有些猶豫相比，學界爲「學衡」派正名者幾乎毫不猶豫地將「文化保守主義」的帽子扣在了這一流派身上，而且屢屢將其作爲「文化保守主義」在中國的旗幟式存在。〔註 95〕如果說，1989 年樂黛雲先生的《世界文化對話中的中國現代保守主義》一文，是較早從文化保守主義視角來對「學衡」派的文化思想進行重新審視，對於他們關於文化建設的「昌明國粹，融化新知」之於自由派「棄舊圖新」，以及激進派「破舊立新」的反撥意義，進行了認可，因而開啓了重評「學衡」派的重要向度的話，那麼，沿著這一路徑而出現的研究成果，造成了一股「學衡」派的研究熱潮在 1990 年代及其以後的形成。其中，《國故新知論：學衡派文化論著輯要》〔註 96〕在 1995 年底的出版，爲推動這股潮流的出現，發揮了重要作用。《國故新知論：學衡派文化論著輯要》的編者孫尚揚先生寫下的代序文《在啓蒙與學術之間：重估〈學衡〉》，鄭師渠的《「古今事無殊，東西迹豈兩」——論學衡派的文化觀》〔註 97〕、《學衡派史學思想初探》〔註 98〕，譚桂林的《評近年來對學衡派的重估傾向》〔註 99〕，

〔註 95〕學者徐葆耕在論文《吳宓的文化個性及其歷史命運》一文中，對人們將吳宓列入「文化保守主義」之列的行爲進行了反思。他說：「近來，有些學者並無貶意地將吳宓列入『文化保守主義』行列。這似不確。按照史華慈（B. Schwarz）的提法，保守主義的特徵之一是民族主義，是以民族傳統文化爲中心。吳宓儘管具有強烈的民族自尊感和對傳統文化的『捍衛意識』，但仔細檢視他的文化思想體系就會發現，他對中國傳統文化的認同多在與西方文化相通的部分和表述形式方面。就其內涵而言，更多的是西方古典主義和十九世紀浪漫主義，在這二者之間又以古典主義爲理性支撐，以浪漫主義爲情感補充。」我以爲，他的觀察是有道理的，另外，吳宓、梅光迪、胡先驌等「學衡」派人的文化觀之間並不一致，籠統地將之置於「文化保守主義」之下是否妥當，這是一個值得我們深入反思的問題。徐葆耕文見李賦寧、孫天義、蔡恒編《第一屆吳宓學術討論會論文集》，陝西人民教育出版社，1992 年，第 150 頁。

〔註 96〕孫尚揚、郭蘭芳編《國故新知論——學衡派文化論著輯要》，中國廣播電視出版社，1995 年。

〔註 97〕《近代史研究》1998 年第 4 期。

〔註 98〕《北京師範大學學報》1998 年第 4 期。

〔註 99〕《魯迅研究月刊》1997 年第 2 期。

李怡的《論「學衡派」與五四新文學運動》〔註100〕，龍文懋的《一個現代堂吉訶德的命運——吳宓及其文化保守主義》〔註101〕等論文，以及沈衛威著《回眸「學衡派」——文化保守主義的現代命運》〔註102〕，周雲著《學衡派思想研究》〔註103〕，麻天祥著《湯用彤評傳》〔註104〕，孫永如著《柳詒徵評傳》〔註105〕等著作，各從論者自己的角度，對「學衡」諸公、「學衡」派與新文化、新文學運動之間的論爭進行了重評。這些論者，或推崇「學衡」派在文化建設方面的努力，或揚「學衡」的學術取向而抑新文化派的啓蒙追求，或力圖客觀、公正地對「學衡」進行呈現與研究，或對近年來的重估「學衡」傾向進行反思，對力圖糾偏的研究成果中的缺陷與迷失進行再糾偏。在這些闡釋的相互支撐或者相互對話、甚至衝突中，「學衡」派的文化貢獻和歷史侷限部分地被揭示了出來，「學衡」派與新文化陣營之爭中文化觀與文學觀的衝突，得到了較爲詳盡的呈現。但在文化保守主義思潮湧動，拔高「學衡」派的皇皇高論層出不窮的當下，如何重評「學衡」派，重評該派與新文化派的論爭，還是一個需要更耐心的辨析才能解決的問題。

一、論爭：在「新文化」與「眞正新文化」〔註106〕之間

（一）論爭前史

《學衡》創刊的1922年1月，「正是北京大學的《新青年》——《新潮》文化激進主義文人群體分化，新文化運動——新文學運動全面獲勝，且由北洋政府教育部下令，白話文成爲中小學課本書面語言之後。尤其是新文學已進入創作的實際收穫季節，且新文化陣營中的一部分人，由思想文化上的激進，邁出了政治上激進的新的步伐，《新青年》也遷回上海，成爲勃興的共產黨組織的中央機關刊物。」〔註107〕從勾勒《學衡》出現背景的這段文字中，我們的確可以得出《學衡》出版得太晚，「學衡」派「來得太晚了一些」

〔註100〕《中國社會科學》1998年第6期。
〔註101〕《北方論叢》1998年第4期。
〔註102〕人民文學出版社，1999年。
〔註103〕甘肅人民出版社，2005年。
〔註104〕百花洲文藝出版社，1993年。
〔註105〕百花洲文藝出版社，1993年。
〔註106〕吳宓《論新文化運動》，《學衡》第4期，1922年4月。
〔註107〕沈衛威《〈學衡〉主要作者的個體命運》，《河南社會科學》1998年第5期，第27頁。

〔註 108〕的結論。

事實上，這種《學衡》「來得太晚了一些」的看法，更多地將「學衡」派與新文化派的論爭之始定於 1922 年而非其他。但若將視線拉長，我們會發現，「學衡」派的主力，早在《學衡》面世之前的六七年，即《新青年》創辦前後，就慢慢開始集合，並日漸積蓄起反對的力量。「學衡雜誌的創立雖遲至民國十一年，但其中堅分子與新文化陣營之間的論爭卻可遠溯至民國四（1915）年。自此以後，雙方一致處於敵對的態勢，不斷互相攻訐。等到學衡創立，長期的積怨與歧見一併爆發，終於引發了大規模的文化之爭。」〔註 109〕

我們知道，梅光迪、任叔永等與胡適的往返論爭的結果，將胡適「逼上梁山」，促成了他寫出《文學改良芻議》，揭開了文學革命的帷幕。而隨著胡適、陳獨秀的倡導，錢玄同等在《新青年》上的呼應與建設性意見的提出，以及《嘗試集》、《狂人日記》等顯示了白話文學實績的作品的出現，國內慢慢形成了一股文學革命的風潮。就連任鴻雋、朱經農等批評胡適的人，也不再那麼熱心地與胡適辯論，他們甚至用白話文寫了書信給胡適，討論「新文學」問題。從其書信來看，儘管雙方觀點仍存在巨大差異，但任、朱二位的寫作白話信本身，畢竟已顯示出他們對立情緒的減少，更何況任鴻雋還在信中說自己對胡適《建設的文學革命論》「大爲贊成」呢〔註 110〕。此時，堅持自己觀點的，是梅光迪。在哈佛的他，四處尋找同道，以與胡適等人抗爭。

胡先驌針對胡適《文學改良芻議》所寫的《中國文學改良論》（上篇）發於《南京高師日刊》，轉載於《東方雜誌》16 卷 3 號後，引起了較大反響。浙江一師的施存統說：「我們同學，起初看見胡先驌君那篇《中國文學改良論》，也有許多很懷疑的，以爲白話未必可以全代文言……」〔註 111〕陳懋治則認爲：

〔註 108〕鄭振鐸《導言》，鄭振鐸編選《中國新文學大系·文學爭論集》（1917～1927），前引書，第 13 頁。

〔註 109〕沈松僑《學衡派與五四時期的反新文化運動》，前引書，第 86 頁。

〔註 110〕1918 年 6 月 8 日，任鴻雋在看過朋友朱經農寫給胡適的白話信之後，亦寫有一封白話信給胡適，胡適在回任鴻雋的信中說：「經農的白話信來，使我大歡喜。今又得老兄的白話信，並且還對於我的文學革命論『大爲贊成』，我眞喜歡的了不得。」但緊接著，胡適和回復朱經農的信一樣，表達了自己的不同意見，並讓錢玄同就文字問題對任、朱二位的觀點進行了回復。朱經農、任鴻雋、胡適、錢玄同的文字均見《新青年》5 卷 2 號之「通信」欄，1918 年 8 月 15 日。

〔註 111〕施存統致《新潮》記者信，《新潮》2 卷 2 號，1919 年 12 月，第 369 頁。

「這篇文章，在反對論中算是最有力的了」，希望記者「辯正一番！」〔註 112〕羅家倫則親耳聽見北京的「一班『燒料國粹家』拍手稱快」，讚譽胡先驌之文及人的出現，認爲「提倡文學革命的學說倒了！……痛快！痛快！」〔註 113〕。隨後，贊成胡先驌觀點的有繆鳳林所寫《文學上之摹仿與創造》〔註 114〕，反駁之文除了羅家倫的《駁胡先驌君的〈中國文學改良論〉》，還有朱希祖的《白話文的價值》〔註 115〕。

可見，「學衡」派的重要人物如梅光迪、胡先驌等，早在「學衡」派出現之前就已經與新文化陣營內成員有了觀念上不可化解的衝突，並且已經開始了口誅筆伐。

事實上，在「學衡」派與新文化陣營的論爭前史中，早年的吳宓、湯用彤尤其是吳宓所走的路線，是在與梅光迪、胡先驌未謀面之前反新文化運動的另一種運行方式，值得我們關注。

後來成爲「學衡」派靈魂人物的吳宓，在 1915 年前後的日記中，已經有對中西文化會通的文化設想，並且對雜誌的創辦以及主張，日漸形成了明確的觀念。考察這條路線的行進過程，對於我們思考「學衡」派後來彰顯的文化主張也許不無意義。

1915 年 2 月 15 日，吳宓在日記中寫道：

> 晚近學者，於中國古昔聖賢言論，以及種種事理，多好下新解說，而舊學深邃之士，則詆斥之不遺餘力。新舊對峙，無從判決。竊謂時至今日，學說理解，非適合世界現勢，不足促國民之進步；盡棄舊物，又失其國性之憑依。唯一兩全調和之法，即於舊學說另下新理解，以期有裨實是。然此等事業，非能洞悉世界趨勢，與中國學術思潮之本源者，不可妄爲。他日有是人者，吾將拭目俟之、橐筆隨之。〔註 116〕

可見，中西調和思想已經在吳宓此時的思想系統中出現。而且，此期的吳

〔註 112〕陳懋治《同音字之當改與白話文之經濟》，《新青年》6 卷 6 號之「通信」欄，1919 年 11 月 1 日。

〔註 113〕羅家倫《駁胡先驌君的〈中國文學改良論〉》，《新潮》1 卷 5 號，1919 年 5 月。

〔註 114〕《東方雜誌》18 卷 12 號，1921 年 6 月 25 日。

〔註 115〕《新青年》6 卷 4 號，1918 年 4 月 15 日。

〔註 116〕吳宓著、吳學昭整理注釋《吳宓日記》第 1 冊，生活·讀書·新知三聯書店，1998 年，第 404 頁。

宓，已經對這一思想的施行需要中西會通之人這一點，看得非常清楚。對中西會通之人的重要性的認識，在他對當日詩文的觀察中也鮮明地體現了出來。他說：「今日詩文，均非新理想、新事物，不能成立；而格律詞藻，則宜取之舊。他日承風雲之會，挾天亶之資，樹幟中原，為詩文界一開千年新生面，而發其永久之光氣者，吾知其必大有人也。又嘗謂居今世欲以詩文名家，無論如何均必得有世界知識，及洞曉中國近數十年來之掌故。否則心勞日拙，成就難期也。」〔註 117〕至於「他日有是人者，吾將拭目俟之、橐筆隨之」之語，正為他後來應梅光迪之邀而提前歸國創《學衡》埋下了伏筆。

吳宓少年時即想辦雜誌。1915 年，在清華留美預備學校的他必須確定留美學習專業，此段時間，「雜誌」更是常常出現於他的腦海，他的筆下。

2 月 24 日，吳宓在日記中說：

> 與錫予談，他日行事，擬以印刷雜誌業，為入手之舉。而後造成一是學說，發揮國有文明，溝通東西事理，以熔鑄風俗、改進道德、引導社會。雖成功不敢期，竊願常自勉也。〔註 118〕

辦雜誌，而且是辦一個「發揮國有文明，溝通東西事理，以熔鑄風俗、改進道德、引導社會」的雜誌，這已顯出吳宓後來的文化選擇的端倪。到了這年 10 月 14 日，吳宓還在那裡權衡選科這「極難決定之事」，但從其日記來看，他很明顯傾向於選雜誌而並不是化學，更值得注意的是，他在「治雜誌業」的利益中，將「發揚國粹」列為第四條〔註 119〕。這樣的表述，正與他這一時期關注《東方雜誌》、讀 *History of Ancient Philosophy*（W. W. Benn 著）時，找到了符合「我先儒之旨」的喜悅相符〔註 120〕，也與他將「他日所辦之報」的「英文名當定為 Renaissance」，取其「國粹復光之義」的設想相應〔註 121〕，

〔註 117〕吳宓 1915 年 2 月 20 日日記，吳宓著、吳學昭整理注釋《吳宓日記》第 1 冊，前引書，第 408 頁。

〔註 118〕吳宓著、吳學昭整理注釋《吳宓日記》第 1 冊，前引書，第 410 頁。

〔註 119〕吳宓著、吳學昭整理注釋《吳宓日記》第 1 冊，前引書，第 508～509 頁。

〔註 120〕吳宓在 1915 年 5 月 18 日至 19 日的日記中說，讀完該書，「知希臘哲學，重德而輕利，樂道而忘憂，知命而無鬼。多合我先儒之旨，異近世西方學說，蓋不可以道里計矣。」見吳宓著、吳學昭整理注釋《吳宓日記》第 1 冊，前引書，第 440 頁。

〔註 121〕吳宓 1915 年 10 月 5 日日記，見吳宓著、吳學昭整理注釋《吳宓日記》第 1 冊，前引書，第 504 頁。

更與他這一時期對孔聖人的精神認同、參與孔誕會的舉動相吻合〔註 122〕。可見，辦一個溝通東西文化的雜誌，是吳宓的文化理想之所在，即便這一決定不爲多數人所理解，也在所不惜〔註 123〕。

1915 年冬開始，由黃華最初發起，湯用彤取名，吳宓爲主要會員的「天人學會」成立，其會員前後共三十餘人。該會之大旨爲：「除共事犧牲，益國益群而外，則欲融合新舊，擷精立極，造成一種學說，以影響社會，改良群治……」而其《天人學會會章》中所規定的第一條原則即是「行事必本乎道德」，所規定的宗旨中，「現時之宗旨」的第二條即「勵道德」，「終極之宗旨」的第一條即「造成淳美之風俗，使社會人人知尚氣節、廉恥」、第二條即「造成平正通實之學說、折衷新舊，發揮固有之文明，以學術、道理，運用凡百事項」〔註 124〕。所有的這些，都與後來《學衡》的主張存在相通處。

換言之，這段時間內吳宓辦雜誌的理想與其具體的文化主張，均與梅光迪、湯用彤、任鴻雋等人而非胡適、陳獨秀等人更接近。但細考《新青年》面世之後至 1915 年底的吳宓日記，並未見他對新文化運動主張的嚴厲批評。在 10 月 9 日的日記中，吳宓雖曾說過「我國舊以仁義爲根本道德，近乃有吐棄詬病之者」，說他們對仁義「妄肆詆毀」，但這批評，與對時人提倡自由平等，卻並不「眞解自由平等之義」的批評同時出現，而且這二者，都作爲「一種學說，必經若干次之動蕩變轉，始得成立」的例證而存在，故並不具有十足的火藥味。但從他對自由、平等的闡釋中，我們可以發現，此期的吳宓，走的依然是中西融彙的道路：「實則自由者，不以威力服人，仁之至也。平等者，即恕之道，義之至也。耶言博愛，佛言入地獄等等，即皆仁也。所謂道以一貫，萬變而不離其宗。然仁義與自由、平等，爲人生一日不可缺之糧，

〔註 122〕吳宓在 1915 年 3 月 3 日日記中記錄了其父親信中對孔聖人「悲天憫人，知其不可爲而爲之」的認同之語，並說「嗟乎，余敢不加勉哉？」；10 月 5 日日記中，吳宓說：「晚，赴慶祝孔誕會於食堂」，見吳宓著、吳學昭整理注釋《吳宓日記》第 1 冊，前引書，第 412、504 頁。

〔註 123〕當時的留學生大都選實業，在吳宓看來，「蓋爲歸來易得位置、金錢，而圖個人身家之舒服也，非爲他也」，所以吳宓選擇了雜誌一科之後，「諸友均不贊成，獨黃君力勖之。逆計家中父母，以及戚友中，如姑丈、君衍兄之類，亦皆以余之決定爲誤。曲曲心事，未必能作得到，亦未敢妄冀人知。惟期自勉，以望見許於他日可耳。」（見吳宓著、吳學昭整理注釋《吳宓日記》第 1 冊，前引書，第 511 頁）

〔註 124〕吳宓《空軒詩話》，呂效祖主編《吳宓詩及詩話》，陝西人民出版社，1992 年，第 210～211 頁。

則無可疑義。今之妄肆詆毀者，何未之思？或曰，彼以利祿權勢熏心，故不憚與自由、平等爲敵，並不憚與仁義爲敵。」〔註 125〕但無論如何，此期的吳宓，對於新文化運動，並無太大敵意。

1917 年，吳宓赴美留學，繼續思考中西文化問題。1918 年，正在四處尋找同道的梅光迪找到了他，前此獨自行進的兩條線索在此合流，他們成爲了好友。之後，吳宓對國內的新文化、新文學運動的看法開始變得稍微極端了一些。比如，1919 年 12 月 14 日，吳宓在日記中記載了陳寅恪給他談及的諸多觀點，在轉述陳之言論後，吳宓加了這樣一條按語：「今之盛倡白話文學者，其流毒甚大，而其實不值通人之一笑。明眼人一見，即知其謬鄙，無待喋喋辭闢，而中國舉世風靡。哀哉，吾民之無學也！此等事，在德、法、英各國文學史上，皆已過之陳迹，並非特異之事。」並舉了「數例」以證明之〔註 126〕。之後，吳宓的日記中多次出現了「倒行逆施」這個詞，對於新文學的攻擊，進一步成型。

1919 年 12 月 30 日日記中，吳宓論及對後來加入天人學會的會員的不滿：「宓等昔在清華，立天人學會，陳義甚高，取友甚嚴，希望甚大。初立之時，人少而極和洽，互爲莫逆……其初，取人嚴，而眾均無隔閡。及宓等出洋之後，稍形疏闊。介紹數人，均素未謀面，然均信其長厚，乃不知其中根本見解，竟有大不合者。如汪緝齋則在《新青年》《新潮》等報充編輯。如馮芝生則自謂初亦反對『新文學』，今則贊成而竭力鼓吹之。甚至碧柳，亦趨附『新文學』，而以宓等之不贊成『新文學』爲怪事。嗚呼，倒行逆施，竟至於此！」〔註 127〕可見，在吳宓眼裏，對「新文學」的贊成或曰他眼中的「趨附」，正是判斷他們不「長厚」的根本原因。並且，他在加注中說：「『新文學』之非是，不待詞說。一言以蔽之，曰：凡讀得幾本中國書者，皆不贊成。西文有深造者，亦不贊成。兼通中西學者，最不贊成。惟中西文之書，皆未多讀，不明世界實情，不顧國之興亡，而只喜自己放縱邀名者，則趨附『新文學』焉」。不僅如此，他還正面論及對「新文學」的否定看法：「夫『新文學』

〔註 125〕吳宓 1915 年 10 月 9 日日記，吳宓著、吳學昭整理注釋《吳宓日記》第 1 冊，前引書，第 510～511 頁。

〔註 126〕吳宓 1919 年 12 月 14 日日記，吳宓著、吳學昭整理注釋《吳宓日記》第 2 冊，生活·讀書·新知三聯書店，1998 年，第 105 頁。

〔註 127〕吳宓 1919 年 12 月 30 日日記，吳宓著、吳學昭整理注釋《吳宓日記》第 2 冊，前引書，第 114 頁。

者，亂國之文學也。其所主張，其所描摹，凡國之衰亡時，皆必有之……。『新文學』者，土匪文學也，……今中國之以土匪得志者多，故人人思爲土匪……若輩不讀中西書者，何足與辯？雖然，使不生而爲今日中國之國民，則此等事可不問也。」〔註128〕將「新文學」稱爲「亂國之文學」，「土匪文學」，並且指斥「若輩不讀中西書」，故而「何足與辯」，充滿了「兼通中西學者」的優越感。

1920年2月12日日記中，吳宓言及「又陳君寅恪來，談中國白話文學及全國教育會等事。倒行逆施，貽毒召亂，益用驚心。嗚呼，安得一生長住病院，洞天福地，不聞世事，不亦幸哉！」〔註129〕在得知張幼涵辭去《民心》報總編職務的原因後，對於張幼涵「勸宓等早歸，捐錢自辦一報，以樹風聲而遏橫流」的勸告，吳宓說「他年回國之日，必成此志。」並說：

> 此間習文學諸君，學深而品粹者，均莫不痛恨胡、陳之流毒禍世。張君鑫海謂羽翼未成，不可輕飛。他年學問成，同志集，定必與若輩鏖戰一番。蓋胡、陳之學說，本不值識者一笑。凡稍讀書者，均知其非。乃其勢炙手可熱，舉世風靡，至於如此，實屬怪異。然亦足見今日中國人心反常，諸凡破壞之情形。物必先腐，而後蟲生。經若輩此一番混鬧，中國一線生機，又爲斬削。前途紛亂，益不可收拾矣。嗚呼，始作俑者，其肉豈足食乎？〔註130〕

將前途紛亂之因歸於胡適、陳獨秀之學生，且「痛恨」地說「其肉豈足食乎」，這已經不是一般的憤慨所能形容的了。

對於胡適、陳獨秀提倡的內容，吳宓這段時間的日記中也多有指斥。比如，他說：「『白話文學』也，『寫實主義』也，『易卜生』也，『解放』也，以及種種牛鬼蛇神，怪象畢呈。糞穢瘡痂，視爲美味，易牙伎倆，更何所施？」〔註131〕對新文學倡導者認爲寫實主義與《金瓶梅》等不同的觀點，他認爲《金瓶梅》較之西洋的寫實主義還好一點，新文學倡導者們選取西方寫實主

〔註128〕吳宓1919年12月30日日記，吳宓著、吳學昭整理注釋《吳宓日記》第2冊，前引書，第114～115頁。

〔註129〕吳宓1920年2月12日日記，吳宓著、吳學昭整理注釋《吳宓日記》第2冊，前引書，第129頁。

〔註130〕吳宓1920年3月28日記，吳宓著、吳學昭整理注釋《吳宓日記》第2冊，前引書，第144頁。

〔註131〕吳宓1920年4月6日日記，吳宓著、吳學昭整理注釋《吳宓日記》第2冊，前引書，第148頁。

義做模範，乃是「取西洋之瘡痂狗糞，以進於中國之人」〔註 132〕，「專搜取傳染病菌，砒霜毒鴆，塞入其口若腹」〔註 133〕，是「有眼無珠，不能確查切視」之過，並且感喟道：「嗚呼，安得利劍，斬此妖魔，以撥雲霧而見天日耶！」〔註 134〕或者說「目今，滄海橫流，豺狼當道。胡適、陳獨秀之流，盤踞京都，勢焰熏天。」〔註 135〕將胡適、陳獨秀等新文化派指斥為「妖魔」、「豺狼」，希望得到「利劍」斬除這妖魔，滅掉豺狼等等，這讓我們想起陳獨秀所稱的「十八妖魔」，錢玄同所指斥的「桐城謬種」、「選學妖孽」。我們常常因陳、錢等的這種言論而指斥新文化運動者的激進傾向，但對比著吳宓的前述言論，我們又該做出何種判斷？

1921 年 7 月，吳宓從美國啓程歸國，在 8 月 3 日的日記中，他記載了關於《論新文化運動》的前前後後：

> 宓前在《留美學生季報》中，作《論新文化運動》一文。登出之後，有邱君昌渭者，留學西美學經濟，附從新文化者也，見之，遂作《答吳君宓》一文，嬉笑怒罵，指斥辯駁。沈卓寰為《季報》總編輯，舟中以邱君文示宓，必欲宓作文再答辯，以備同期中登出。宓初擬置之不顧，繼以卓寰之敦促，遂思索二日，然後以三日半之力，寫出之，蓋七月三十一日至八月三日也。題曰，《再論新文化運動，答邱君昌渭》約一萬言。成後，以示卓寰及裴君。宓所述巴師之天、人、物三界之說，卓寰以為不然。論久，無結果，宓亦覺疲苦甚矣。〔註 136〕

從此段日記我們可以看出，吳宓在歸國前，反對新文化運動的思想已經成熟，且已經寫成成型的文章，其《論新文化運動》極有可能就是後來發在《學衡》第 4 期上的《論新文化運動》，而《再論新文化運動，答邱君昌渭》中的「天、人、物三界之說」，正是他從其業師白璧德處學到的很重要的理論支撐，在他

〔註 132〕吳宓 1920 年 4 月 19 日日記，吳宓著、吳學昭整理注釋《吳宓日記》第 2 冊，前引書，第 152 頁。

〔註 133〕吳宓 1920 年 4 月 19 日日記，吳宓著、吳學昭整理注釋《吳宓日記》第 2 冊，前引書，第 154 頁。

〔註 134〕吳宓 1920 年 4 月 19 日日記，吳宓著、吳學昭整理注釋《吳宓日記》第 2 冊，前引書，第 152 頁。

〔註 135〕吳宓 1920 年 5 月 1 日日記，吳宓著、吳學昭整理注釋《吳宓日記》第 2 冊，前引書，第 161 頁。

〔註 136〕吳宓著、吳學昭整理注釋《吳宓日記》第 2 冊，前引書，第 224～225 頁。

的《論新文化運動》以及後來的《文學與人生》等中，均有體現。

到達上海後的吳宓，首先見到的是梅光迪，在聽說南京高師內部的曲折之後雖有怨言，但認爲「既已歸來，則只可竭力前進，不顧其他情形。」8月6日（到上海的次日），他拒絕了張幼涵等邀請他在滬辦《民心》報，堅持往南京任教席，選擇與梅光迪站在同一戰線上。而在8月7日的日記裏，他記下了與胡先驌相見時的情況：「胡光應君請宓在北四川路粵商大酒店吃飯……胡君勸宓多作文章，毋怯毋謙，多攻多駁，然後可望有所表見。攻擊新文化，雖多反對者，而贊成者亦不少。若皆沈默如梅君，則只讓彼碌碌者肆其簧鼓矣。」〔註137〕——吳宓、梅光迪、胡先驌三位「學衡」派的中堅力量在上海聚合了。由於前此三人各自反新文化運動的思想和言說理路已經成型，加之胡先驌爲駁斥胡適《嘗試集》所寫的長篇論文《評〈嘗試集〉》在全國都找不到一家刊物發表的命運，以及梅光迪先前已與中華書局達成的《學衡》出版契約〔註138〕，《學衡》在1922年1月面世，且將矛頭直指新文化派，正是必然的結局：梅光迪、吳宓、胡先驌多年來積聚的怒氣、怨氣，勢必要在這表面上客觀、中正的《學衡》上發泄出來，一場論爭自然不可避免。這場不可避免的論爭的發生，其實自有它發展的邏輯，從吳宓他們來看，《學衡》面世之日，正是他們多年來積蓄力量並在痛苦中艱辛等待的鏖戰之日〔註139〕。

〔註137〕吳宓1921年8月7日日記，吳宓著、吳學昭整理注釋《吳宓日記》第2冊，前引書，第229～230頁。

〔註138〕《吳宓自編年譜》中說：「《學衡》雜誌由梅光迪君發起，並主持籌辦。一年前，已與中華書局訂立契約，並已約定撰述員同志若干人」，在論及《學衡》第一次開會時提到了胡先驌的《評〈嘗試集〉》，他在注中說「《學衡》雜誌之發起，半因胡先驌此冊《評〈嘗試集〉》撰成後，歷投南北各日報及各文學雜誌，無一願爲刊登，或無一敢爲刊登者。此，事實也。」轉引自胡宗剛《胡先驌先生年譜長編》，江西教育出版社，2007年，第79、81頁。

〔註139〕張幼涵被迫辭去《民心》總編之後，吳宓在日記中說，「張君鑫海謂羽翼未成，不可輕飛。他年學問成，同志集，定必與若輩鏖戰一番。」（《吳宓日記》第2冊，前引書，第144頁）吳宓是深以爲是的。這段時間的日記中，他常常寫下思及國內「流毒」遍地就「憂從中來，不可斷絕」等辭彙，如吳宓1920年4月6日、4月19日、10月25～27日日記，1920年4月19日日記中，吳宓記下了他因爲感覺到國內胡適、陳獨秀等的混鬧，使得「一線生機已絕」，他感到「前途黑暗如彼，今生勞愁如此，吾生何樂？」並決定自殺，但未成功，結果他木然就寢。

（二）《學衡》與「估《學衡》」〔註 140〕

以文言作爲載體的《學衡》，具有濃厚的古典氣息，其所設的「通論」、「述學」、「文苑」、「雜俎」等欄目，多少讓人想到《庸言》、《國粹學報》等雜誌；其雜誌簡章中所言的「論究學術、闡求眞理，昌明國粹，融化新知。以中正之眼光，行批評之職事。無偏無黨，不激不隨」的宗旨，很明顯可以讓我們想起《新青年》出版以來就一直受到的偏激的指責，而其「體裁及辦法」中所言的「於國學則主以切實之工夫，爲精確之研究，然後整理而條析之，明其源流，著其旨要，以見吾國文化，有可與日月爭光之價値」、「於西學則主博極群書，深窺底奧，然後明白辨析，審愼取擇，庶使吾國學子，潛心研究，兼收並覽，不至道聽途說，呼號標榜，陷於一偏而昧於大體也」中對「國學」與「西學」的態度，正與杜亞泉、林紓等復古主義者的相通，而與《新青年》派的相反；第一期「通論」欄的《評提倡新文化者》（梅光迪）、《中國提倡社會主義之商榷》（蕭純錦），「書評」欄的《評〈嘗試集〉》（胡先驌）等文濃烈的火藥味，也讓我們領悟到，《學衡》作者們潛在的言說背景，正是新文化、新文學運動。

《學衡》對新文化、新文學的批判，在新文化派那裡當然會起反應。發表於《晨報副鐫》的《〈評嘗試集〉匡謬》〔註 141〕，就是較早對《學衡》派的攻擊進行有理有據的回應的文章。文章認爲，胡先驌「評新詩原本很好，只可惜他太聾盲吾國人了，隨意而言，很有幾個背（原文如此，引者注）謬的處所，不合於『學者之精神』」，隨後，從四個方面指出胡先驌攻擊胡適之文的不合「學者之精神」。這種反戈一擊的做法，對胡先驌立論的根本處加以攻擊，加以辯駁，但其具體措辭，卻是在溫和地講學理的。所以，魯迅先生在隨後發表的《估〈學衡〉》中，將他稱爲「拘迂的老先生」，因爲他「竟不知世故到這地步，還來同《學衡》諸公談學理」〔註 142〕。胡適則在式芬之文發表之日的日記中，寫下了他對《學衡》出版以及式芬之文的意見：「東南大學梅迪生等出的《學衡》，幾乎專是攻擊我的。出版之後，《中華新報》（上海）有贊成的論調，《時事新報》有謾罵的批評，多無價值。今天《晨報》有『式芬』的批評，頗有中肯的話，末段尤不錯。」並說，他在南京時，曾戲作一

〔註 140〕此處借用魯迅先生《估〈學衡〉》一文題目中，對《學衡》的評價之義。
〔註 141〕式芬《〈評嘗試集〉匡謬》，《晨報副鐫》1922 年 2 月 4 日。
〔註 142〕風聲（魯迅）《估〈學衡〉》，《晨報副鐫》1922 年 2 月 9 日。

首打油詩題《學衡》：

老梅說，

「《學衡》出來了，老胡怕不怕？」（迪生問叔永如此。）

老胡沒有看見什麼《學衡》，

只看見了一本《學罵》！〔註 143〕

可見，胡適對《學衡》的出版與自己乃至與新文學運動的關係，看得十分清楚，而他對《學衡》是「一本《學罵》」的認定，則告訴我們，《學衡》從一面世開始，就沒有做到他們宗旨中所言的「客觀」、「中正」，也並未體現出他們所謂的「學者之精神」。

《晨報副鐫》繼發表式芬的批評文章後，又於 2 月 9 日發表了魯迅那篇著名的《估〈學衡〉》。魯迅認爲，「夫所謂《學衡》者，據我看來，實不過聚在『聚寶之門』左近的幾個假古董所放的假毫光；雖然自稱爲『衡』，而本身的稱星尚且未曾釘好，更何論於他所衡的輕重的是非。」這個「稱星」、「未釘好」的表現，就是《學衡》創刊號上，《弁言》、《中國提倡社會主義之商榷》、《國學摭譚》、《論白鹿洞談虎》、《浙江采集植物遊記》等題目或者文章內容中存在的諸多詞句不通、文理荒謬之處。基於「文且未亨，理將安託」的邏輯，魯迅說，「諸公的說理，便沒有指正的必要」，因而，根本用不著像式芬那樣與《學衡》諸公談學理，而只需要「估一估就明白了」，這「估一估」的結果，就是「諸公掊擊新文化而張皇舊學問，儻不自相矛盾，倒也不失其爲一種主張。可惜的是於舊學並無門徑，並主張也還不配。儻使字句未通的人也算是國粹的知己，則國粹更爲慚惶煞人！『衡』了一頓，僅僅『衡』出了自己的銖兩來，於新文化無傷，於國粹也差得遠。」〔註 144〕和式芬攻擊《學衡》並無所謂的「學者之精神」不同，魯迅攻擊的是《學衡》派「昌明國粹」與其自身國學功底之弱之間的巨大裂痕，但這二者，實際上是共同有力地轟擊著《學衡》的辦刊宗旨以及其文化建設之根基。

另外有力的反批評來自胡適。和式芬、魯迅重在文化方面的回應不同，胡適的論辯思路是從評價《學衡》派人對其《嘗試集》的批駁意見入手，進

〔註 143〕胡適 1922 年 2 月 4 日日記，中國社科院近代史研究所中華民國史研究室編《胡適的日記》，中華書局香港分局，1985 年，第 258 頁。

〔註 144〕風聲（魯迅）《估〈學衡〉》，《晨報副鐫》1922 年 2 月 9 日。

而批駁「學衡」派。1922 年 3 月 10 日，胡適撰寫了《〈嘗試集〉四版自序》，回擊了胡先驌《評〈嘗試集〉》的攻擊；而在同年 3 月 3 日完稿的《五十年來中國之文學》一文中，胡適對《學衡》派作了異常深刻的批判。他說：「今年（1922）南京出了一種《學衡》雜誌，登出幾個留學生的反對論，也只能謾罵一場，說不出什麼理由來。」〔註 145〕並認爲，「《學衡》的議論，大概是反對文學革命的尾聲了。我可以大膽說，文學革命已過了討論的時期，反對黨已破產了。」〔註 146〕

胡適關於「反對黨已破產了」的預言，很明顯過於樂觀了。因爲「學衡」派與新文化派以《學衡》、《文學旬刊》、《晨報副鐫》、《民國日報・覺悟》和《時事新報・學燈》等爲陣地的論戰遠未結束：「學衡」派先後發表了《評今人提倡學術之方法》〔註 147〕、《論批評家之責任》〔註 148〕、《論新文化運動》〔註 149〕、《新文化運動之反應》〔註 150〕等文，而新文化陣營則發表了《評梅光迪之所評》〔註 151〕、《近代文明與近代文學》〔註 152〕和《駁反對白話詩者》〔註 153〕、《什麼話》〔註 154〕、《復辟派的反動》〔註 155〕、《思想界的傾向》〔註 156〕、《學術界應有的覺悟》〔註 157〕、《駁〈新文化運動之反應〉》〔註 158〕等文，與之針鋒相對。

〔註 145〕胡適《五十年來中國之文學》，沈寂編《胡適學術文集・新文學運動》，前引書，第 158 頁。

〔註 146〕胡適《五十年來中國之文學》，沈寂編《胡適學術文集・新文學運動》，前引書，第 159 頁。

〔註 147〕梅光迪《評今人提倡學術之方法》，《學衡》第 2 期，1922 年 2 月。

〔註 148〕胡先驌《論批評家之責任》，《學衡》第 3 期，1922 年 3 月。

〔註 149〕吳宓《論新文化運動》，《學衡》第 4 期，1922 年 4 月。

〔註 150〕吳宓《新文化運動之反應》，《中華新報》1922 年 10 月 10 日。

〔註 151〕郎損（沈雁冰）《評梅光迪之所評》，《文學旬刊》第 29 期，1922 年 2 月 21 日。

〔註 152〕郎損（沈雁冰）《近代文明與近代文學》，《文學旬刊》第 30 期，1922 年 3 月 1 日。

〔註 153〕郎損（沈雁冰）《駁反對白話詩者》，《文學旬刊》第 31 期，1922 年 3 月 11 日。

〔註 154〕C. P.《什麼話》，《文學旬刊》第 35 期，1922 年 4 月 21 日。

〔註 155〕玉《復辟派的反動》，《文學旬刊》第 35 期，1922 年 4 月 21 日。

〔註 156〕仲密（周作人）《思想界的傾向》，《晨報副鐫》，1922 年 4 月 23 日。

〔註 157〕盧於道《學術界應有的覺悟》，《時事新報・學燈》，1922 年 4 月 26 日。

〔註 158〕甫生《駁〈新文化運動之反應〉》，《時事新報・學燈》，1922 年 10 月 20 日。

（三）「新文化」與「真正新文化」之間

仔細考察這段時間兩派的論爭文字，可見其論爭涉及新文化與新文學兩個方面。對後者而言，又有新舊文學之爭以及具體的關於《嘗試集》的爭論，而對前者而言，則有諸多文字涉及到對「新文化」的理解問題，以及與此相關的對傳統、孔子的態度問題。此處重點論述前者。

「夫建設新文化之必要，孰不知之」〔註 159〕、「中國文化既已根本動搖」〔註 160〕的說法，分別出自「學衡」派的重要人物梅光迪和李思純筆下。從梅光迪、吳宓、湯用彤等人此期的文章可知，他們對中國文化已經衰微，急需建設新文化有著同樣的認知，但他們之所以對新文化派進行指責，是因爲他們認爲這批人沒有資格來擔當建設者，而這批人正建設的新文化並不符合他們的文化建設理想。

首先，對於眞正的新文化的建設者所應具備的素養，「學衡」諸公是有著明確的考慮的，而這個考慮的結果，很顯然與正從事新文化運動的新文化派所具備的素養不同。

「中國文化既已根本動搖，則決定前途之命運，惟在吾人身上，視吾人所以處置之者何如，而卜其休咎。苟吾人態度正確，處置得宜，則吸收新化而益臻發達。否則態度有誤，處置未妥，斯文化之末路遂至。後此縱中國尚有文化，而其文化已全部爲外來文化，舊有質素不可再見。」〔註 161〕李思純的這段話，顯露出他們對包括自身在內的文化建設者，在當時時代語境中角色的明確認識。正是基於此，他們才對當時正從事新文化運動的新文化派深表不滿。吳宓就認爲，當時「所謂新文化運動者焉，其持論則務爲詭激，專圖破壞」〔註 162〕。他們的粗淺謬誤，體現在兩點上，第一，「與古今東西聖賢之所教導，通人哲士之所述作，歷史之實迹，典章制度之精神，以及凡人之良知與常識，悉悖逆牴觸而不相合」。這一點論述，在柳詒徵的《論中國近世之病源》一文中得到了更詳盡的闡釋；第二，「其取材則惟選西洋晚近一家之思想，一派之文章，在西洋已視爲糟粕、爲毒酖者，舉以代表西洋文化之全體。」〔註 163〕對新文化派選用材料之偏，吳宓多有申說：

〔註 159〕梅光迪《評提倡新文化者》，《學衡》第 1 期，1922 年 1 月。
〔註 160〕李思純《論文化》，《學衡》第 22 期，1923 年 10 月。
〔註 161〕李思純《論文化》，《學衡》第 22 期，1923 年 10 月。
〔註 162〕吳宓《論新文化運動》，《學衡》第 4 期，1922 年 4 月。
〔註 163〕吳宓《論新文化運動》，《學衡》第 4 期，1922 年 4 月。

今新文化運動，其於西洋之文明之學問，殊未深究，但取一時一家之說，以相號召，故既不免外誤迷離，而尤不足當新之名也。〔註 164〕

蓋吾國言新學者，於西洋文明之精要，鮮有貫通而徹悟者。〔註 165〕

吾之所以不慊於新文化運動者，非以其新也，實以其所主張之道理，所輸入之材料，多屬一偏，而有害於中國之人。如言政治經濟則必馬克斯，言文學則必莫泊三、易卜生，言美術則必 Rodin 之類是也。……總之，吾之不慊於新文化運動者，以其實，非以其名也。〔註 166〕

湯用彤也指出：「時學淺隘，其故在對於學問猶未深造，即中外文化之材料，實未廣搜精求。舊學毀棄，固無論矣，即現在時髦之東西文化，均僅取一偏，失其大侔。」〔註 167〕

在梅光迪眼裏，「其言教育、哲理、文學、美術，號爲『新文化運動』者，甫一啓齒，而弊端叢生，惡果立現，爲有識者所垢病」。〔註 168〕「所謂提倡『新文化』者，猶以工於自飾，巧於語言奔走，頗爲幼稚與流俗之人所趨從」，故而梅光迪要「提其假面・窮其眞相，縷舉而條析之」，這眞相就是：提倡新文化者非思想家，乃詭辯家；非創造家，乃模倣家；非學問家，乃功名之士；非教育家，乃政客。他認爲，「今則以政客詭辯家與夫功名之士，創此大業，標襲喧攘，僥倖嘗試，乘國中思想學術之標準未立，受高等教育者無多之時，挾其僞歐化，以鼓起學力淺薄、血氣未定之少年」，「故提倡方始，衰象畢露」，並且預言「其完全失敗，早在識者洞鑒之中」，因爲「飄風不終朝，驟雨不終日，勢所必然，無足怪者」〔註 169〕。

吳宓則認爲，這派人，「其行文則妄事更張，自立體裁，非馬非牛，不中不西，使讀者不能領悟。」而在他們擴大自己影響的過程中，採用了「政客之手段，到處鼓吹宣佈，又握教育之權柄」〔註 170〕，這樣的人，很明顯不具備建設眞正的新文化的資格。

〔註 164〕吳宓《論新文化運動》，《學衡》第 4 期，1922 年 4 月。
〔註 165〕吳宓《論新文化運動》，《學衡》第 4 期，1922 年 4 月。
〔註 166〕吳宓《論新文化運動》，《學衡》第 4 期，1922 年 4 月。
〔註 167〕湯用彤《評近人之文化研究》，《學衡》第 12 期，1922 年 12 月。
〔註 168〕梅光迪《評提倡新文化者》，《學衡》第 1 期，1922 年 1 月。
〔註 169〕梅光迪《評提倡新文化者》，《學衡》第 1 期，1922 年 1 月。
〔註 170〕吳宓《論新文化運動》，《學衡》第 4 期，1922 年 4 月。

那麼，誰才能建設眞正的新文化呢？這新文化的建設者，是能夠打通中西的，具有中正之眼光，無偏無黨，不激不隨的，有著「學者之精神」的人，也就是說，唯有「學衡」諸公。「今欲造成眞正之新文化，而爲中國及世界之前途計，則宜補偏救正，不可忽也。」〔註 171〕吳宓說得明白，要造成眞正之新文化，必須有人來「補偏救正」，這「補偏救正」之人，無疑就是「爲中國及世界之前途」負責的人，是寫作《論新文化運動》的吳宓以及他的同道。類似的論述也出現在了梅光迪筆下。他在指出新文化派必然失敗之後，接著說：「然則眞正新文化之建設，果無望乎？曰：不然，余將不辭迂陋，略有芻蕘之獻。」很明顯，建設眞正之新文化的希望，就在「余」，以及「余」之同道。「學衡」諸公以融彙中西者自命，對建設眞正的新文化，有著充足的自信，而這建設者，當然非他們自身莫屬。

其次，在「新文化」的內涵上，「學衡」諸公體現出了與新文化派的諸多觀念上的差異。

第一，在他們看來，新文化的建設必須依靠西方文化，但這西方文化不是新文化派所引以爲據的「一偏」的文化，而是囊括了從古希臘至當下的西方文化的精華。對於他們認定的新文化派輸入西方文化時的「一偏」傾向，吳宓舉例說，「如言政治經濟則必馬克斯，言文學則必莫泊三、易卜生，言美術則必 Rodin 之類是也。……」〔註 172〕湯用彤則用「輸入歐化，亦卑之無甚高論」表達了自己的態度。因爲，新文化派「於哲理，則膜拜杜威、尼采之流；於戲劇，則擁戴易卜生、蕭伯訥諸家。以山額與達爾文同稱，以柏拉圖與馬克斯並論。羅素抵滬，歡迎者擬及孔子；杜威蒞晉，推尊者比之爲慈氏。……維新者以西人爲祖師，守舊者籍外族爲護符，不知文化之研究，乃眞理之討論。新舊殺然，意氣相逼。對於歐美，則同作木偶之崇拜，視政客之媚外，恐有過之無不及也。」〔註 173〕而這會引起「不知歐美實狀者，讀今日報章，必以爲沙士比亞已成絕響，而易卜生爲雅俗共賞；必以爲柏拉圖已成陳言，而柏格森則代表西化之轉機、蒸蒸日上」〔註 174〕等誤解。

在他們眼裏，眞正的新文化建設應當依靠的，是與中國固有文化一樣「源

〔註 171〕吳宓《論新文化運動》，《學衡》第 4 期，1922 年 4 月。
〔註 172〕吳宓《論新文化運動》，《學衡》第 4 期，1922 年 4 月。
〔註 173〕湯用彤《評近人之文化研究》，《學衡》第 12 期，1922 年 12 月。
〔註 174〕湯用彤《評近人之文化研究》，《學衡》第 12 期，1922 年 12 月。

遠流長」的「歐西文化」，由於「自希臘以迄今日，各國各時，皆有足備吾人采擇者」〔註 175〕，所以，在建設新文化時，「須先有徹底研究，加以至明確之評判，副以至精當之手續，合千百融貫中西之通儒大師，宣導國人，蔚爲風氣，則四五十年後，成效必有可睹也。」〔註 176〕吳宓採用 Matthew Arnold（馬修・阿諾德）的定義，認爲「文化」是「古今思想言論之最精美者也」，「按此，則今欲造成中國之新文化，自當兼取中西文明之精華，而熔鑄之，貫通之。……而西洋古今之學術德教，文藝典章，亦當研究之、吸取之、譯述之、瞭解而受用之。」〔註 177〕

第二，他們認爲，新文化的建設必須依靠中國固有的文化，在眞正的中西會通基礎上來建設新文化。梅光迪就認爲，中國不同於菲律賓、夏威夷之島民，美國之黑人，沒有自己的文化，故而可以選擇盡用他人文化以代之，「吾國數千年來，以地理關係，凡其鄰近，皆文化程度遠遜於我。故孤行創造，不求外助，以成此燦爛偉大之文化。先民之才智魄力，乃吾文化史上千載一時之遭遇，國人所當歡舞慶幸者也。然吾之文化既如此，必有可發揚光大，久遠不可磨滅者在」，所以，中國要建設新文化，應該在「改造固有文化」〔註 178〕的基礎上進行。吳宓對「以爲歐化盛則國粹亡」的國粹論者和「謂須先滅絕國粹而後始可輸入歐化」的「言新學者」的觀點均不贊同，他說：

> 苟虛心多讀書籍，深入幽探，則知西洋眞正之文化與吾國之國粹，實多互相發明，互相裨益之處，甚可兼蓄並收，相得益彰。誠能保存國粹，而又昌明歐化，融會貫通，則學藝文章，必多奇光異采，然此極不易致，其關係全在選擇之得當與否。西洋文化中，究以何者爲上材，此當以西洋古今博學名高者之定論爲準，不當依據一二市儈流氓之說，偏淺卑俗之論，盡反成例，自我作古也。然按之實事，則凡夙昔尊崇孔孟之道者，必肆力於柏拉圖、亞里士多德之哲理，已信服杜威之實驗主義者，則必謂墨獨優於諸子；其他有韻無韻之詩，益世害世之文，其取捨相關也類似此。凡讀西洋之名賢傑作者，則日見國粹之可愛。而於西洋文化，專取糟粕，採卑下一派

〔註 175〕梅光迪《評提倡新文化者》，《學衡》第 1 期，1922 年 1 月。
〔註 176〕梅光迪《評提倡新文化者》，《學衡》第 1 期，1922 年 1 月。
〔註 177〕吳宓《論新文化運動》，《學衡》第 4 期，1922 年 4 月。
〔註 178〕梅光迪《評提倡新文化者》，《學衡》第 1 期，1922 年 1 月。

之俗論者，則必反而痛攻中國之禮教典章文物矣。〔註 179〕

正是由於他們對中國固有傳統文化的重視，所以，「學衡」派對新文化派抨擊傳統文化、倫理道德、孔子的行爲進行了否定。

吳宓將「人立身行事，及其存心」分爲三級：天界、人界、物界。而「統觀新文化運動之所主張，及其輸入材料，似不無蔑棄宗教、道德，而以第三級之物界爲立足點之病。」〔註 180〕就在同一篇文章中，吳宓這樣論述道：

中國之文化以孔教爲中樞，以佛教爲輔翼。西洋之文化，以希臘羅馬之文章哲理與耶教融合孕育而成。今欲造成新文化，則當先通知舊有之文化，蓋以文化乃源遠流長，逐漸醞釀，孳乳煦育而成，非無因而遂至者。亦非搖幟吶喊，揠苗助長而可致者也。今既須通知舊有之文化矣，則當於以上所言之四者，孔教、佛教、希臘羅馬之文章哲學及耶教之眞義，首當著重研究，方爲正道。若不讀李杜之詩，何以言中國之文學，不知 Scholasticism，何能解歐洲之中世。他皆類此。乃事之在不幸者，今新文化運動，於中西文化所必當推爲精華者，皆排斥而輕鄙之，但一派一家之說，一時一類之文，以風靡一世，教導全國，不能自解，但以新稱，此外則加以陳舊二字，一筆抹殺。此吾不敢謂主持此運動者立意爲是。然觀年來國內學子思想言論之趨勢，則是其事實之影響，確是如此。此於造成新文化，融合東西文明之本旨，實南轅而北轍。吾故不敢默然，惡莠恐其亂苗也，惡紫恐其奪朱也。〔註 181〕

所以，「學衡」派主張應該對風俗、制度、儀節等進行改良，而對宗教、道德之本體，應保持並且使之發揚廣大。「然決不可以風俗、制度、儀節有當改良者，而遂於宗教、道德之本體，攻擊之、屛（原文如此，引者注）棄之，蓋如是，則世界滅而人道熄矣。竊觀吾國近年少年學子之言論，多犯此病。新文化運動不惟不圖救正之，且推波助瀾，引導獎勵之焉。」〔註 182〕「彼以一事而攻擊宗教道德之全體，以一時形式之末而鏟絕萬古精神之源，實屬誣罔不察之極。」〔註 183〕

〔註 179〕吳宓《論新文化運動》，《學衡》第 4 期，1922 年 4 月。
〔註 180〕吳宓《論新文化運動》，《學衡》第 4 期，1922 年 4 月。
〔註 181〕吳宓《論新文化運動》，《學衡》第 4 期，1922 年 4 月。
〔註 182〕吳宓《論新文化運動》，《學衡》第 4 期，1922 年 4 月。
〔註 183〕吳宓《論新文化運動》，《學衡》第 4 期，1922 年 4 月。

梅光迪對新文化派的破壞舉措及國人趨從的心理進行了如下分析：「國人又經喪權失地之餘，加以改革家之鼓吹，對於本國一切，頓生輕忽厭惡之心，故詆毀吾國固有一切，乃最時髦舉動，爲弋名邀利之捷徑。吾非言純粹保守之必要也，然對於固有一切，當以至精審之眼光，爲最持平之取捨，此乃萬無可易之理。而今則肆行鼓懷，以投時俗喜新惡舊之習尙，宜其收鼓易而成功速也。」〔註 184〕

李思純將文化分爲生、住、異、滅四個階段，「今中國之文化，『生』於唐虞三代，『住』於秦漢，『略異』於唐宋元明，而『大異』於晚清以迄今日。」而清末民初的「大異」，在他看來，正是「新舊思想之衝突」。「此衝突蓋中國文化估定價値之關頭，亦即中國文化之生死關頭。吾國人將於此決定吾國採取歐化之程準，決定吾國保持舊化之程準，決定吾國文化在世界文化中之地位，其時代上之責任，豈不重乎！」〔註 185〕爲此，他對試圖對中國文化實行番達主義的過激派提出了「當先能精確估定舊文化爲毫無價値」的要求，他說：「若十九世紀個人主義之道德，是否爲中國道德倫紀之番達主義；白話文與無格律音節之詩，是否爲舊文藝之番達主義；注音字母、拼音文字或世界語，是否爲漢文漢字之番達主義？如此問題，吾固無成見以爲之左右袒。吾所冀者，果舊文化經吾人『精確』估定價値，而確無可取，則拉雜摧燒以殉番達主義可也。若雖曾一度估定價値而未能『精確』估定，則於判決死刑之先，研求證據，律師勘讞，終不可少，是則今日國人之務也。」〔註 186〕這實際上是對新文化、新文學運動倡導者的提醒。

邵祖平對新道德的生成，設想的路徑是「中國舊道德之主義，固不應有抨擊，而必採取西邦重譯而至之新道德也。」對於解放女子、男女社交公開、女子貞潔、婚制問題，邵祖平均表示認同，但認爲當時的倡導言論中有些過激之處。對於五倫，他說「至今日而廢其君臣一倫，君臣之關係既廢，然忠不以之而廢也。」〔註 187〕對於非孝，他說古人已有非孝之議，等等，從其較爲詳細的論述中，我們能看出他的調和思想來。

値得重視的是柳詒徵的《論中國近世之病源》一文。這篇文章駁斥了新文化派用以批駁孔子的最重要的論據，那就是，孔子乃爲中國近世之病源所

〔註 184〕梅光迪《評今人提倡學術之方法》，《學衡》第 2 期，1922 年 2 月。

〔註 185〕李思純《論文化》，《學衡》第 22 期，1923 年 10 月。

〔註 186〕李思純《論文化》，《學衡》第 22 期，1923 年 10 月。

〔註 187〕邵祖平《論新舊道德與文藝》，《學衡》第 7 期，1922 年 7 月。

在。從這個意義上，該文可謂對新文化派「打孔家店」言論的一次直接批駁，其批駁的文章的來源，正是新文化派的核心陣地《新青年》〔註 188〕。

「今人論中國近世腐敗之病源，多歸咎於孔子，其說始於日本人，而吾國之好持新論者，益揚其波。某雜誌中歸獄孔子反覆論辯者，殆不下數萬言。青年學者，中其說之毒，遂誤以反對孔子爲革新中國之要圖，一若焚經籍，毀孔廟，則中國可以勃然興起，與列強並驅爭先者。」而他駁斥這種觀點的立足點在於，孔教在中國數千年的歷史上並未能完全實行，以之作爲「中國惟一之病源，對症下藥，毫不用其審愼也。」〔註 189〕故而，他對將孔子稱爲盜丘，謂其流毒不減於洪水猛獸，「凡可以致怨毒於孔子之詞，無所不用其極」的做法表示異議，甘願爲孔子當一個辯護士。接著，柳詒徵對反孔論者的幾大言論進行了批駁。他認爲，孔子尊君，演成了獨夫專制之弊；孔子造就了科舉之毒；近世屢次變遷，其根源在孔子等等論述，均與孔子無關。「歸納言之，中國近世之病根，在滿清之旗人，在鴉片之病夫，在汙穢之官吏，在無賴之軍人，在託名革命之盜賊，在附會民治之名流政客，以迨地痞流氓，而此諸人固皆不奉孔子之教。吾因此知論者所持以爲最近結果之總因者，乃正得其反面。蓋中國最大之病根，非奉行孔子之教，實在不行孔子之教。」因爲「孔子教人以仁，而中國大多數之人皆不仁。不仁者，非必如袁世凱、陸建章、陳宧湯、薌銘，殺人如草芥，而後謂之不仁也。凡現全國人民利害休戚漠然不動其心、而惟私利私便是圖者，皆麻木不仁者也」，「孔子教人以義」，「孔子之教尚誠」，「孔子之教尚恕」，「孔子之教尚學」，然而，國人不學其義、不尚誠、不尚恕、不尚學，而這才導致了近世之病象的出現。「總之，孔子之教，教人爲人者也。今人不知所以爲人，但知謀利，故無所謂孔子教徒。縱有亦不過最少數之書呆子，於過去及現在國家社會之腐敗，絕無關係。論者不察此點，誤以少數書呆子，概全國人，至以孔子爲洪水猛獸，殊屬文不對題。今人不但官吏軍人盜賊無賴，腦筋中絕無孔子之教。即老舊之讀書人，

〔註 188〕值得注意的是，文中引用到了《新青年》上發表的諸多文章，但其正文和注釋中，均以「某雜誌」代替之。這與梅光迪論述中將新文化派稱爲「彼等」而不直呼其名，處理方式相同。這正可以說明這兩派在當時的緊張關係。另外，注釋中，他並不能準確引用那些文章的內容，甚至篇名。如他注釋中的「某雜誌《家族制度爲專制主義之根據》」，題目名就少了一個「論」字。

〔註 189〕柳詒徵《論中國近世之病源》，《學衡》第 3 期，1922 年 3 月。

講訓詁，講考據，講詞章金石目錄，號爲國學國粹者，余亦未敢遽下斷語曰；是皆深知孔子之教，篤信而實行之者。蓋孔教之變遷失眞，亦已久矣。責孔子者，以綱常孝弟爲孔子誤人之罪狀。不知今人何嘗講綱常，講孝弟，不必待諸君提倡非孝而然後也。」進而，他議論道，要使人成爲人，「講明爲人之道，莫孔子之教若矣。」「今人所講之新道德，絕對與今日腐敗人物所行所爲不相容，而絕對與孔子所言所行相通，所爭者在行與否耳。言之而不行，孔子一招牌也，德摸克拉西一招牌也，以新招牌易舊招牌，依然不成人也；言之而行之，雖不用孔子教，吾必曰是固用孔子之教也。」〔註 190〕

柳詒徵爲孔子所做的辯護，充分表明了此派對中國包括孔子在內的傳統的維護態度。事實上，在《中國文化史》中，柳詒徵對孔子的正面評價非常高：「孔子者，中國文化之中心也。無孔子則無中國文化。自孔子以前數千年之文化，賴孔子而傳；自孔子以後數千年之文化，賴孔子而開。即使自今以後，吾國國民同化於世界各國之新文化，然過去時代之與孔子之關係，要爲歷史上不可磨滅之事實。」〔註 191〕繆鳳林則說「中國文化惟一無二之代表，實爲孔子」〔註 192〕，「孔孟之人本主義，原係吾國道德學術之根本」〔註 193〕，「人類之需要禮教，需有規矩，猶航海者之需舵楫。登山者之需繩仗，寒冬之需裘，沙漠之需水。禮教規矩之造福人類，明眼人皆能見之，且深信之。彼肆行攻詆者，吾徒見其可憐可悲耳。」〔註 194〕

必須指出的是，「學衡」派雖較之新文化派更珍惜傳統，試圖謀求傳統的創造性轉化，但是，「學衡」派與國粹學派、林紓等復古主義者或者孔教會對傳統的態度，有著鮮明的差異。吳宓等人，秉承融彙中西的宗旨，是要將「原係吾國道德學術之根本」的「孔孟之人本主義」，取來「以與柏拉圖、亞力士多德以下之學說相比較，融會貫通，擷精取粹，再加以西洋歷代名儒巨子之所論述，熔鑄一爐，以爲吾國新社會群治之基」的。「如是，則國粹不失，歐化亦成，所謂造成新文化，融合東西兩大文明之奇功，或可企致。」〔註 195〕

〔註 190〕柳詒徵《論中國近世之病源》，《學衡》第 3 期，1922 年 3 月。

〔註 191〕柳詒徵《中國文化史》（上卷），中國大百科全書出版社，1988 年，第 231 頁。

〔註 192〕繆鳳林《中國人之佛教耶教觀》，《學衡》第 21 期，1923 年 9 月。

〔註 193〕吳宓《論新文化運動》，《學衡》第 4 期，1922 年 4 月。

〔註 194〕〔美〕吉羅夫人撰，吳宓譯《論循規蹈矩之益與縱性任情之害》，《學衡》第 38 期。此爲吳宓按語之一句。

〔註 195〕吳宓《論新文化運動》，《學衡》第 4 期，1922 年 4 月。

這與「中國及西洋之禮教之菁華，皆當一體保存」〔註 196〕說的正是一件事情的兩面。事實上，在吳宓那裡，孔教歷來都是與耶教、釋迦等具有同等地位的，在他題名《文學與人生》的講稿中，中國孔子、印度佛陀、蘇格拉底以及耶穌猶太四者各居一個象徵人類古代文化精華的四邊形的四角，這說明，在吳宓眼裏，「這四大宗傳猶如四根支柱撐起世界文明大廈。中國的孔子學說是這一大廈不可缺少的支柱，而離開其他支柱它又無力獨撐。」〔註 197〕這與他眼中的「聖道」、「聖人」的內涵密切相關：「夫聖道者，聖人之道也，譯言 the truth that is taught by the sages，出類拔萃之人 Ideal man，謂之聖人。故不特孔子之道爲聖道，而耶穌、釋迦、柏拉圖、亞里士多德等之所教，皆聖道也。自其根本觀之，聖道一也。苟有維持之者，則於以上諸聖之道，皆一體維持之矣，固不必存中西門戶之見也。」〔註 198〕

不僅如此，「學衡」諸公的留美體驗，和他們對西方文化較爲系統的研讀，使他們獲得了觀照中國傳統文化的別樣眼光，故而，他們對傳統文化的態度，更值得深思。如果我們將他們視爲普通的復古主義者，那實在沒有讀懂他們。比如，吳宓就曾經發出如是感慨：

> 世之譽宓毀宓者，恒指宓爲儒教孔子之徒，以維護中國舊禮教爲職志，不知宓所資感發和奮鬥之力量，實來自西方。質言之，宓愛讀柏拉圖語錄及新約聖經，宓看明（一）希臘哲學（二）基督教，爲西洋文化之二大源泉，及西洋一切理想事業之原動力，而宓親受教於白璧德師及穆爾先生，亦可云宓曾間接承繼西洋之道統，而吸收其中心精神。宓持此所得之區區以歸，故更能瞭解中國文化之優點與孔子之崇高中正。〔註 199〕

西方文化在這裡成了啓動或者整合中國文化與孔子資源的動力，使得吳宓等人重新發現了中國文化與孔子的意義所在，並將之作爲建設新文化的重要力量，納入新的文化理想之中。

其實，吳宓等人在對中國文化與孔子的觀照中，也已經由於西方文化的

〔註 196〕〔美〕吉羅夫人撰，吳宓譯《論循規蹈矩之益與縱性任情之害》，《學衡》第 38 期。此爲吳宓按語之一句。

〔註 197〕徐葆耕《吳宓的文化個性及其歷史命運》，前引書，第 147 頁。

〔註 198〕吳宓《論新文化運動》，《學衡》第 4 期，1922 年 4 月。

〔註 199〕《吳宓詩集》卷末，第 162 頁。轉引自徐葆耕《吳宓的文化個性及其歷史命運》，前引書，第 149～150 頁。

滲入而悄悄發生了改變，儘管有時這種改變並不爲他們所意識到。這種對中國文化與孔子學術進行篩選的現象，已經被研究吳宓的學者注意到，徐葆耕的研究更指出了其特點所在：「涉及到對孔儒學說的篩選時，他頑強地保持口頭上的緘默而在實際上悄悄進行。例如，作爲中國儒學之核心的『三綱』（君爲臣綱，父爲子綱，夫爲妻綱）在吳宓的『世界大文化』體系中就沒有位置，而且可以用吳宓全部撰述證明他的思想是同『三綱』相悖的，但他卻絕不公開討伐『三綱』。」〔註 200〕可以說，「經過吳宓篩選和創造性轉化了的孔儒學說注進了西方血液從而顯露出了新的生機」〔註 201〕。當然，也使得吳宓等人的孔儒學說因此而與其他文化保守主義者的區別開來。

二、重估「學衡」派的「新文化」

在《論「學衡派」與五四新文學運動》一文中，李怡先生在謹嚴的邏輯分析之後，曾經指出了「學衡」派之於五四新文學運動的重要意義：「就新文學而言，他們（指『學衡』派，引者注）的價值就在於將中國文學的建設引入到了一個相當宏闊的世界文學的背景之上，而他們所描述的世界文學的景觀又正好可以和『五四新文化派』相互補充；此外，他們也在如何更規範地研討作爲『學術』的文學問題方面，進行了有益的嘗試，而這種嘗試的確爲一些忙於文學創作的新文化人所暫時忽略了——在所有這些更具有『學術』性而不是具有『藝術』性的研究工作中，『學衡派』的價值無疑是巨大的」。〔註 202〕這是他將「學衡」派與「五四新文化派」共稱爲中國現代知識份子的重要原因。我們知道，「學衡」派與新文化派的論爭，不僅僅關涉著新文學的內涵及其語言形式等問題，也關涉著新文化的內涵及如何建設、由誰來引領國人建設的問題。

從前面所述我們已經可以看出，在「學衡」諸公眼裏，新文化派在文化建設方面最重要的缺失，就在於一方面將近世之病源歸咎於孔子，全面摒棄中國傳統文化，另一方面，在歐化時採用材料不當，「專取糟粕，採卑下一派之俗論」〔註 203〕。也就是說，「彼等」正進行的新文化運動，「於中西文化所

〔註 200〕徐葆耕《吳宓的文化個性及其歷史命運》，前引書，第 150 頁。

〔註 201〕徐葆耕《吳宓的文化個性及其歷史命運》，前引書，第 152 頁。

〔註 202〕李怡《論「學衡派」與五四新文學運動》，《中國社會科學》1998 年第 6 期，第 164 頁。

〔註 203〕吳宓《論新文化運動》，《學衡》第 4 期，1922 年 4 月。

必當推爲精華者」——孔教以及西方古希臘以降的文化——「皆排斥而輕鄙之」〔註 204〕，在既失去了中國的文化根基，所取來用以建設新文化大廈的材料又失當的情況下，建設新文化幾乎不可能。由此，他們提出自己一派在採擷中西文化之精華方面的學識優勢，將建設「眞正新文化」的重擔放在自我一派身上。

但問題在於，第一，新文化派對中國傳統文化是否全然、決絕地摒棄？第二，近世之病源眞的與孔子全然無關嗎？第三，新文化派在歐化時所選取的材料是否失當？學衡派所選取的白璧德的人文主義又是否失當？這應當是我們重評「學衡」派的「新文化」時需要回答的幾個問題。

首先，新文化派對中國傳統文化是否全然、決絕地摒棄？對這一問題，學界已有不少論文、論著涉及到，並作出了有力的回答。這些回答大致體現了兩種思路。第一種基於「傳統」概念本身的複雜性。從這種複雜性出發，論者們發現，新文化先驅們是從大傳統中汲取一部分資源，以反對另一部分不適合當時時勢的傳統。這從理論上可以成立。從事實上看，吳虞、易白沙等正是以墨家、法家等反儒家專制；胡適對白話文的提倡，一方面攻擊被目爲正統的那一部分，而用以反抗這種正統的資源，卻同樣來自傳統中、長期以來被遮蔽的那一部分；陳獨秀的《文學革命論》和胡適的《文學改良芻議》中要革掉、推翻的傳統，則是造成近世文學之弊的傳統，而非整個傳統……嚴家炎先生曾經指出，所謂的全盤反傳統論在三個層面上都存在著問題：「第一，這種說法把儒家這百家中的一家當作了中國傳統文化的全盤」；「第二，這種說法把『三綱』爲核心的倫理道德當作了儒家學說的全盤」；「第三，這種說法忽視了即使在儒家文化中，原本就有的非主流的『異端』成分存在」〔註 205〕，正是從傳統的豐富與複雜性角度得出的論斷。第二種思路則基於新文化運動時期的特殊時勢。論者們發現了吳虞、李大釗、陳獨秀等表示自己尊重孔子、認可孔子固有的價值，卻不得不反孔，而這是「勢也」的相關表述，作爲重要支撐。這是可以成立的。筆者此處提醒一點的是，研究孔學與當時的「打孔家店」言論其實並不矛盾，事實上，正是因爲「打孔家店」運動，才使得思想解放，一切價值都得以重估，在一定意義上導致了孔

〔註 204〕吳宓《論新文化運動》，《學衡》第 4 期，1922 年 4 月。

〔註 205〕嚴家炎《「五四」「全盤反傳統」問題之考辨》，《文藝研究》2007 年第 3 期，第 7 頁。

學研究在 20 世紀的眞正繁榮。所以，新文化派並沒有全然、決絕地摒棄中國傳統文化，「學衡」諸公當年衹是看到孔子的地位被搖動，就從維護孔子、孔教的角度出發，批駁新文化派。其實，從主觀上看，新文化派對中國傳統文化沒有全然、決絕地摒棄，而從客觀上來看，也不可能。

其次，關於近世之病源與孔子的關係問題。以柳詒徵爲代表的「學衡」派人認爲，近世腐敗之病源與孔子無關，不僅無關，而且這病源恰恰在於近世之人，「在滿清之旗人，在鴉片之病夫，在汙穢之官吏，在無賴之軍人，在託名革命之盜賊，在附會民治之名流政客，以迨地痞流氓」，而「此諸人固皆不奉孔子之教」〔註 206〕，因爲他們不學孔子之義，不像孔子所教的那樣尙誠、尙恕、尙學。如果他們能成爲眞正的孔教徒，那麼，也許就沒有過去以及現在的諸多亂象了。

筆者以爲，柳詒徵發現了中國近世腐敗之病源之標，但未發現其本，因爲這些他所謂的「病源」，其實正是高高舉起孔子之旗的。孔子之於他們，正是可資利用的敲門磚。魯迅曾經說過，孔夫子在中國的不遇，「並不是始於二十世紀的」，他「活著的時候卻是頗吃苦頭的」，〔註 207〕到死了以後，「運氣比較的好一點。因爲他不會嚕蘇了，種種的權勢者便用種種的白粉給他來化妝，一直擡到嚇人的高度。」〔註 208〕而這些權勢者之所以這麼做，「懷著別樣的目的」，即以之來做敲門的磚頭。並且，魯迅指出了孔夫子在二十世紀以來的命運及其原因：

> 從二十世紀的開始以來，孔夫子的運氣是很壞的，但到袁世凱時代，卻又被從新記得，不但恢復了祭典，還新做了古怪的祭服，使奉祀的人們穿起來。跟著這事而出現的便是帝制。〔註 209〕

緊跟著袁世凱之後，北洋軍閥也試圖「用它來敲過另外的幸福之門」，如孫傳芳、張宗昌之流，然而「幸福之門，卻仍然對誰也沒有開。」〔註 210〕換句

〔註 206〕柳詒徵《論中國近世之病源》，《學衡》第 3 期，1922 年 3 月。

〔註 207〕魯迅《在現代中國的孔夫子》，《魯迅全集》第 6 卷，人民文學出版社，2005 年，第 326 頁。

〔註 208〕魯迅《在現代中國的孔夫子》，《魯迅全集》第 6 卷，人民文學出版社，2005 年，第 327 頁。

〔註 209〕魯迅《在現代中國的孔夫子》，《魯迅全集》第 6 卷，人民文學出版社，2005 年，第 328 頁。

〔註 210〕魯迅《在現代中國的孔夫子》，《魯迅全集》第 6 卷，人民文學出版社，2005 年，第 328 頁。

話說，僅就 20 世紀的亂象來說，孔夫子不僅與之有關，而且這關聯還非常密切。

正是基於對尊孔與復辟、專制之關係的認知，魯迅、錢玄同、陳獨秀、胡適、周作人等新文化者才決意反孔非儒。他們「打孔家店」的言論，很大一部分原因，就來自那些尊孔者的刺激，是他們在當時時勢下的一種應對。這從本論文第二章關於陳獨秀、吳虞等人的反孔言論也可以看出。

此外，從新文化先驅們批孔開始，就一直有眞孔子與假孔子之辨。常乃悳在看到陳獨秀駁康南海一書之後，就對「孔教」是「指漢宋儒者以及今之號爲孔教孔道諸會所依傍之孔教」還是「眞正孔子之教」進行了分情況論析，並且認爲，眞正的孔子之教，正是被李斯、叔孫通、劉歆、韓愈等人破壞的〔註 211〕。對此，陳獨秀說：「鄙意以爲佛、耶二教，後師所說，雖與原始教主不必盡同，且較爲完美繁瑣。而根本教義，則與原始教主之說不殊。……後之繼者，決非嚮壁虛造，自無而之有。孔子之道，亦復如是。」〔註 212〕所以，他不同意常乃悳所言漢、宋僞儒敗壞孔教之說。

> 愚今所欲問者，漢唐以來諸儒，何以不依傍道、法、楊、墨，人亦不以道、法、楊、墨稱之？何以獨與孔子爲緣而復敗壞之也？〔註 213〕

陳獨秀的這段話，在胡適看來，正是「最明顯」的「道理」：

> 何以那種種吃人的禮教制度都不掛別的招牌，偏愛掛孔老先生的招牌呢？正因爲二千年來吃人的禮教法制都掛著孔丘的招牌，故這塊孔丘的招牌——無論是老店，是冒牌——不能不拿下來，搥碎，燒去！〔註 214〕

所以，對於分眞假孔子的做法，胡適以爲都是「躲避的法子」，而其言論，乃爲「遁辭」〔註 215〕，故而，對孔子、孔教的批判是應當的，不管這店是老店還是冒牌。驗之當時時勢，冒牌的孔家店卻正多。「打孔家店」遂成爲當然的選擇。

最後，新文化派在歐化時所選取的材料是否失當的問題。

新文化派和「學衡」派所汲取的用以建設中國新文化的西方資源，存在

〔註 211〕常乃悳致陳獨秀，《新青年》2 卷 4 號，1916 年 12 月 1 日。
〔註 212〕陳獨秀答常乃悳，《新青年》2 卷 4 號，1916 年 12 月 1 日。
〔註 213〕陳獨秀答常乃悳，《新青年》2 卷 4 號，1916 年 12 月 1 日。
〔註 214〕胡適《〈吳虞文錄〉序》，吳虞《吳虞文錄》，亞東圖書館，1921 年。
〔註 215〕胡適《〈吳虞文錄〉序》，吳虞《吳虞文錄》，亞東圖書館，1921 年。

巨大的差異。在「學衡」派看來，新文化派對寫實主義、浪漫主義、易卜生等的提倡，均是將瘡痂、傳染病菌、砒霜毒鴆等塞入「病入膏肓之人」之口、之腹的行徑，「不欲速死，可得乎？」〔註 216〕站在我們今天的立場上，我們可以發現，寫實主義、浪漫主義、易卜生等並不能代表西方文化，吳宓等「學衡」派人的指責是準確的，而他們意識到應以整個優秀的西方文化爲依託，作爲建設中國新文化的重要一翼，這也無疑是目光高遠的，但誠如中國文化非常龐雜一樣，西方文化又何嘗不是一個非常龐雜的系統？而驗之於「學衡」諸公的著述，我們可以發現，其實他們所著力提倡的、用以建設新文化的西方資源，也並不是整個的西方文化，而是以梅光迪、吳宓等的業師白璧德所主張的新人文主義爲中心的，同樣「一偏」的西方文化。那麼，當我們承認「學衡」派指斥新文化派的西方資源過於「一偏」存在合理性時，「學衡」派本身的文化建設之基礎是否也應該一併被理性地加以打量呢？

有人說，「《學衡》也批評那種只選擇西方一家之言，以偏概全的做法，但他們自己也多只推崇白璧德和少數幾人。也許對於其他學派，他們還沒有更多的精力去顧及。」〔註 217〕筆者以爲，也許這個中原因，不是有沒有更多精力去顧及的問題，而是在吳宓、梅光迪、胡先驌等人看來，白璧德的新人文主義思想正是可以斬胡適、陳獨秀等「妖魔」的「利劍」〔註 218〕，在他們看來，僅此，也就夠了。

其實深究起來，「學衡」派人選擇新人文主義，正是他們固有的文化意識規範了他們的文化采擇的表現。

> 他們三人（指吳宓、梅光迪、胡先驌，引者注）皆出身於傳統士大夫的書香門第，自幼即深受傳統文化的熏陶。梅、胡二人早歲曾應童子試，得有秀才功名，後又相率加入「南社」，與國內舊文人保持密切聯繫，胡先驌更曾奉林紓爲師。吳宓則篤於儒家倫理，以終身依皈「儒教」自矢，並奉國學保存會人黃節爲師。〔註 219〕

〔註 216〕吳宓 1920 年 4 月 19 日日記，吳宓著、吳學昭整理注釋《吳宓日記》第 2 冊，前引書，第 154 頁。

〔註 217〕蘇桂寧《〈學衡〉的文化立場——關於 20 世紀初中國文化選擇的一種考察》，《文藝理論研究》2006 年第 1 期，第 87 頁。

〔註 218〕吳宓 1920 年 4 月 19 日日記，吳宓著、吳學昭整理注釋《吳宓日記》第 2 冊，前引書，第 152 頁。

〔註 219〕沈松僑《學衡派與五四時期的反新文化運動》，前引書，第 82 頁。

由此，我們才能理解胡先驌的這段話：「迪生至哈佛爲白璧德弟子，深悉歐西之人文主義與孔子之學說不謀而合，自信益堅，歸國後即以提倡人文主義爲己任」〔註 220〕，才能理解梅光迪「深受盧騷（Rousseau）學說影響，卻又始終感到『惶惑與不安』，終於棄之而去，改宗白璧德（Irving Babbit）的人文主義」〔註 221〕的思想轉變，也才能理解吳宓爲什麼在讀 *History of Ancient Philosophy* 之後，寫下的日記中卻有這樣的文字：「知希臘哲學，重德而輕利，樂道而忘憂，知命而無鬼。多合我先儒之旨」〔註 222〕……

可以說，正是吳宓等人的傳統文化背景，導致了他們選擇何種西方文化資源來建設中國的新文化。也就是說，他們對孔子、孔教本就尊崇，對其被攻擊的命運感到憂慮，但又知道「新文化」的建設刻不容緩，所以，他們的策略就是尋找資源來重新評價孔子和孔教，而白璧德在對一戰的反思中對孔子資源的藉重，讓他們感覺找到了知音，於是，他們成爲新人文主義的信徒，並以之攻擊新文化運動倡導者們的文化主張。

故而，「學衡」派人貌似有理的指責，其實並不客觀、中正。對於他們在當時進行文化建設的努力，我們當然可以肯定，但誠如一位學者所指出的，「如果按照學衡諸公的意見，僅僅止於著重研究，僅僅止於闡求眞理，即使他們的新文化建設的構想眞的能夠避免和匡正五四新文化運動所出現的偏頗與弊端，恐怕現在的我們也還在封建禮教思想的鐵屋子裏沈沈酣睡，說些『存天理滅人欲』之類的殘忍的昏話。所以，在激進與保守、革命與改良、實踐與空談之間，歷史選擇了前者，這是歷史之幸，也是民族之幸。」〔註 223〕

〔註 220〕胡先驌《梅庵憶語》，《子曰》1948 年第 4 期。
〔註 221〕沈松僑《學衡派與五四時期的反新文化運動》，前引書，第 82～83 頁。
〔註 222〕吳宓 1915 年 5 月 18～19 日日記，吳宓著、吳學昭整理注釋《吳宓日記》第 1 冊，前引書，第 440 頁。
〔註 223〕譚桂林《評近年來對學衡派的重估傾向》，《魯迅研究月刊》1997 年第 2 期，第 8 頁。